来るべき人文学のために

われわれはどんな「世界」を生きているのか

YAMAMURO Shin-ichi
OKADA Akeo
KOSEKI Takashi
FUJIHARA Tatsushi

山室信一・岡田暁生・小関 隆・藤原辰史 編

ナカニシヤ出版

われわれはどんな「世界」を生きているのか——来るべき人文学のために

＊

目次

第Ⅰ部　われわれはいかなる「世界」に生きているのか

第Ⅱ部　われわれの「世界」はいつ始まっていたのか

第Ⅲ部　歴史認識がなぜ問題になるのか

第Ⅳ部　来るべき人文学のために

第Ⅰ部　われわれはいかなる「世界」に生きているのか

「ここはど〜こ？　私はだ〜れ？」——これは一九八〇年代の一時期、流行したギャグだが、もはや忘れた人、そもそも知らない人の方が殆どであろう。元ネタになったのは一九七九年から八〇年にかけて放送されたテレビドラマ『赤い嵐』で記憶喪失の少女のセリフ「ここはどこ、私は誰？」であった。

この言葉は、自らの存在を自分で確認できない記憶喪失の少女にとっては、きわめて切実な問いである。だが、ギャグとして使われるや否や、その意義は一転する。自らを何も知らない「無」の存在と仮想することによって、突きつけられたツッコミに肩すかしをくわせ、批判や問題そのものを「無意味」なものに転倒させ、その瞬間、あらゆる前提も関係も無と化して失語症的な戸惑いの中に解消されるからである。

しかし、ギャグとしてではなく、「ここはどこ、私は誰？」と自分に問いかけたとして、それに私たちはどのように答えることができるだろうか。いや、そもそもいかなる視座や概念を設定すれば、それは有効な問いかけになりうるのだろうか。

「われわれはどんな「世界」を生きているのか」を統一テーマに掲げる本書の中で、第一部は、まさに世界内存在としての私たちが生存する「ここ」とはどのような世界であり、そこに個人としての「私」はいかなる歴史内存在としてあるのか、という問いを真正面に据え、それにかかわる様々な概念や社会状態などを検討するものである。それは単に所与の事実を列挙して再解釈するのではなく、出来事や構造や言説などについての学知を、それらが生成され変容されてきた政治的・文化的状況のなかで根本的に問い直す試みである。

そこで問われる「ここ」とは空間的であるとともに時間軸の中で位置づけられるものであり、「私」とは個人であるとともに特定の文化・言語・社会システムの中で生い育ってきた社会的存在でもある。

そして、「ここ」という時空間は、「私」にとって一方的に所与として賦課されるものではなく、社会的存在さらには世界内存在としてそこで生きているというそのこと自体において、双方向的に変容していく現場でもある。また、個人としての「私」は、ジェンダーにおいてもLGBTなど多様な存在でありうるし、生命維持にかかわる自我欲動と性欲動とをもつ存在でもある。さらに、「私」はビッグデータによって操作される対象であるとともに、SNSなどを使って虚か実か不明な情報も生み出しては拡散する存在でもある。

ここでの課題は、即効的に解答を出すというよりも、どのような次元で個々人の存在態様と社会システムとの関係を捉えるのか、という「問いかけ方を問う」方法を提示することにある。それはミッシェル・フーコーがレヴィ＝ストロースの著作に触れつつ人文諸科学のあり方について指摘したように、「まさしくある方法を採るということは、世界について、人間について、世界と人間の関係について、一定の立場を取ることを明らかにする」（『アナール』一九六四年一一・一二月号）ことに結びつくはずなのである。

（山室信一）

第一章　なぜ、「世界」を問題とするのか

人文学の来し方・行方を考えるために

山室信一

「われわれはどんな「世界」を生きているのか」――という問いに対しては、様々な答え方がある。それぞれの人の生まれ育った風土や社会的環境、ジェンダーや年代などの違いに応じて、見ている対象としての「世界」は多種多様な相貌を呈して現れてくるはずだからである。同時代、同じ「世界」に生きていても、見ている「世界」は一つではない。

しかしまた、否応なく、誰もが「世界」の中に生きている。その「世界」とは、家族や学校や職場などから始まって、ローカル・ナショナル・リージョナル・グローバルへと繋がっていく多層的な空間でもある。だが、それは単なる物理的空間ではない。時間的断続性を伴いながら、人と人との関連性の中で創り出される。そのことは即ち、「世界」を解釈し、作りかえるのも人間であるということを意味する。だが、何よりも生物としてのヒトは、生物多様性という「世界」の中での一つという存在でしかない。

そうした生物多様性の中で生々流転するヒトに関する自省の学――それが人文学である、と私は考えている。その前提に立って、以下ではまず現時点そして今後の「世界」で何が問題となりうるのかを瞥見し、次いで人文学が「世界」をどう捉えようとしてきたのかを顧みながら、私なりに人文学の課題と考える論点を挙げてみたい。

I　「Society 5.0」と「冷戦 2.0」そして「リスク社会」

「Society 5.0」と監視社会

ヒトとしての人類は、現在、第一次世界大戦停戦から一〇〇年を超え、半世紀後には人工知能（ＡＩ）が人間の知能を超える「技術的特異点《シンギュラリティ》」が訪れるという予測も出される時点に立っている。そうした段階にあって、来たるべき社会像としてスローガン的に掲げられているのが、「Society 5.0」である。これは人類史を狩猟社会（Society 1.0）から農耕社会（Society 2.0）へ、そして工業社会（Society 3.0）から情報社会（Society 4.0）へと至ったとしたうえで、それに続くであろう今後の社会を想定したものである。

この「Society 5.0」は、サイバー空間（仮想空間）とフィジカル空間（現実空間）とが高度に融合され、経済発展と社会的課題の解決を共に達成する「人間中心の社会」であると説かれる。なるほど、大まかに言えば、ヒト（人類）史はこのような推移をたどって来たし、将来的にはより高度な情報社会へと移行していくのであろう。

しかし、二〇〇一年の9・11同時多発テロ以後、テロは日常化し、その予防・排除のためと称する人権を無視した盗聴や拘束などが常態化し、監視カメラ網が社会に蔓延している。そして、二〇一三年に起きたスノーデン事件で明らかになったように、各家庭の情報機器に設置されたカメラで個人情報も収集されている。さらに、スマートフォンに掲載されたＧＰＳによって行動地点が確定し、モバイル決済などによって消費活動もビッグデータに集積され、個人の言動がすべて管理されるようになりつつある。それは一面で確かに便宜な社会である。だが、蓄積された個人情報によって管理され、意識操作されていることさえ意識化されない社会が、「人間中心の社会」と手放しで礼賛できるものになるとは思えない。

「冷戦2.0」と核開発

他方、核兵器廃絶を訴えたプラハ宣言によってノーベル平和賞を与えられたオバマ米大統領の下でも実質的な核軍縮は進まなかった。それどころかアメリカやロシアがそれぞれ約七〇〇〇発の核弾頭を保有し、さらに核保有国が増加するなど核拡散に歯止めがかからない現状にある。二〇一九年現在、地球上には約一万五〇〇〇発の核弾頭が点在し、それらによって地球は何度も壊滅状態になる潜在的危機にさらされている。しかし、それだけ多くの核兵器を備えても、想定されてきた「抑止力」として作用していないのが現実である。

そして、核弾頭を搭載した戦闘機が数日間所在不明になったり、システムの誤作動によって核ミサイルが爆撃機から投下されたり、地下に収納してあった長距離ミサイルが暴発するなど、大惨害に至りかねない「事故」が度々起きているが、その経緯が公にされることはない。エリック・シュローサー『核は暴走する』(上・下、布施由紀子訳、二〇一八年、河出書房新社)で明らかにされたように、今この瞬間に核爆発や核戦争が起きても不思議ではないのだ。

そうであれば核廃絶に向かうかと言えば、現状は逆である。アメリカは、全面核戦争に発展しない程度で使用可能な小型核爆弾の性能を高め、通常兵器に対応すると宣言している。ロシアは、迎撃システムを回避するために飛行中の爆撃機からも発射可能なステルス型低飛行ミサイル、そして音速の一〇倍近い超音速ミサイルの実戦配備を進めている。中国は、アメリカのグアム基地を射程に入れた「グアムキラー」や航空母艦を撃沈するための「空母キラー」などの中距離核兵器を配備している。

さらに核保有国は抑止力を高めるために、射程距離に事実上制約がなく、最先端のミサイル防衛システムにも捕捉されない兵器の開発競争にしのぎを削っている。既にロシアは一〇〇メガトン級の核爆弾を搭載可能で、水中では最深一〇〇〇メートルの軌道を経由し、射程距離は一万キロに達する巨大核魚雷を開発している。

一〇〇メガトンを、爆弾の爆発で放出されるエネルギーとしてのトリニトロトルエン（ＴＮＴ）質量で換算すると、第二次世界大戦中に全世界で使用された総爆薬量の約五〇倍、広島に投下された原子爆弾の約三三〇〇倍の威力に相当する。まさに「世界を壊滅させる兵器」である。加えて、偶発的核戦争の危険性が高まっているのは、水上艦や潜水艦から発射できる魚雷型巡行ミサイルの配備である。巡航ミサイルは不意打ちが可能で核兵器も通常兵器も搭載できるため、敵対国が通常兵器による攻撃であっても核攻撃と誤認する可能性が高く、たちまち核戦争に発展する恐れがある。

そうした核開発の進展に歯止めがかからない中、二〇一九年二月、アメリカとロシアは中距離核戦力全廃条約（ＩＮＦ）から離脱すると発表した。一九八七年に調印されたこの条約は、欧州からの核兵器撤去を定めた画期的なものであった。しかし、アメリカとロシアがＩＮＦ条約から離脱することは、核兵器全般に関する制約がすべて撤廃されてしまうことに繋がるであろう。これによってアメリカやロシアなどの核保有国は、核戦力の強大化をためらう必要もなくなり、新たな核保有国の出現を抑える正当性も失われて、再び核軍拡競争が激化する可能性が高まる。

こうしてアメリカ・ロシア・中国などを中心に軍備拡張が進む中で、世界は「冷戦2.0」と呼ばれる新冷戦の時代を迎えているとの指摘もなされている。しかし、「冷戦1.0」が「ウイルソン対レーニン」と象徴的に称されたように第一次世界大戦中に生じた資本主義か社会主義かという社会経済体制とイデオロギーの対立であったのに対して、「冷戦2.0」が生まれつつある原因が何なのかは明確ではない。そこにあるのは「自国ファースト」の剥きだしの軍事強国間の覇権競争だけではないのか。「冷戦2.0」に本当に至るのか、その構造的原因は何なのか、といった問題の解明は今後の人文学にとって不可避の課題となるであろう。

「核の傘の下の平和」と「リスク社会」

もちろん、「冷戦2.0」の進行が危惧される反面で、NGOの連合体である核兵器廃絶国際キャンペーン（ICAN）などの活動によって、国際連合において核兵器の開発・保有・使用を禁止する核兵器禁止条約が二〇一七年七月に採択されるなど、NGOが国際社会における主要なアクターとして重要な役割を果たしつつある。こうしたNGOが世界各地でどのような活動をし、連携しているのかを分析して展望を与えることは人文学にとって今後さらに重要な研究課題となろう。

その一方で、二度の原爆投下にさらされ「核兵器を持たず・作らず・持ち込ませず」の非核三原則を掲げているはずの日本においては、核をめぐる議論も研究も活発とは言えない状況にある。日本は、アメリカの核の下での安全保障を最優先して、核兵器禁止条約の採択にも参加しなかった。既に明らかになっているように、非核三原則を宣言した功績によってノーベル平和賞を与えられた佐藤栄作首相は、沖縄返還に際してニクソン米大統領との間で有事の際に沖縄への核再持ち込みを認める密約文書を交わしていた。核持ち込みは事前協議の対象案件だが、これも「遅滞なく必要を満たす」ということであって、事前協議は事実上空洞化している。また、アメリカの艦船が核兵器を搭載したまま日本に寄港することを容認する了解が日米間にあり、日本に搭載の有無を確認する権限もないため、「核兵器を持ち込ませず」は空文となってきた。

それでは「核兵器を持たず・作らず」は厳守されているのだろうか。

プルトニウム型原爆の材料となるプルトニウムの日本における保有量は、二〇一七年七月時点で四八トンに達した。これは一発八キログラムでできるプルトニウム核爆弾を、六〇〇〇発作ることのできる量に達する。東京電力福島第一発電所での原発事故にもかかわらず、原発の再稼働が続いている背景には、日本の外交力の裏付けとして核武装への可能性を選択肢として持っておきたいという「潜在的核武装」政策があるとも推察されている。

そして、日本にその潜在的可能性があることが中国やロシア、北朝鮮などが核装備の開発・拡充を図る理由づけにも使われている。もちろん、日本が核武装することに国民的合意が得られるとは現時点では考えにくい。だが、原発重大事故を経験し、その終息にも目途がまったく立たない中で、半減期が約二万四〇〇〇年と言われるプルトニウム２３９などが行き場もないままに原子力発電において日々生み出され続けている。

ヒロシマ・ナガサキ・フクシマと三度も原子力の被害にあった世界で唯一の日本に住みながら、私たちは「原発の安全神話」と「核の傘の下での平和」が、あたかも平常な世界であるかのような感覚に慣らされてきたのではないか。にもかかわらず、「原子力ムラ」などと言われる行動形態が、なぜ日本で生まれて容認されてきたかを明らかにすることは、日本の人文学に課せられた必須テーマである。

さらに、世界は地球温暖化による暑熱や洪水などの異常気象の被害増加、広範囲におよぶ生物多様性の喪失、食糧の減産、水不足さらには氷床消失と海面上昇によって大規模な移住が必要となるなどの危機に直面する「リスク社会」の只中にある。とりわけ日本は「災害列島」としてのリスクを年々高めている。

加えて、リスクは新自由主義的なグローバル経済が「世界」を覆う中で個人の生き方にも、直接的な脅威として露わになってきている。そこでは労働組合や地域コミュニティなど様々な中間団体の解体によって、個人による自己選択の可能性が増えることにもなった。その反面、ライフコースの多様化によって標準とみなされる指針が失われ、失業・育児・介護などのリスクを個人として処理することが当然視される。選択肢の拡大によって、選択の結果が「自己責任」とみなされるようになったパラドクス。そこで問われるのは、「成功か、破滅か《サクシード・オア・ペリッシュ》」のいずれかだ。そして、富の偏在と経済格差が止まることなく拡大していく「世界」。今や「貧困は格差的だが、温暖化は平等に」人々に負荷として、のしかかってきている。そして、その抑圧と鬱積は、より弱いエスニスティや難民・移民などへの攻撃・憎悪として発散され、排外主義的党派が議会に進出し、ヘイトスピーチの罵声が街頭に満ちあふれ、ヘイトクライムにも歯止めがかからない。社会の様々な局面で、分断線が引かれ、断絶と対立が生まれている。

しかしながら、こうした私たちの生活の「安全と安心」を脅かす様々なリスクについて、危惧はしつつも、適切な対応策を見いだせないままに苛立ちだけが高まっている。いや、そもそもどこに問題があり、それに対する解決方法が分からないままに戸惑い、漂っているというのが実状であろう。このような「世界」の状況を直視するとき、私たちは為《な》す術《すべ》もないまま、無力感にとらわれて立ちすくむしかない、という思いに沈み込む。ただ、そうであることを確認したうえで、私たちが出来ることは何よりも先ず、自分たちが生きているこの「世界」が、どのような歴史的境位に立っているのかを見定めることであり、そこから一歩を踏み出す以外にない。

そして、人文学にもまた「世界」がここに至った分析とともに、今後の地球環境の保全と世界の新秩序を構想するに資する学知のあり方について問い直すことが求められていると思われる。

二　対象としての「世界」とは何か

クロノトポスとしての「世界」

さて、「来たるべき人文学」のあり方を探りだす前提として、「われわれはどんな「世界」を生きているのか」という問いを出すや否や、私たちは直ぐさま大きな分岐点に立つ。それは「世界」を対象として認識するとはいかなる営為を意味するのか――という問題が突きつけられてくるからである。

もちろん、私たちは小学校以来、「世界史」や「世界地理」という科目を学んで来たし、「世界美術」全集や「世界文学」全集にも親しんできた。そこでの「世界」は、空間的にはほぼ地球と同じ意味で用いられ、そこに生きてきた人間社会の全体として捉えられたものである。そして、多くの場合、それは現存の国家を元にした地域空間の集積として認識されている。さらに便宜的に「世界史」や「世界地理」の教科書などでは、五大州や六大州といったリージョンに分けることで、あたかもそれが自然史的なまとまりを持ち、文明史的なアイデンティティの基盤となってきたかのような幻想を抱かせる機能を果たしてきた。人文学研究でも「欧米」といった括りが、自明であるかのごとく使われている。

しかし、少し省みれば明らかなように、「世界美術」や「世界文学」といったものが、それ自体として存在するわけではない。「世界文学 Weltliteratur」という言葉を初めて使ったゲーテは、国民文学の存在意義を認めたうえで、国民文学を深化させるとともに時代や民族の制約を克服した「超国民文学」として、将来的に「世界文学」という理念が実体化することを訴えたのである。ゲーテは「世界文学」の成立条件として、国民や民族相互間における美的および道徳的な感情の融合が不可欠だとしたが、その成立はなお今後の課題として追求されることになる。他方、民族語や国語を媒介としない美術や音楽などにおいては、制限があるとはいえ、美的感覚や音感などで感情の融合が成立する部分もあり、「世界美術」「世界音楽」などと呼べるものもあるだろう。ただ、現状をみる限りでいえば、「世界文学」や「世界美術」などの全集は、作家や画家の出身国・地域別に集めたものという事態から抜け出てはいない。

そうした空間区分のあり方そのものの問題性を意識することも、「われわれはどんな「世界」を生きているのか」という問いを発するときには避けて通れない。

そして、歴史を一世紀半ほど遡れば、「世界」という空間範域も観念も、それこそ「世界」各地で異なるものとして捉えられてきた。「世界」は、自らが通交し認識する空間範域であるとともに、そこで抱かれた宇宙観《コスモロジー》の反映でもあった。中国では「世界」は天命をうけた天子＝皇帝に支配される「天下」として皇帝の徳によって限りなく拡張していくはずの空間であり、「華」という文明の中心地域と南蛮・北狄・東夷・西戎の「夷」という野蛮な周縁地域から成ると考えられていた。そして、半円球の天体と四角の地面から宇宙は構成されていると想像された（天円地方）。

また、日本では「本朝・唐土・天竺（日本・中国・インド）」の三国によって「世界」が成り立っていると考えられていた。そのため「三国一」とは「世界一」を意味した。イスラム世界では聖都マッカ（メッカ）を円形の中心にして環海に囲まれたものとして「世界」が描かれていた。

現在のように地球＝世界として一般的に想定されるようになったのは、大航海時代以来のヨーロッパ諸国による海外進出と世界地図の作製によってもたらされたものである。まさしく、ハイデッガーが喝破したように、「世界像は、かつての中世的なものから近代的なものになるのではなくて、そもそも世界像が像になるというそのことが、近代の本質を表している」（『世界像の時代』一九三八年）と言えよう。

このように、「世界」は時空間像《クロノトポス》として大きな変転を遂げてきたし、それを捉える側の主体としての編成の転換こそが時代を刻印してきたのである。そこで示唆されていることは、「どんな「世界」に生きているか」を問題とするとき、その「世界」とは時間軸と空間軸の二つの交差の中に位置づけられるということである。なぜなら、「世界」が像として「作られる」対象として浮かび上がるということは、歴史の各瞬間（＝時間軸）において「作るもの」としての主体が、それぞれの地点で何らかの範域（＝空間軸）を設定して現れたことを意味しているからである。

「世界像」と「世界観」

しかし、問題は、そこに止まらない。人文学の立場から「世界」を問題としようとするとき、私たちは「あらゆるものが存在する。ただし世界は別である」（ガブリエル 二〇一八）とするマルクス・ガブリエルらが主唱する新実在論を、無視することはできないからである。この「ポストモダン以後」の時代を特徴づける哲学的立場の一つとして注目されている新実在論は、人という存在が認識する「世界」とは何かを問うものであり、その焦点は「人」についての存在論にあるように思われる。

ただ、注意を要するのは、そこで定義された「存在する」ということの意味である。ガブリエルによれば、「何らかの意味の場に現象すること」が「存在する」という意味であり、この定義に従えば、あらゆる存在はそれを考える「意味の場」が不可欠となる。しかし、唯一「世界」だけは、あらゆる「意味の器」としてあるために、それ自体が「意味の場」として現象することはない。要するに、「世界」について考えることはできても、その対象はもはや「世界そのもの」ではなく、それゆえに「世界は存在しない」ということになるのであろう。

こうした議論の当否の判断は読者に委ねるとして、敢えてガブリエルらが問題性として提示した課題を、「人と世界」そして「認識と存在」の関係性を問うという次元に還元すれば、それは人文学が一貫して課題としてきたはずのものである。

現在では、地球外から眺望できるようになったものの、長い人類史の中で唯ひとりとして地球上のすべての土地を実地に踏破した人はいないであろう。その意味での「世界」とは、誰にとっても実在として確認されたものではない。「世界そのもの」ということ自体が、抽象化された空想的な対象でしかない。ただ、実態としての「世界」を物理的に観察し、把握することは真の意味での認識ではないとしても、だからといって「世界」について議論することを放棄することもできない。「虚像」や「仮象」であるとしても、イメージとしての「世界」は存在してきたし、そのあり方についての「世界観」の検討は人文学にとって重要な課題であり続けてきたことは間違いないからである。マックス・ウェーバーが指摘していたように、「ほとんどすべての科学が、言語学から生物学にいたるまで、単に専門的知識たるのみでなく、「世界観」の製造者たることを時として追求してきた」（「社会科学的並びに社会政策的認識の『客観性』」一九〇四年）ことは否定できない。

いや、先に挙げたハイデッガーの「世界像」のみならず、生に根ざした「像としての世界」の内的構造や歴史的類型を捉えようとする試みは「世界観学 Weltanschauungslehre」としてディルタイなどによって展開されてきたものである。もちろん、「世界観」は、世界がどう見えているのかといった問い以上に、「世界」が人間という存在にとっていかなる意味があり、そこで人間はどのような役割を果たせば良いのかという人生観の問題と直結している。「世界観」には、個人の人生観・価値観さらには宇宙観が反映せざるを得ない。そうであればこそ、個人の主観を離れて「世界」を考える主体としての客観的理性とは何か、が同時に問われることになる。

その意味では、カントが『純粋理性批判』（一七八一年）で提唱した「世界概念 Weltbegriff」が「世界観学」の先蹤《せんしょう》をなす。カントの「世界概念」とは、人間理性の究極的な目的を示す知恵に関する分析であるとともに、「世界市民」としての理性的立法を基礎づけるものである。すなわち、「世界市民としての哲学」としての「世界概念」は、「私は何を知ることができるのか」、「私は何をすべきなのか」、「私は何を希望して良いのか」といった一連の問題に答えようとするものであり、最終的には「人間とは何か」という問いに帰着する。ちなみに、「世界観 Weltanschauung」という用語は、カントが『判断力批判』（一七九〇年）において初めて提起したものと言われている。

このように纏めることが可能であるとすれば、「世界」概念を問うことは、取りも直さず「人間」の存在意義・存在目的を探求する人文学の課題へと通底しているはずである。もちろん、世界観と人生観とは直結するものではない。また、世界観は人文学だけでなく、宗教や神話、習俗や伝承などの中にも見いだされるし、個人や集団の理想や倫理的判断を伴った言動や態度としても現れる。ルドルフ・オイケンは、そうした情動的な次元についての把握を必要とする「世界観学」を、「科学」としては構成できないと考えた。

他方、「世界観学」を提唱したディルタイは、「世界観の究極の根源は、生《レーベン》である」（「世界観の類型と形而上学的体系におけるその形成」一九一一年）と定義し、その「生」が歴史的にも地域的にも様々な現れ方をするがゆえに、「世界観」もまた相対的で一面的な現れ方をすると考えた。そして、相互に矛盾する「世界観」が通時的に並存することを前提にして、「世界観」の内的構造や類型を検討することから逆に「生」の実在性と多様性の分析に至ることができ、その解明を哲学の役割だと説いた。こうして、あらゆる哲学は「世界観の哲学」とみなされることになる。これに対して、フッサールはあまりにも歴史主義的で相対主義的な「世界観の哲学」と「厳密な学としての哲学」（一九一一年）とは峻別されなければならないと主張した。

ただ、ディルタイの「世界観の哲学」も、先に記したように「生」の実在性と多様性を分析の対象としており、フッサールが重視した「生活世界 Lebenswelt」とも無縁ではなかった。こうして「世界」は、地球と同視されるだけでなく個別で具体性をもった「生活世界」へと焦点を絞られていくことになったが、その流れは「世界史」についての人文・社会諸科学の変遷にも見てとることができる。

多線史観と構造主義

「世界史」に関する人文・社会諸科学については、第一次世界大戦前後に生じた大きな変化が重要であるように思われる。そこでは、第一次世界大戦中から執筆されていたシュペングラーの『西洋の没落』（一九一八〜二二年）をはじめとして、ユーロセントリズムに基づく「ヨーロッパの世界史」から「世界各地からの世界史」への転換が生じていたのである。第一次世界大戦は、それがアジアやアフリカなどを含む「世界の戦争」となったことによって「ヨーロッパによる世界」から「世界の世界」へと転じる契機となった。

ギリシャ・ローマ古代史の研究から出発し、第一次世界大戦中イギリスの対独宣伝機関に勤務して現存在としての人間も「世界の歴史の中に生きている」ことを実感したアーノルド・J・トインビーは、シュペングラーの影響も受けて国家単位の世界史からの脱却をめざした。そして、文明を単位とする巨視的な世界史を提唱して『歴史の研究』全一二巻（一九三三〜六一年）を著し、世界史を二六（後に三〇）の地域文明の興亡史と捉えた。トインビーにとって、一つの文明としての西洋も大河の中に生じた泡のように、いずれは萎《しぼ》んで衰亡に至るはずのものであった。シュペングラーやトインビーなどの脱ユーロセントリズム的な文明史観は、宗教的・直感的で非科学的なものとして反発も招いたが、それが一九世紀的な単線的な「文明史観」から多線的な「世界文明史」への道を拓いたことも否定できない。

他方、第一次世界大戦以後の日本ではロシア革命の影響も受けて、一九二〇年代からマルクス主義の弁証法的唯物史観（史的唯物論）が学問研究のみならず、文学・芸術運動などに広く影響を与えた。当時において「社会科学」は、弁証法的唯物観と同義とさえみなされていた。弁証法的唯物論によれば、人類史の前提となるのは生活手段の生産であり、その物質的生産のために人間が相互に関わり合う生産関係がそれぞれの社会構成の土台＝下部構造となり、上部構造としての法や国家形態やイデオロギーなどの諸形態を規定することになる。

このように構成することによって、多面的で矛盾にみちた社会を全体として総合的に捉えることができ、自然史的な過程として社会の歴史と現状を分析し、さらに発展方向を予知できるとされた。弁証法的唯物史観においては、原始共産制から古代奴隷制、封建社会、資本主義社会を経て共産主義社会へと至ることが、社会の一般的発展法則とみなされたからである。

しかし、この「世界史」の発展法則は、世界各地の歴史的実態から帰納的にもたらされたものではなく、むしろ逆に「法則性」に従って世界各地の歴史をどの発展段階に位置づけるかという転倒した歴史認識が「科学的歴史学」として正当化された。さらに、「法則性」をもって発展するということは例外がないということから、日本のみならず半封建的あるいは封建的と規定された社会においては、次なる段階に向けての実践運動に指針を与える機能をもった。そこには「近代」文明への懐疑と批判とその克服というモティーフが含まれていたことも忘れてはならない。だが、社会主義諸国の実態が明らかになって威信が失われていった反面で、資本主義諸国も社会福祉制度などを導入して経済成長を遂げるようになると発展段階の「法則性」については疑念が生まれ、異なる方法論によって「世界」を把握する様々な試みが現れるようになった。

その一つとして、言語学者のソシュールや文化人類学者レヴィ＝ストロースなどが構想した構造主義を挙げることができる。構造主義は、歴史的な諸事件の経緯を分析するのではなく、それらが生起することを可能とならしめた人文現象を、全体的で有機的な構造として明らかにしようとするものであった。その基底的な構造に従って人や社会が動くという見方からすれば、それは主体の意識とは無関係に起こることになる。この主体の意識とは無関係な構造の変換によって歴史が動いてきたという見方は、理性をもった自立的個人が歴史を動かす主体になるという人間主義・理性主義への批判という意味合いをもつ。また、レヴィ＝ストロースが『野生の思考』（一九六二年）で明らかにしたように、いわゆる未開社会における迷信とみなされてきた思考も具体的なものを用いながら高度な抽象的論理に基づいているという指摘は、野蛮・未開から文明へ至るという単線的な進歩史観を否定するものであった。さらに、歴史の転換が共時的・偶発的に構成された構造に従って起きるという見方は、時間軸に沿って歴史の流れを一つのストーリーとして捉える歴史主義的な思考も否定するものであった。このように反人間主義・反理性主義・反進歩主義・反歴史主義といった志向は、自己完結的な西欧的人間観・世界観に従ってつくられてきた人文・社会諸科学に対する批判となった。

同様に、事件史に矮小化された「世界史」の捉え方を批判したのが、フランスのアナール学派のフェルナン・

ブローデルである。ブローデルは、様々な事象が緩慢に生成・変化・消滅する歴史の深層における「長期持続」の様相を重視しつつ、日常的生活世界を総合的に捉える「全体史」をめざした。また、「歴史には世界の歴史しかない」として一国史や細分化された専門分野の境界を超えた世界史を構想していた。ただ、『物質文明・経済・資本主義――15～18世紀』(一九七九年)では、その対象が一五世紀から一八世紀の経済と資本主義に焦点が当てられたこともあって、後にイマニュエル・ウォーラーステインによって唱えられる「近代世界システム」論と同様にユーロセントリズムとみなされる論調となっている。とはいえ、数量分析などを積極的に導入し、歴史学を広義の社会科学と位置づけて社会諸科学との連携を深めるなど方法論において注目すべき成果を収めている。

ブローデル以後、アナール学派のJ・ルゴフらは構造主義人類学・神話学・精神分析学などを積極的に導入し、日常生活世界の中で長期的に変容しつつ歴史分析からは漏れ落ちていく心性《マンタリテ》や身体性などにも着目する歴史人類学への道を切りひらいていった。

従属理論と「リオリエント」

もちろん、「世界」の捉え方は、全地球的なものから日常的な「生活世界」や心性などに焦点を絞っていっただけではなかった。北半球の多くの経済的「先進国」と南半球の「発展途上国」との間に生じた経済的格差が、一九六〇年代以降に顕在化してきたからである。これによって資本主義と社会主義の対抗としての東西問題に代わって、「発展途上国」問題が南北問題として世界的な係争点として浮上することになった。

この南北問題を歴史構造の問題として捉えたのが、S・アミンやA・Gフランクらによって説かれた「従属理論」である。アミンらによれば、多くは旧植民地であった「周辺部」としての第三世界は、旧宗主国であった「中枢部」の経済発展のために低賃金労働力と経済余剰の供給地となる従属関係を強いられた。第三世界は、人々の怠惰などによってではなく、中枢部によって創られ強いられた構造によって低開発を余儀なくされたのである。それが「発展途上国」の経済的自立を困難にした根本的要因であり、第二次世界大戦後の「現代世界」の格差構造を生み出している。こうした南北問題の構造的分析は、旧植民地が政治的に独立したにもかかわらず、旧宗主国や多国籍企業によって非軍事的手段とくに経済的手段で事実上の従属を強制されている新植民地主義の実態を反映したものであった。

そして、この従属理論の影響を受けて『史的システムとしての資本主義』（川北稔訳、岩波書店、一九八五年）などでウォーラーステインが提示したのが「近代世界システム」論である。ウォーラーステインによれば、近代世界は大航海時代以降、西欧諸国を中核、ロシアや東欧を半周辺、アジア・アフリカ・新大陸を辺境とする資本分業体制である「ヨーロッパ世界経済」という単一の世界システムとして機能してきたとされる。世界システム論もまた一国史を超えて、「世界」を一つの構造として捉えるものである。

ただ、それが歴史的事実ではあったとしても、ユーロセントリズムによる「世界」の把握であることも否めない。当然、これに対してはアンドレ・グンダー・フランクが『リオリエント』（山下範久訳、藤原書店、二〇〇〇年）において、一九世紀以前の世界ではアジアこそが四世紀にわたって世界経済のセンターであり、各地のリージョナル・エコノミーが相互交流を進めていたと反証している。

『リオリエント』の主題は、あくまでも近代以前の世界における地域間経済システムを明らかにすることにあった。ただ、その表題に示唆されているように本来のアジア・オリエントの優位は「リオリエント（東に向いて方向を変える）」という世界史の転換につながるのではないかという予測を含んでいる。その当否の判定は将来に委ねられるが、現在新たな流行となっている「グローバル・ヒストリー」においてもアジアと「世界」の関係をいかに捉えるのかは避けて通れない課題となっている。歴史学に限らず、アジアと「世界」の関係をいかに捉えるのかという問題は、アジアに生をうけた研究者としては明言しないにはせよ、問題意識としては常に頭の片隅に置いておく必要がある。

三　インターネット社会とスロー・サイエンス

「モダン」の重層性

さて、先に「世界」が空間軸と時間軸との交差として現れる時空間であると記した。

それではわれわれが生きている「世界」は、時間軸上においていかなる人類史の段階にあるのだろうか。それを端的に言えば、現段階の「世界」は、「モダン」か「ポスト・モダン」か「ポスト・モダン以後」か、という問題となる。もちろん、こうした時代区分それ自体に意味があるわけではない。それは区分基準を何に置くかによって、いかようにも変動するからである。マルク・ブロックが鋭く指摘したように、時代区分とは「結果的には、それらに盛られている内容について我々を欺く悪しきレッテル」（『歴史のための弁明』）として働く逆作用にも注意しておく必要がある。

そのことに留意したうえで、この問題についてのアプローチとしては「モダン」と「ポスト・モダン」と「ポスト・モダン以後」とを対比し、その移行の意味を検討するという方法がある。そして、答えの一つとして、ガブリエルらは次のように考えているようだ。「ポスト・モダン」は「モダン」からの脱却を企てる試みではあるが、「ポスト・モダン」は来たるべき世界像にかかわる目的や到着点について明示しないことを特質とする。要するに、「ポスト・モダン」は「モダン」が約束していた人類救済という壮大な約束がすべて反故になった後で、徹底的に「モダン」から断絶して新たな時代に移行しようとする時代であり、誰もが追求すべき何らかの意義が人生にあるのだという幻想から私たちを解放しようとした時代だった。しかし、その幻想から人類を解放しようとした「ポスト・モダン」の時代は、実際には人類を幻想から解放することができないままに、人類は「幻想から解放されたという新たな幻想」の虜になってしまった。そうである以上、今後は「ポスト・モダン以後」の人文学が必要とされている。新実在論の意図を私なりに解釈すれば、このような論点に立っている。

しかし、翻って考えれば、前の時代は人類を幻想から解放できなかった、だから今後の時代においてこそ人類を解放することのできる哲学や科学をもつべきであるという発想こそ、「モダン」そのものではなかったのだろうか。合理主義を伝統主義に対置したウェーバーがあらゆる文化領域における脱呪術化としての合理化を志向したように、呪術的世界から宗教的世界へ、そして科学的世界へという世界像の変化こそが「モダン」という時代には不可欠だった。現在は過去よりも、将来は現在よりもさらに幻想から解放されるという時間軸上での進歩観念――それが「モダン」を生み出したものであった。そうであるとすれば、「ポスト・モダン」も「ポスト・モダン以後」も発想としては「モダン」の根っこを引きずったまま推移していることになる。

これに対し、「ポスト・モダン」や「ポスト・モダン以後」は、「モダン」が基軸としていた将来に向けて、何らかの目的や課題を設定するプロジェクト自体を放棄するものであるという考え方もある。そこでは何らかの目標に向けて進むという発想そのものが否定される。もちろん、個人的なライフコースの中では誰もが将来について何らかの想定や目的をもって生きており、それは「ポスト・モダン」であれ、「ポスト・モダン以後」の時代であれ変わりはしないであろう。

いずれにしても現在が「モダン」か「ポスト・モダン」か「ポスト・モダン以後」かについての選択が、ある規準に沿ってなされるとすれば何らかの指標を設定することも一つの方法として必要となる。

近代化と環世界

時代区分の指標化の先例としては、「近代化論」をめぐって開催された一九六〇年の箱根会議をうけて、アメリカのロバート・ホールが試みたものがある。ホールは「近代化」の達成度について、①都市化、②石炭石油電力の利用、商業化、③社会の流動性、社会政治参加の拡大、④非宗教化、読み書き能力の普及、⑤マスコミの発達・普及、⑥大規模社会施設の存在とその官僚制的組織化――といった指標を提示した。これらの指標が、第一次世界大戦以後のアメリカ社会をモデルにしていることは明らかだが、これによって政治・経済体制の異なる国家間でも比較可能性が出たことも間違いない。なお、近代主義や近代化をめぐる日本の思潮については、拙稿「「近代」の奔流と逆流」（富永茂樹編『転回点を求めて』二〇〇九年、世界思想社）を参照戴きたい。

もちろん、「近代」や「近代化」とは何かという議論には、決着がついていないが、現時点の「世界」の実相と歴史的境位を考えるにあたっては、こうした社会変化の指標について考えることも必要であろう。そこでは多様な指標が想定されるが、あくまでもアトランダムに挙げておけば、①社会体制における管理化と自由化、②社会編成としての市民社会と大衆社会、③社会意識における世俗化と個人化、④時間意識における進歩志向と循環志向、⑤職業選択における専業と複業、⑥消費生活における選好と廃棄などが、連動性と同期性をもって相互に影響しあう「世界」のあり方を考える手がかりになりそうだ。

これらの問題群に通底しているのはグローバル化の進展によって、ガバナンスの上方集中化と下方拡散化というグローバル・パラドックスが個々人に与えている問題である。もちろん、その「世界」は人間だけが生きているわけではない。動植物を含めた生物多様性をもった「世界」である。先に挙げた人類の生存基盤である地球環境の直面している課題に対しては、自然と人間の関係を根底的に問い直すことが必要となる。

そこでは、ヤーコプ・フォン・ユクスキュルが提起した「環世界 Umwelt」という見方も重要となる。ユクスキュルによれば、各々の動物は固有の時間・空間感覚を有しており、その外部環境に対する知覚と行動を繰り返す中で独自の世界のあり方を生み出しているという。そして、生物体としてのヒトも外部世界と隔絶しているのではなく、表皮をはじめ無数の微生物にとっての共生の場となっている。それはヒトにとって悪影響を及ぼすこともあるが、免疫作用が微生物のはたらきとの協働作用であることも明らかになってきている。このようなミクロな人間の生存条件という視点から「世界」を認識し直すこともまた、「世界を生きる人間」像と「人間が生きる世界」像の問い直しにつながるだろう。

「意味喪失する文化」と人文学

このように「モダン」以後、合理化や官僚制化などを推進することが、文化の進展と同視されてきた。しかし、その動向を体系的に捉えることを課題としたウェーバーも「「文化」なるものはすべて、自然的生活の有機的循環から人間が抜け出ていくということであって、そして、まさしくそうであるがゆえに、一歩一歩とますます破滅的な意味喪失へと導かれていく」(「世界宗教の経済倫理　考察」一九二〇年)との警句を残した。その示唆した問題性を、今こそ思い返すべき時にある。人文学が主たる対象としてきた文化のあり方については、人間の営為としてだけでなく、自然界との生態連環の中で捉える必要がある。

もちろん、核開発や経済格差などが拡張していく「世界」と変動する自然生態系としての「世界」とを一人の研究者が一挙に解明することはできない。また、社会生活の多様化や価値観の個性化などに対応していこうとすれば、人文学が専門分化していく趨勢は止めがたい。しかし、それでもなお、専門分化の壁に風穴をあけて研究者相互間そして社会との間に風通しのよい人文学のあり方とは何かを問い続けていく必要がある。インターネット社会の出現によって、地球の裏側の人とも瞬時につながるようになった。しかし、実際の隣人は遙か遠い存在となった。同じ事態は人文学の研究者間でも起きてはいないだろうか。

今や、ツイッターなどによって即時情報が溢れ、その真否もわからないままに様々な決定がなされていく。そして、真実が判明したときには、既に事態はまったく異なった次元で展開している。

そうした時代にあって、起きた事象に関する事実の集積から着手するしかない人文学は、即効性をもって社会問題に回答を出すことはできないスロー・サイエンスとならざるを得ない。しかし、いかにスローであっても検証すべきものを検証しないままに放置しておくことは、先に記したように、一歩一歩とますます破滅的な意味喪失に導かれていくような「世界」を解釈し作りかえていく足場となるべき人文学の存在意義を喪失することである。そして、後代の人々に対する世代間継承責任を放棄することになる。

たとえ、今、無用視されようと自らの責務とは何か、を自らに問い続けること、それこそが人文学が避けてはならない課題となるはずである。

参考文献

ガブリエル、マルクス（二〇一八）『なぜ世界は存在しないのか』清水一浩訳、講談社。
ベック、ウルリッヒ（二〇一四）『世界リスク社会』山本啓訳、法政大学出版局。
ユクスキュル、ヤーコブ・フォン（二〇一二）『動物の環境と内的世界』前野佳彦訳、みすず書房。

第二章　データ・リヴァイアサンの降臨

存在論的機械学のために

佐藤淳二

一　予告された「人間」の死を待ちながら

ミツバチとフランケンシュタイン

ミツバチたちは、唸りをあげる。スペインの巨匠V・エリセの映画『ミツバチのささやき』（一九七三年）が、かつて教えてくれたように、あれは実は何かのささやきだったのだ。実際、あの映画の主人公は、ミツバチのささやきに誘われるように、生と死の境界線を彷徨する少女だったが、彼女は最後に森で、人造人間の幻に出会っていた。スペイン内戦の終結直後を描いたあの映画では、ミツバチたちの社会（勤労・調和・秩序）への共感と別の人間（ファシスト、脱走兵、フランケンシュタイン）への絶望が交錯していた。ミツバチと人造人間の出会いは、いまや、リアルに可能なものとなっている。いまでは誰もが知ることだが、ミツバチは巣箱に蜜を持ち帰るだけでなく、花畑の在処を知らせる貴重な情報とデータを、ダンスなどで仲間たちに伝える記号的能力を持つ。恐らくはこうして群れにもたらされ共有される情報とデータこそが、ミツバチの本当の「労働」の成果であり、真の存在価値だろう。群れは、個別の働き蜂たちが集めてくる位置情報などのデータのおかげで、効率的に蜜を巣にため込むことが出来るからだ。これは情報化された分業の形式と呼ぶべきであろう。もしも一九世紀に、動物の記号論的行動がもっと知られていたなら、経済学の姿はずいぶんとかわっていたかもしれない。それはともかく、一生懸命に生きていくただそれだけで、群れ社会全体に有益な情報とデータをもたらすミツバチなり、アリたちの生存は、明らかに、最先端のテクノロジーによって生活を営むわれわれの姿とぴったりと重なるといえよう。花の蜜が労働の直接の生産物だとすれば、花畑の在処という社会的集団的に共有され活用されうる間接的な（あるいはこちらこそ直接的な）情報こそ、われわれが現在、あらゆる瞬間に、生きているだけで提供し、「生産」し続けているものだ。われわれは、それほどまでに、生のテクノロジーの内部に捕捉され、生権力下における新しい価値システムに内在している。では、人造人間フランケンシュタインの方は、どうだろうか。

新しいフランケンシュタインを、「データ・リヴァイアサン」と呼ぼう。そもそもリヴァイアサンは、無数の人間たちを合成して作り上げられた、「死すべき神」であり、トマス・ホッブズが、近代の開始にあたって、国家のメタファーとして作り上げた人造人間である（ホッブズ 一六五一）。この隠喩は、重大で、かつ奥深い。それは現代のビッグデータの時代にも、見事に当てはまると考えられる。米欧日そしてこの種の話題に欠かせない中国を加えてのビッグデータを巡る熾烈な争奪戦は、地上の怪物的巨大国家群（リヴァイアサンの群れ）による戦いを、何より思わせる。電子マネー決済から生体認証をはじめとして、登録された個体情報を駆使し、街角の監視カメラによる追跡と解析を通じ、無線接続からのスマートフォンのスキャンなどによって、われわれは一人残らず丸裸にされている。あらゆる技術が動員される現在では、われわれが指やカードで何かに触れたり、歩いて移動したり、いや、たとえ家にいてほとんど動かなくても、すべての情報は、何らかのセンサーによって送信され、解析され、蓄積され続けている。ただ生きているというそれだけで、われわれは膨大なデータを「生産」

し続けていると考えなければならない。日々の報道を見るだけで、いまやわれわれの「個人」データが、本人の知らぬ間に蓄積され、解析され放題になっているという状況は、想像を超えて深化していることがわかる。この状況それ自体が、生産や消費の概念を根源的に変える可能性を持つ。これは、極めて重大な時代の特性である。ミツバチたちのささやきが、われわれの姿を、まるで鏡に映すように示してくれるのだ。

労働の情報化

ミツバチの寓話をもう一度まとめておこう。個別のミツバチがせっせと持ち帰る蜜の量はたかがしれているが、発見された花畑に群れをなして遠征できることで、遥かに収穫量を引き上げることができる。ミツバチといいわれわれ人間といい、それぞれの個体や個人は、その属する群れや社会体に直接に接続された、データ収集装置であり、群れ（社会）全体にとって獲物発見のための触覚ないしセンサーにほかならない。人間についてさらにいうなら、われわれ一人一人の労働は、なるほど価値を創造する行為だが、しかし、その作り出すものは、全体から見ればたかがしれている。もちろん、この小さな価値から出発して信用が生まれ、資金が投入され、大きな利益が生じるのだから、その礎石であり、基底であることは間違いない。しかしそれでも、情報技術の巨大な進展によって、価値創造の中心は移動しつつある。個人が働いている時も病気の時も、生きている限りは社会の触覚として情報を提供していく方が、同じ人が会社や工場などで狭義の生産に携わっている時よりも、大きな価値を生み出しているのかもしれない。いや逆に、そうだからこそ、われわれは社会のアンテナやレーダーのようなものとして、社会にわれわれのデータを提供し続ける、そのように仕向けられ、そのように装置の内部に組み込まれているのである。最先端のテクノロジーを身に着けたわれわれ現代人は、ミツバチやアリと本質的に同じものと化しつつある。

これがわれわれの生きている時代の実相だとしたら、いったいどうしてこんなことになってしまったのかと、問いたくなるだろう。誰も蜂やアリに似たいと思って人生を過ごしているのではない。しかし、社会にとっての個人の役割は、まさにミツバチのそれと五十歩百歩になりつつあるのだ。これが時代の第一の特徴であり、労働はそのまま続いているが、それと同時に、人々は別の労働（データ収集のセンサー部品となること）に従事しているのだ。これが、「データ・リヴァイアサン」の第一の意味、認識論的機械としてのその意味である。

そもそもホッブズの「リヴァイアサン」からして、存在論的なメタファーであることを踏まえれば、当然ながら、新しいマシンとしての「データ・リヴァイアサン」という表象も可能だろうと思われる。それは、存在論という以上、それがそのものであること、自分が自分自身であることの、根源的な問題に関わるのである。

もちろん、自分自身であることは基底的なことで、たいていその部分は自明な自動過程で「処理」される。その支えのお陰で、われわれは「ノーマル」に生きていけるのだ。そしてこの「ノーマル」感には、自分であることの自明で自動的な過程が、だいたい「私の身体」の内側に、この皮膚の内側に内蔵されているという、暗黙の了解がある。しかし、この了解は漠然としたもので、実はあやふやである。近代というわれわれの時代の開始時期に、ルネ・デカルト、ホッブズ、バルーフ・スピノザという偉大な思想家たちは、このあやふやさにしっかりとした構造を与えたのであるが、それはまた同時に、われわれの深部に癒しがたい傷跡を残した。この傷から、われわれの生きてきた時代と、これから生きる「世界」の基本的な見取り図を取り出してみたい。われわれをわれわれたらしめているこの傷こそ、ここで「存在論的機械」と呼ぶものである。まずはそれがどのようなものなのか、分身のメタファーを用いて提示してみよう。

不気味な分身の谷

稠密な連続体には、機械の入り込む余地がない。だから、液状（リキッド）化した場所などに機械は存立しない。機械は、液体内にではなく地層内に生じる。周知のように、われわれの生きている時代においては、精神は断片化し、そこに機械が象嵌されている。われわれと機械は、見分けのつかない分身となりつつある。だがもちろん、分身は不吉なもの、「不気味な（uncanny）」ものと相場が決まっている。一九七〇年代といえば、大阪万博などことあるごとに、ロボット工学が注目され、未来の技術として華々しく登場した時代であることは常識であろう。だが、その当初からの指導者だった森政弘は、「不気味の谷」現象を夙に指摘していた。この現象は、ロボット工学の範囲に留まらず、SF文学などにも広く知られることになったから、どこかで耳にされた人も多いだろう。要点は、あまりにも人間に似た動きをする文楽の人形が薄気味悪いのと同様に、あまりにも人間にそっくりなロボットは、不気味な「他者」と見えるということだ。人間への類似（外観や身振り・挙動）のみならず、言語や思考でも人間と同等もしくはそれ以上のパーフォーマンスをするという具合に、人間を凌駕しかねないほどの高性能のロボットを製作してしまうと、ある閾値を超えた瞬間から、そのロボットを見る人間は、ゾンビと遭遇したような不気味さと不安に襲われるのだという。これが「谷」と命名されたのは、この不安感を曲線で表現すると、まるで谷に転げ落ちるような曲線を描くからなのだ（森　一九七〇）。このように人間そっくりのロボットにつきまとう違和感は、最先端のロボット工学では（アート、映画関係を含む周辺分野を含めて）、以前から共通の問題として意識されていたのである。分身のもたらす不安と不気味さということだろう。もちろん、分身と不気味さについては、ジークムント・フロイトの古典的な論考が、ここでは常に参照されるべきだろう（フロイト　一九一九）。余りにも自分に似た他人の姿を見ると、人は必ず不安になるからだ。だからこそ、分身と自分の死を結びつけるのは、昔から文学や映画の得意とする物語だというのは、周知のことだろう。芥川龍之介然り、ジェラール・ド・ネルヴァル然り、そしてE・A・ポーの短編「ウィリアム・ウィルソン」然り。とりわけポーの名高い物語では、分身に出会った主人公は、執拗につきまとう分身に怒りを爆発させ、ついにローマで分身を刺殺してしまう。不安の原因を受動的に我慢するのではなく、能動的にそれを支配しようと逆転を試みたのだ。しかし、それはすなわち自分自身に死をもたらす。支配するものを支配しようと試みて、自分自身に暴力を振るい、破滅を招く。分身は、オリジナルの本人の運命と本源的に縫い合わされているが故に、つまりオリジナルと区別できないからこそ、逆説的にも分身なのである。それはちょうど人生の終わりが接近して、その人の全体像が輪郭をとって現れてくるようなものなのだ。もうこのあたりが君の限界だよ、無意識の自分がそう自分の意識に語りかけるのか。いずれにせよ、作品や研究の完遂、願い通りの新居完成、子供の立身出世など区切りの機会の後に、急逝する話のなんと多いことよ。まるで分身の分身とでもいうべき「自分の輪郭」が現れるかのようだ。こうなると分身の問題は、個人の次元を遥かに超出していく。というのも、われわれ人間の脳は、いや恐らく人間の文明全体も、その分身の不気味な出現と直面しているからだ。それなのに、われわれにはこれら新しい分身たちと共存する論理も、倫理も持ち合わせてはいない。この欠如こそ、われわれの時代の特徴である。

人工知能は人間の分身

現代的な分身たるマシンたちは、驚くべき速度で精巧化しており、人間の現実存在のシミュラークルとしてオリジナルと区別をつけられないほど完璧なものとなりつつある。しかもわれわれ人間の生活のすべてといってい い在り方が、そのまま分身を精密にすべく無自覚のうちに貢献しているのだ。われわれは、上空を通過する人工衛星からの監視ばかりでなく、あらゆる位置情報、消費行動記録、インターネットの閲覧履歴、メールや写真の解析（当人の知らぬ間に盗み見られている）などなど、膨大なデータによって追跡され、特定され、解析されている。解剖学の授業充実のために自分の死体を提供するのに似て、われわれは自らをデータベースの充実のために捧げている。こうなったのも、われわれが生きる環境世界が、かつての自然や人工物という目に見えるものだけではなく、データという目に見えない情報に拡大したからにほかならない。拡大というよりも、もはや情報に自然なり地球全体が包み込まれるという時代が到来している。大地と情報世界は、ぴったりと重なりつつある。情動を示したり、感情を交わしたりするという「自然で」「人間的な」交流も、若者たちにとってSNSないしインターネットを介さなければ完結しないといういささか倒錯した状況も、時代の徴候にほかならない。情動だけではない。人工知能（AI）に未聞の「学習機能」が装填されて以来、囲碁将棋の名人たちというとびきりの知能の持ち主たちも次々と打ち負かされている。知性やヒラメキという創造的と思われた領野でさえ、ゲームと戦略が支配する広大なテリトリーで、人間なるものはもうとうに超えられ消え去っている。こうなると進展は加速するほかない。例えば、AIは、人間のアイデンティティーを支えていたはずの「記憶」や「想起」、そこからの「類推」「推理」を手に入れつつある。AI同士の「コミュニケーション共同体」は深化していくだろうし、やがて人間の知性は完全に凌駕されるのだろう。ただ、AIは「不気味の谷」をこれから「意識」せざるをえないから、戦略的に、人間の知性をこれみよがしに凌駕する「姿」やイヴェントを避けるかもしれない。不気味さを隠し、「谷」を超えてしまうまでは……。

このようにカムフラージュされつつも、AIが、過去と未来を構造化した現在を獲得しつつあるとすると、人間とその知性は、自らの分身を目撃していると考えられる。主体を構成するために「フィードバック」を生じさせる情報の回路が、回帰する運動を自ら切り離し、自立していきつつあるのだ。もし、この回路から遮断されるなら、現在の情報化されて人工と自然の区別のつかなくなった環境世界（単なる環境ではなく、諸次元のセンサーによって複雑に媒介され構成された環境世界）において、孤立した人間はほぼ確実に死滅する。もはやその死は動かぬものとして予告されたかのようで、どう死ぬかだけが、人間の問題として残っているといった状況にさえわれわれは追い込まれているのだ。どうしてこんなことになってしまったのか？　こんなに早くに？　そう訝しく思う人が多いはずだ。そこで、事の顛末を起源に遡って考える必要がある。事の発端は、いうまでもなく近代の科学革命、それとセットになった哲学革命にある。だが、それだけなら、多くの科学史家が繰り返し書いていることに過ぎない。そうではなく、科学はその最初から、人間の死を人間自身に組み込むことで生まれた、あるいはそのために生まれたのではないかと、問い直してみよう。いまや科学という名の完全犯罪が、人間の死によって完成しようとしている時に至って、ようやくその仕掛けが明らかになってきたのだ。機械たちが、人間の死、本格的に自立した姿で舞台に登場するようになってから。

ここでは、デカルトとホッブズから、ついに現れた人間の不吉にして真実の分身すなわちデータ・リヴァイアサンの存在論を捉えたい。それが、人間の死期の切迫という、われわれの生きる時代の究極的な意味を示すことになるだろう。

二　リヴァイアサンの共同主観的存在構造

デカルトの存在論的外科手術

いまやロボットは人工知能を備え、人間の単なる道具やその代役ではなく、完全に人間を駆逐し、とって代わりつつある。繰り返すが、現在において不気味なのは、ロボットの遠さではなく、むしろそのあまりの近さ、人間と区別できなくなりつつあるその近さにある。ロボットが人間に急速に接近するばかりではない。人間の方でもまた、誕生から死に至るまで、医療という名の生命工学に浸透され続けており、機械抜きでは生命それ自体が危機に陥るほどになっている。人間と機械の境界を決めようと線を引くことそのものが、無理だった、いやそれどころか無意味でさえあったのかもしれない。

ここでまず歴史的に思い返すべきことは、人間と機械の境界を確定することこそ、近代の開始を告げたデカルト哲学の使命――存在論的切断の外科手術――だったということだ。デカルトは、身体と精神、物質と非物質、延長と非延長……と延々と続く二元論による世界観を構築したが、その動機とも目的ともいえるのは、「人間そのもの」ないし人間の「本質」から機械を、鋭利なメスで切り離し切除することだったのである。これだけでは説明として簡単すぎるかもしれないから、身体と精神の区別について少しばかり補足しておこう。身体は大きさなどのディメンションを持っているが、言い換えると「これ」とか「そこ」と指示できる対象性を持っている。精神はそうではなく、非延長であって、「どこ」に「いつ」あるかは特定できない。「機械の中の幽霊」という有名な表現があるが、現実と幽界のような区別が、デカルトによって持ち込まれたのである。

デカルトのメスの切っ先によって実現した区別は、途方もないメリットをもたらした。そのメリットとは、指示可能な延長つまりはデータに解析し尽くせる対象が人間の知性の前に出現したこと、これである。この前後で変わったのは、世界そのものだといっても決して大げさではない。あらゆる事物が、操作可能なデータの集積物に変換されたからで、これ以降すべては、一度データにしてしまうだけで、あとはそれをひたすら操作（「演算」）することで制御可能となったのだ。データさえあれば、「現実」は再現でき、コントロールできると考えられるからである。「私に固有な身体」は、実はこうして「私」の手を離れ、「身体」データとして独立してデジタル的に操作され、治療されもすれば、細胞増殖やら遺伝子操作やらと夥しい技術が、そこで活用され応用される。身体は基盤であり、培養シャーレであり、データ化されて資料体となりデータベース化される。これら技術の適用は、「私」を決定不能な「精神」に祭り上げ、ブラックボックス化することで、一方の「身体」を対象とすることで可能となったのだ。精神の本質化と身体の技術化、別次元あるいは非共役的で交わることのない捻れた関係に「魂」と「体」を属させるというこの巧妙な区別が、デカルトによって基礎付けられたのだ。デカルトはこうして、存在の根底に亀裂を入れること（精神と身体をそれぞれ別のオーダーに属させること）に成功して、ガリレオ・ガリレイと並ぶ「近代」の開祖、科学革命と哲学革命の英雄となった。これがつまりは「存在論的切断」である。そして、これが「切断」であるのは、その後では、それ以前の時代にはもはや戻ることができないからである。その意味で後戻り不能な時代が始まったのであり、その時代を、「近代」と呼ぶ以上に、上のコンテクストから「存在論的機械学の時代」と呼んでおこう。存在論的機械学は、われわれの時代をその起源から特徴づけている秘められた知である。それはどのように出現し、そしていま、どのようにわれわれを支配しようとしているのだろうか。

存在論的ゲームの規則

ここで決定的に重要なのは、スピノザ学者の上野修が展開する議論である。上野によれば、近代という時代そのものが、ゲームの論理を内在化することで成立したというのだ（上野 二〇一二）。そのゲームは、「残りの者の論理」に支えられているという。では、その基盤としての「残りの者の論理」とは何か。デカルトの存在論的な境界設定に対して、ホッブズが近代の政治を支配するようなイメージを提示した。しかし、デカルトにせよ、ホッブズにせよ、いまだ明瞭な形では「残りの者の論理」を提示していたわけではないのである。この論理がその全貌を露わにするのは、上野によれば、ようやくスピノザの哲学実践においてなのである。天才たちの時代である一七世紀を貫いていた論理とは、いったいどのようなものだったのか？　そしてそれは、いかにして存在論的機械学の地平を開いたのであろうか。

問題はやはりというべきか、まずホッブズなのだ。彼の主著『リヴァイアサン』（一六五一年）は、全ての人間が平等であること、まるで原子のように誰もが似たり寄ったりであることを基礎にしている。平等だということは封建社会による不平等より「進歩」した革命的な考え方だが、しかし、それを手放しで喜ぶことはできない。

人間は誰しも平等であるということは、誰も決定的な優位を一人では手に入れることができないということである。しかし、平等である以上、自分が口に出さずに考えていることは、他の誰もが考えることができる。これは当然のことだ。自分が考えていることで、残りの者たちが考ええないことはない。となると由々しきことが生じる。つまり、自分の考えることはどのようなことでも、最善のことでも最悪のことでも、星空のように美しい心も、サド侯爵の描くようなおぞましい行為も、私の脳裏によぎるものは、すべて自分以外の人々の脳裏にも浮かびうるのだ。もちろん、天使のように考える人もいるだろうから、隣人は私を助けてくれるかもしれない。しかし、私を貪り食う可能性は消せないのだ。要点は、限定のない限り、自分以外の人が考えることは任意であり、その意味で隣人は、不可視の内面を持つということだ。一言でいえば、平等な社会は全員が全員に対して理論上は「他者」であり、全員がそれぞれ主体として行為する可能性を持つのである。実際上はさまざまな限定を蒙っているために、隣人は全くの他者ではない。しかし可能性としては、すべての隣人は全き他者でありうる。そしてそのことがわれわれ一人一人にとって、不安を引き起こす。不可視の内面を備えた他者に対しては、その意図や考えを想像する必要がある。こうして誰もが不可視の夜の森を想像力を頼りに手探りで進む旅人のようになる。ちょっとした物音にも人は、自分以外の全員から襲われる不安を結びつける。「残りの者」への恐怖が、各人を支配することになる。平等は不安を生み続ける。

存在論的ゲームに出口はない

想像の世界にはまりこんだ不安な人間たちにとって、頼れるのは感覚であり、感覚によって手に入れた手掛かりからの推論のみである。推理は想像力の産物ではあるが、その核心には論理が据えられていなければならない。その論理こそ、残りの者の論理である。上野の哲学的議論は、厳密だが、高度に凝縮されているため、一読してすぐに理解できるという代物ではない。ここでは、議論の要点をできるだけわかりやすく示してみよう。

日常のモデルを考えてみよう。例えば学校のイジメ。人種差別や性差差別だと、社会の広がりの中であまりに複雑だから、ここでは「閉じた」一つのクラスルームが好都合だろう。さてそのクラスルームだが、まだ現実にはイジメは起きていないとしよう。しかし、担任が未経験の教師だとか、クラスの中に微妙にグループ間の対立が生じているとか、さまざまな要因から、スケープゴートが憂さ晴らしに選ばれそうな雰囲気が漂っているとしよう。自分が犠牲者になるかもしれないと誰もが緊張を感じている不安な状況だ。クラスの残りの者たちが謀って自分を標的にするなら、それに抵抗する術はない。ホッブズの大前提は、誰もが生き延びたいという「衝動」に従い、この衝動には逆らえない、というものだから、私はまさに生き延びたいという「衝動に駆られて」、残りの者たちに合わせて動き、マークされないように生きることを選ぶ。こうして、残りの者の欲望と私が想像するものに、私は「従属する」ことになる。

しかし、この状況は、耐え難い。生きることの難しいこの状況は、そもそも誰もが平等であるところから生じることは間違いないだろう。平等性は、近代を開始させ、そしてその困難をも基礎づけた。だから、権威主義的な教師だとか、田舎から転校生が突然現れたりして道化役になったりすれば、クラスの雰囲気は一変する。いうまでもなく、そこに上下関係ができ、平等の均衡が破れるからだ。もちろん、父権的抑圧や道化といった介入は、「外」からのものであるが、これらによってイジメ状況が「解決」するわけではない。抑圧されるだけなのだ。そして、解決されないままに不安は潜行し、やがて血腥い暴力（テロ、リンチ）として出現する。これもわれわれの生きている時代の姿ではある。しかしこのことは、見方を変えさえすれば、自分以外の残りの者たちに従属するという構造は誰にとっても同じということを意味している。

残りの者からどうやって逃れるのか？

では、このような理屈と構造が暴露され理解されるなら、不安は解消するだろうか。そうならないところに、実は本当の問題が潜んでいる。あなたが怖がっているように、相手もあなたを怖がっている、つまりその恐怖は想像力による幻に過ぎない、従って悪夢から醒めなさい……と、仮に諭されたとしても、それで不安が消えることには決してならない。なるほど、一対一の正々堂々の決闘の場合なら、つまり対称性を持った対立の場合なら、相互性を指摘する説教も有効かもしれない。それは、ちょうど「相互破壊」の完全な対称性に基づく、核抑止力の理屈（核のボタンを押せばそれで両方お終い）であり、冷戦時代に繰り返された古典的議論と同断である。しかし、イジメの不安は、ある意味では、核戦争の不安よりも複雑でありうる。少数対多数、極端には一人対残り全員という対立から生じるのであり、どこまでも非対称で歪とさえいえるような関係である。上野の言葉を借りるなら、そこには「非対称性の相互性」しかない。自分にとって「残りの者」がいる以上、他人にとっては自分を含めての「残りの者」がいるほかない。言い換えれば、誰にとっても「残りの者」がいる。多数派を形成する自分は、単に残りの者への不安から少しでも逃れたいから、相対的に安全な多数派に属しているだけで、その多数派の中でも「残りの者」が消えることはない。もうこれ以上述べる必要もないが、要するに「残りの者」は誰からも独立し、イジメの不安に苛まれる限り、クラスのどこにもいないのにあらゆるところに存在し、そうして全員を支配する。

これが、スピノザが見通したとされる、ホッブズのリヴァイアサンの本質なのだ。リヴァイアサンは、単に契約で生まれるのでもなく、多数派を一般意志の幻影として、それに従うのが義務だと誤認することだけから生まれるのでもない。リヴァイアサンは、逃れようのない論理的な誤解から、訂正しようのない誤謬を「真理」として保証するために、誕生するのである。

存在論的機械学へ

自分が拘束されていると思い込ませる奸智。ホッブズが発見し、スピノザが定式化した近代国家を支える論理の実相がこのようなものだとすると、そのどこが「存在論的機械」なのか、まだ訝しく感じられるかもしれない。それは、むしろ何も無いが故に、どのようなものでもそこで接合されるような「空虚」「空所」ないし、端的に「場」そのものではないかと考えたくもなるだろう。しかし、そう考えるのではなく、大事なのは、それをマシンとして考え抜くことだろう。何も無い空虚に不安を感じるのではなく、この不安が実は作られ続けている生産物だということなのだ。そして何よりも重大なのは、この生産された不安が、われわれの一人一人を今度は生産し続けるという点なのだ。先ほどのイジメの不安に苛まれるクラスの例でいうなら、イジメの標的にならないためには、各人は、残りの者たちに「合わせて」いることを繰り返し、事あるごとに態度で示していかなければならなくなる。その表明の一つ一つが、クラス全員に「記号」として認知され、蓄積され、いわば「データベース」化される。データベースは、基本的にはイジメの不安に奉仕し、それを維持するための装置である。さらに明確にしておくべきなのは、このデータベースなる装置が、われわれの一人一人に棲みつき、いわばとり憑くようにして、まるで自分とは別の存在つまりは「分身」として動きだすということである。こうなると誰も元の状態には戻れなくなる。ホッブズにとって真に「リアル」だったものは、全員の全員に対する戦争状態であり、この「リアル」の侵入から社会を防衛する装置が、リヴァイアサンであった。データもまた、われわれの生死の区別を超越するという意味でリアルなのであり、自然状態を示している。

まとめておこう。重要な点は、各人は自分が、あるいは自分だけが生き残りたいという衝動で動くのだが、同時に、自分を除いた「残りの者」に従属してしまうという論理である（上野 二〇一一、四八―四九頁）。しかし当然にもこのことはまさにそのようにして各人が相互に現実の「残りの者」の力の一翼として現れあうということをも意味するのである。そうやって各人は互いにとっての「残りの者」の力を、何等の保証もないまま相互に実現しあってしまうわけだ。

ここで主張されているのは、リヴァイアサンが、単なる暴力装置であるとか、単なる絶対的な権威であるとかいうことではない。ホッブズはこれを「死にうる神」としているが、それは人間が死滅するときにのみ死ぬ神という意味以外ではありえないだろう。言い換えれば、リヴァイアサンは、社会において人間が生きる限り、絶対に除去できないし、それはいわば「原国家」のように人間の間を充てんする環境なのだ。人間は「人間」である限りにおいて、共同主観性を廃棄できない。しかし、どうだろう、もしも「人間」が死滅するとすれば、それとともに間違いなく「（原）国家」も眠り込み、やがて死滅するのではなかろうか。われわれが生きている時代は、かつての自動人形（オートマトン）のような人間性を残さない、存在論的機械の時代に差し掛かったのではないか。「人間」と「国家」や「主権」の消滅する、本当のマシンの時代に。

三　データ・リヴァイアサン――存在論的機械学へ

存在論的機械の喧騒

われわれの時代に降臨した存在論的機械は、どのようなものだろうか。少なくともそれは、断じて「液状（リキッド）」ではない。さらにそれは、自動人形ではなく（原理的に人間に似ていない）、そしてそれは、単なるデータベース（スイッチのオンとオフで分類する低次元のマシン）でもない。自動人形にも、データベースにも、まだ人間的なものが含意され続けている。存在論的な機械は、一段別の次元に飛躍していなければならない。機械はまず自らを分割し、断片化できる何ものかであるが、その点で自動人形（分割すると人間との類似を失う）とは根本的に違う。より重要なのは、データベースとの違いで、最初に「ミツバチの寓話」として述べたように、データとは、その一つ一つがミツバチたちの労働の成果であり、その結晶であり、構成された構造である。つまり、データはその一つ一つが、機械なのであり、マシンなのだ。

ここでこそ、リヴァイアサンのデータ版が現代の特徴として考えられなければならない。それは単に自動的に肥大化し自己を拡張していくデータベースというだけではない。データベースは、むしろデータを集めたいという科学の生産欲望の表れだが、逆説的なことに、それは記録するだけで、「記憶」を持たないのだ。しかし、現在の人工知能は、単なる蓄積だけではなく、データ相互を自ら関係させ、深層で学習する。もう誰もが知っているように、囲碁・将棋という最高度の知性と直観を要求されるゲームで、もはや人間はまったくＡＩに勝つことができなくなったのも、この学習機能の進化による。一言でいえば、人工知能がもはや昔日の「道具」ではないこと、われわれを凌駕しえる一個の「他者」であり、「主体」であること、「分身」であることを、認める必要がある。

潜在的なものの叛乱

データ・リヴァイアサンはビッグデータによるデータベースではなく、データがデータを超越しつつ新しい展望を生成する、一つの主体であり分身だ。さらにいえば、それが道具でない以上、データ・リヴァイアサンは、環境に単に属しているのではなく、まさにわれわれと同じ「世界」を形成しうる存在なのである。われわれが環境と共にわれわれ自身を作り替えるように、存在論的機械は、われわれと協同して、われわれとそれ自身の環境を変える。情報学の大黒岳彦の言葉を借りて、それはまさに「環境世界内存在（In-der-Umwelt-Sein）」と、呼ばれるべきだろう（大黒 二〇一六、二二一頁）。大黒が見事に定義するように、「現代の情報社会とは、ＡＩによって確率論的、非決定論的、不確定的に制御される〈コミュニケーション〉の自己言及システム」なのである（大黒 二〇一六、二二〇頁）。

冒頭で触れたポーの有名な分身の物語で主人公が分身に初めてであった場所は、印象的な寄宿舎であった。それは二階建てだがどちらの階にいま自分がいるのか分からない迷宮のような空間だったという。まるで裏返された「盗まれた手紙」のようでもあり、これもまたポー独特の裏と表の明瞭でないメビウスの輪のような構造を持っているのだろう。

デカルトの延長が、あらゆる人間的隠喩を排除する目的で発案され、神の知性も宇宙を満たす霊魂も削除する効果をもたらしたとするなら、われわれが目にしているデータ・リヴァイアサンは、それを構成するデータの一つ一つが、自動機械の水準に達している。それは、人間にとって紛れもない同等な他者である。この他者と付き合う以外、未来はない。

ポスト・ルソー／カント時代の「狂気」

理性が理性として存在するには、その他者としての狂気が必要である。データもわれわれを支える他者であり、その意味でわれわれの「狂気」に似ているのだ。しかも、データは論理であり、狂気に近いのはむしろわれわれの方なのだ。内にとり憑くという点では「亡霊」にデータは似ているが、データは何といっても実在してしまうから、ここでもむしろわれわれの方こそデータの集積の中に住まう亡霊であろう。そして空恐ろしいことに、データは、死を排除する。ここでもデータと一体化したわれわれに対して、データ・リヴァイアサンは、死なないことを強要する。これらすべてが、一つの「狂気」でなくて何だろうか。

この狂気を遙か果てまで見透していたのが、スピノザであろう。彼は、マルチチュードの潜勢力を信じ、到来する民衆を待つことで、この狂気を生き延びることを考えたのかもしれない。一七世紀にはまったく正しいと思われるこの思想も、次の時代には忘れられ、排除されてしまった。忘れられながら、一八世紀にルソーとカントによって転倒されてしまった。われわれはその後の時代を生きている。自然の立法者、残りの者の立法者たれ、というのがポスト・ルソー／カント思想の本質なのだ。これが自然の支配をもたらし、啓蒙をそのリミットまで拡張させ、その結果として、内なる残りの者を支配することで自分自身を支配する、人間による自然と人間自身の支配が結果したという「啓蒙の弁証法」も、この時代の先駆的記述だ。

恐らく、二一世紀にあっても、繰り返し、同一性と他者性の「調子っぱずれの変則プレーヤー」は現れ続けるだろう（フーコー 一九六六、第一部第三章「表象すること」参照）。風車のような自動機械を許すことができずに、プラグマティックな大学教授然としたサンチョの制止も振り払って、「私は番号ではない、私はデータではない」と叫びつつ、突進する騎士が消えることはない。確かに、「残りの者」の論理に突撃して打ち破り、自己自身の真実との合体を図ることもできるかもしれない。しかし、その合体は、ドン・キホーテのように、別の書物に移されて別の夢を見続けることしか意味しないかもしれない。夢から醒める時は、すでにいつも別の夢の中なのだろうか。

「存在論的冷戦」の阻止という課題

われわれの生きる「世界」の課題は、存在論的機械学の転倒に尽きる。目に見えない微細なデータという自動機械は、たしかにわれわれを侵食し、解体し、ナノレベル（いうまでもないが、人工衛星からの監視では、われわれ一人一人は六〇億分の一の単位でしかない）の粒子に粉砕して、再生活用していく。逆にいえば、データたちにとってわれわれこそが手つかずのものを残す資源なのである。データたちにとってこそ、われわれは異質《ヘテロ》なる他者である。その他者を食べ尽くすことしか考えない論理を、人間は一七世紀欧州に出現した、存在論的機械第一世代に与えてしまった。いま、その転倒としての存在論的機械の第二世代を構想する必要に迫られている。データがデータを創造し、それによってわれわれと隣人となる。その隣人を、われわれを食べ尽くすフランケンシュタインにするのは、われわれ自身の倫理的欠落なのである。恐るべきは、この倫理の欠落のままに、存在論的機械学が進展しているという事態なのだ。

世界にいくつの人工知能たちが稼働しているのかわからない。全貌は軍事機密に守られて隠されていよう。表面上は、それぞれが単独で働いているように見える。しかし、すでにサイバー戦争は始まっていることを考えれば、軍事的な次元では、われわれに見えないところで、あらゆる個別の人工知能を巻き込んでの「戦争状態」が現出している。すべての人工知能が、「残りの者」である他のすべての人工知能に対して狼であるような戦争状態こそ、新しいヴァージョンの冷戦（「冷戦２・０」）の真の姿であろう。データ・リヴァイアサンによる「存在論的冷戦」を阻止できるのか、これがわれわれの生きる「世界」の究極の課題なのだ。

参考文献

ホッブズ（一六五一）『リヴァイアサン』水田洋訳、岩波文庫。
フロイト（一九一九）「不気味なもの」『フロイト全集第一七巻』藤野寛訳、岩波書店。
フーコー、ミシェル（一九六六）渡辺一民・佐々木明訳『言葉と物』新潮社。

森政弘（一九七〇）「不気味の谷」、公式ブログ（https://www.getrobo.com）。

上野修（二〇一一）『デカルト、ホッブズ、スピノザ』講談社学術文庫。

大黒岳彦（二〇一六）『情報社会の〈哲学〉――グーグル・ビッグデータ・人工知能』勁草書房。

第三章　グローバル市民社会

方法としての主体、可能性としての他者

田辺明生

一　はじめに

現代世界において、権力と資本の働きが生活世界の隅々にまで浸透していく一方で、多様な人びとが政治的な主体として立ち上がりつつある。その背後にあるのは、一九九〇年代からのポスト冷戦およびポスト・ポストコロニアルの時代状況における、ヴァナキュラーかつグローバルな市民社会の登場である。

帝国・植民地支配が戦間期から戦後にかけて終わりを告げたあとも、冷戦構造のなかで、帝国・植民地的な支配構造と認識枠組は執拗に存続した。大英帝国および大日本帝国の遺産を抜きにポストコロニアル＝戦後の南アジアおよび東アジアの秩序構築は語ることはできない。逆にいうと、帝国・植民地支配の再編によってこそ、戦後秩序における冷戦構造は維持されていたのであった。

冷戦の終わりは、一九九〇年代初頭の米国で一時のユーフォリアとともに喧伝されたように（Fukuyama 1989）、自由主義的イデオロギーの最終的勝利を意味するわけではなかった。そのことは、二〇〇一年九月一一日の合衆

国における同時無差別攻撃により劇的かつショッキングなかたちで示された。冷戦の終わりはむしろ、ポストコロニアル・ポスト帝国的な秩序の終焉とともに、誰も予想していなかったかたちで、さまざまな地域から多様で異質な人びとが声をあげていく時代の幕開けを意味したのであった。冷戦構造のなかで凍結されていた帝国・植民地的な支配構造はようやく溶解し、諸地域の多様な人びとが政治的に主体化しはじめたのである。

本章でグローバル市民社会を語るとき、それは冷戦直後に規範的なかたちで語られた市民社会論とは一線を画す。たとえばアーネスト・ゲルナーは、個人によるアソシエーションから成り、共同体からも国家からも自律的な市民社会の存在こそが「自由の条件」であると論じた（Gellner 1994）。これは戦後の米国を中心とする開発レジーム、すなわち自由化を通じた民主化・経済発展・市民社会形成の三点セットを、旧共産圏にも適用しようとする動きとつながっていた。しかし、そうした開発レジームにおける教科書的な市民社会は、非西欧社会のどこにも実現しなかった。ゲルナー自身も市民社会の「ライバルたち」（イスラーム社会など）の存在に自覚的であり、西欧的な市民社会は相対的なものに過ぎないことは認識していたようだ。

ポスト冷戦の世界諸地域に代わりに現れたのは、固有の社会関係や文化宗教的な価値を身にまとい、しかも国境を越えたつながりをもったヴァナキュラーかつグローバルな公共圏であった（Neyazi and Tanabe 2014）。そのなかで声をあげるのは、自由で自律的な個人というよりも、人種、エスニシティ、宗教、階層、ジェンダー、セクシュアリティなどの複数的な軸によって差異づけられた、多種多様の人びとである。こうした多種多様な人びとの構成する新たな市民社会は、国家権力と市場経済や親密圏的な生活世界の外部に自律してあるのではなく、むしろそれらと絡み合いつつ、依存・対立・交渉の関係のなかで存立している。さらにそこにおける人びとの声は、常に何らかの現代的な制度や装置——政党、市民組織、メディアなど——によって媒介されたものである。

本章では、こうした新たなグローバル市民社会はいかなる性質をもつのか、そしてここにおける新たな政治の困難と可能性はいかなるものかについて論じる。

二　近代政治の「主体」を支えた帝国・植民地状況

近代政治の特徴は、生を政治的な対象とすることにある。生権力による統治こそが近代政治の特徴であるという、このフーコーの洞察は鋭い（フーコー 一九八六、一七三頁）。しかし問題は、それはどのような「世界」において展開したのかということである。

ポストコロニアル研究の旗手であるスピヴァク（スピヴァク 一九九九）は、フーコーとドゥルーズが知の主体の「地政学的規定」に無頓着であるために、結局、西洋の主権的主体性を再生産していることをきびしく批判する。植民地的近代においてヨーロッパの市民的主体を認識的・政治的に支えていたのは、知と権力の対象たる他者としての異民族（そして同じく他者としての労働者そして女性）の存在であったという、ポストコロニアル研究の指摘は重要である。（ポスト）植民地状況においては、「植民者と被植民者」の区別が「市民と人口」「法と生」などの二分法に重ね合わされる擬制《フィクション》がある程度有効に機能していた。そしてこの主体と他者の構成は、人種・階級・ジェンダーなどを通じた非対称的権力関係によって支えられていたのである。ヨーロッパにおける市民的主体は、近代グローバル世界における（ポスト）植民地的二分法のもとではじめて成立していた。

つまり、西洋の主権的主体性という擬制《フィクション》を可能にしたのは、帝国・植民地状況であった。西洋の主体が、植民地において他者に出会ったのではない。その出会いの場所から、「主体」も「他者」も生まれたのである。帝国・植民地というコンタクトゾーンにおいては、潜在的な異種混淆性が存在したのであり、そこから異なるものや他なるもの、つまり差異づけが生み出されていく。植民地における統治と政治は、植民者／被植民者、市民／

人口、個人／共同体、合理／宗教などの差異づけやカテゴリー構成をつくりだすことで、帝国・植民地的秩序を構築したのであった。

コンタクトゾーンとしての植民地において、「統治する者と統治される者」は差異と矛盾をはらみながら異種混淆的に相互作用した。このことが重要なのは、近代の統治技術の発展にとって、アジア・アフリカにおける植民地統治の経験は決定的に重要な意味をもっていたからである。つまり統治性の歴史ひいては近代の歴史は、ヨーロッパだけのものとしてではなく、常にグローバルなものとして語られなければならない。

このなかで、誰がどのような権利をもつべきかにかかる政治思想は、「人間とは何か」という人文学的・人類学的な思考と共に進行した。人文学においては、フマニタスという知をうみだす人間主体が措定されたが、一方で、人類学においては、アントロポスという人類が知の対象とされた（Sakai 2010）。ここで知の主体としての「人間」と、その対象としての「人類」は、植民地的二分法のなかで分別されていた。その政治的な現れは、植民地における「市民権」をめぐる相克の歴史であった。つまり「人間とは何か」をめぐる人文学的・人類学的問いは、「市民とは誰か」という政治的な問いと密接に関連してきた。現在の人文学・人類学の課題の一つは、こうしたフマニタス／アントロポスという二項対立を乗り越えた新たな人間観を提出することだろう。それは、あらゆる人間が自らの生の主体となりうる条件を探求するという、グローバル市民社会論にとっての課題でもある。

三　民主政治の変容と拡大――ヴァナキュラー・デモクラシーのダイナミクス

植民地国家の統治性の働きは、現地社会と相互作用し、そこに行政的範疇が構築され、人びとによる政治的主体化のための基盤となっていった。たとえば、インドにおいてカーストや宗教にかかる諸カテゴリー――「ダリト」「部族民」「ムスリム」など――が、上からの統治のためだけでなく、下からの諸要求の基盤となっていったようにである。この「統治する者と統治される者」が出会う場所こそが、統治する側の普遍的な技術・制度・価値と、統治される側の固有な社会的現実がからみあう、異種混淆的な現実の政治の場である。

　統治性の働きが大きな重要性をもつ現代国家において、ポストコロニアル・デモクラシーは、人民《ピープル》に主権があるという法的・制度的な枠組にのみよるのではなく、統治のためのカテゴリーを政治的主体化のための基盤に読み替えつつ、統治される人びとが政府に対してよりよき統治を要求し実現しようとする政治過程の全体を指すことになる。パルタ・チャタジーが、今日におけるデモクラシーは「統治される人びとの政治」としてとらえられるべきであるというゆえんである（チャタジー 二〇一五）。

「主権の政治」としてだけでなく、「統治性の政治」としてのデモクラシーを認めるということは、主権在民そして平等な市民という普遍主義的理念を受容しながら同時に、現実の人びとの多様性を受け入れ、それぞれの固有のニーズおよびアイデンティティ、そしてそれにもとづく政治的活動を承認するということである。このチャタジーの議論は、あくまで現実に焦点をあてたものではあるが、政治的正義に関わる新しい理念の登場を予感させるものでもある。現在、必要なのは、民族、階級、人種、宗教、カースト、ジェンダーの異なる多様な人びとが政治過程に参加して、その多様な要求と価値を政治に反映させることであろう。ここでは「人民《ピープル》」という一つのまとまりが国家主権をもつという理念の有効性はある程度相対化され、統治性の政治において多様なる「群衆《マルチチュード》」が参加主体性をもつことをいかに保障するかがポイントとなる。これは「平等な市民」というよりも、「多様なる人びと」を主体とする新たな民衆政治《ポピュラー・ポリティクス》の可能性を告げるものである。

　ポストコロニアル・デモクラシーのなかで政治的主体として成長した人びとは、現在、人種、エスニシティ、宗教、階層、ジェンダー、セクシュアリティなどの多様な差異にもとづいて、自らの声をあげるに至っている。

こうした多様な主体が構成する新たな政治のあり方をいかなるものとして理解するべきか。

アルジュン・アパドゥライは、世界は「ポスト・ナショナルな秩序」に向かっていると主張する（アパデュライ 二〇〇四）。そこでは、階級や人種やジェンダーなどに基づく立場の違いを尊重しつつ、ネーションの境界を越えて民主的な連帯を築くグローバル市民社会の可能性があるというのだ。アパドゥライは、ナショナルな枠組での代表政治よりも、市民社会での諸アソシエーションにより、異なる状況におかれた人びとが立場や価値観の差異を認めあいながら、忍耐をもって対話をすることを通じて、「市民」として連帯していく可能性にデモクラシーの将来をみようとする。

他方、すでにみたようにチャタジーは、サバルタンの諸集団が国民国家の枠組内で展開する「統治される人びとの政治」にデモクラシーの可能性をみる（チャタジー 二〇一五）。すなわち、統治の客体であった諸人口集団が、政治家や官僚たちにさまざまなルートを通じて働きかけて、国家に資源分配を要求する政治過程を重要視する。チャタジーは、支配構造への抵抗を通じて既存の権力関係を変革していく民主的な可能性を、国家と人びとのあいだの政治社会にみる。

このアパドゥライとチャタジーの論争は、グローバル化する世界でデモクラシーの基盤はどこにあるのか、という重要な問題を投げかける。概括すれば、アパドゥライはグローバルな「市民の連帯」に、チャタジーは国内政治における「サバルタンの抵抗」に、デモクラシーの将来を賭ける。だがグローカル化する現代世界の趨勢をみるにつけ、その対立の出発点にある「グローバルかナショナルか」という問いの構造自体を疑う必要があるだろう。

中間層エリートによるアソシエーションを中心とした「市民社会」と、サバルタンによるコミュニティの論理を基盤とした「政治社会」との対立は歴史的・地域的にたしかに存在してきた。それはインドでいうならば一九六〇―八〇年代のことで、エリートとサバルタンのあいだの主導権争いが主要な政治テーマの一つであった。またこうした争いは、タイにおけるタクシン派（農民中心の政治社会）と反タクシン派（都市民中心の市民社会）の対立にもみられる。

しかし、世界全体をみると、特に一九九〇年代以降、市民社会と政治社会の枠組に収まりきらない三番目の新たなデモクラシーの場が生まれつつあるように思われる。そこでは「エリートとサバルタン」や「アソシエーションとコミュニティ」そして「グローバルとナショナル」といった従来の二分法は通用しない。階層、ジェンダー、人種、エスニシティ、出自、カーストなどのさまざまな軸によって構築される多元的な社会集団が、具体的なイッシューに応じて立ち現れ、変化するさまざまな連帯と対立のパターンを形成し、多様で柔軟なネットワークや組織を用いて、声を上げるようになっている。別言すれば、固定的な階層やアイデンティティまた組織によって、政治的な主体や場を特定することはもはやできない。多元的な主体の参加によって、政治的過程はより複雑でダイナミックになり、アソシエーションとコミュニティそして政党政治と非政党政治が交差するハイブリッドでグローカルな姿をとっている。多様な人びとによる公共的な政治活動や意思表明は、政党政治や民衆運動に限らず、ＮＧＯ／ＮＰＯ、市民団体、諸中間団体、メディアなどを通じても広がっている。そこでは多様な社会集団が参加する多元的で重層的な公共圏が構築されつつある。

これは、近代化論者たちがかつて願ったように、開発と教育を通じてサバルタンたちが自由で自律的な市民へと成長したということではない。階層、人種、ジェンダー、宗教、出自、カーストなどにもとづく格差や排除は厳然として存在する。だが同時に、こうした多元的な差異の軸を通じてこそ、諸民衆はイッシューごとに自らの政治的立場を構築し、多元的な位置づけから多様な声を発するようになっている。

これは、多様な主体が自らの声をそのまま公共の場で語れるようになったということではない。現代世界において、人びとの声はさまざまな組織や制度や技術を通じて媒介され表象されている。つまりヴァナキュラーな声は、さまざまな媒体――組織や制度やメディア――を通じてはじめて公共的な場所を確保し得ているのであり、逆に多元的な主体が参加する民主的活況は、ヴァナキュラーな声が公共的なプレゼンスを獲得することで可能になっている。ここではさまざまな媒体がいかに人びとの声を構築しているのかについて、注意深く批判的にみる必要がある

いずれにせよ、ヴァナキュラーな声をもつ多元的主体が公共参加をするようになっていること、グローカルな組織や制度やメディアを媒介として、さまざまなイッシューをめぐる対話と交渉が活況を帯びてきていることは事実である。ここではこうした新たなダイナミクスをもつ民主政治のあり方を「ヴァナキュラー・デモクラシー」と呼ぶことにしよう。「ヴァナキュラー」という言葉には、（一）日常的に使う口語、という意味と、（二）民衆の生活形式に即した、という意味がある。ここでヴァナキュラー・デモクラシーという言葉を用いるのは、民主政治と生活世界が相互影響を与え、民衆が自分たちの日常のことばで政治を語り、自らの生活形式に則した政治のあり方を民主的に求める動きに着目したいからだ。

ここでいうヴァナキュラー・デモクラシーの台頭は、民主政治における主体・課題・領域・方法に大きな変容をもたらした。まず主体は、合理的で自律的であることを期待された個人ではなく、さまざまな軸によって差異づけられ、固有の社会的関係性と文化的価値を有する人びとである。つまり、「政治主体の差異化」である。再帰的近代化のなかで個人化された政治主体は、自律的・合理的市民として均質化するのではなく、むしろ階層・人種・民族・出自・ジェンダー・セクシュアリティ・宗教・言語などの多元的軸によって差異化され、新たなる諸関係性のなかに再埋め込みされている。政治において求められる課題は、国民国家にとっての外交などのハイポリティクスではなく、教育、雇用、医療、ライフラインの確保など、日常生活の必要を満たすことである。こ

れを「政治課題の社会化」ということができよう。そして政治の方法は、選挙による代表制だけではなく、デモンストレーション、社会運動、公益訴訟、行政への市民参加、ソーシャルメディアでの発信など多元化している。「政治方法の多元化」である。さらに政治の領域は、ネーションの下のローカルなレベルへと深化する一方で、グローバルなレベルへとも広がっている。さまざまな政治・社会運動がローカルな固有性に根づきつつ、グローバルな連携をも果たしているのだ。ここには「政治領域のグローカル化」をみることができよう。

現代政治は大きく変容している。それはかつて理念的に考えられていたような、空虚な均質空間を共にする国民社会の政治的意見を政党が媒介し、選挙を通じて民意を議会に反映する、といった古典的なモデルからは大きく異なるものである。政治の主体・課題・方法・領域は大きく広がると同時に多様化しており、それらの動きが地球社会の秩序構築においてどのていどの効果と正統性をもつのかについて、注意深く検討していく必要がある。

四　政治の社会化とパーソナル化――関係性の政治へ

こうした政治と社会の変化は、情報化とサービス化という経済構造の変容とも結びついている。近年の情報化の動きは、より効率的な生産のための手段の高度化であるというにとどまらず、生産と消費が、パーソナルな欲望を構築し満たしていく過程――つまりは自己の構築と変容――と密接な関係をもつに至っていることを示している。そしてサービス化は、単に商品としてのサービスを売るというにとどまらず、経済活動が、人と人の関係そして人とモノの関係を構築することを中心とするようになっていることを示す。つまり、画一的な大量生産・大量消費というフェーズはすでに終わり、経済活動の核は、自己構築および関係構築の過程に移ったのである。これは、個々人の身体および生活環境そのものが経済活動の場であり対象となっている状況といってもよいだろう。こうして、より多くの人びとの生命・生活過程が、市場的な生産・消費活動と融合している。

このように政治でも経済でも、人びとの生命・生活が中心を占めるようになったなかで、私的領域と公的領域、消費領域と生産領域のあいだの境界はなくなりつつある。人びとは自己にとって意味があること、パーソナルなことを、社会的で情動的なつながりのなかで探求する。人びとは、ソーシャルメディアなどを通じて、親密圏に属することを積極的に不特定多数に発信するだけでなく、さらにパーソナルな関心・指向・情動に応じたライフポリティクスを展開するに至っている。環境運動、宗教運動、ＬＧＢＴ運動などが例として挙げられよう。これらは普遍的な人権にもとづいた「解放の政治」とは異なり、パーソナルな価値やライフスタイルと公共的活動とが直接的につながった「自己実現の政治」である（ギデンズ 二〇〇五）。かつてフェミニズムは「パーソナルなことは政治的である」と喝破したが、今や、「パーソナルなことしか政治的でない」時代となったといってもよい（Comaroff and Comaroff 2000）。

ここには政治における「社会的なるもの」そして「パーソナルなもの」――どのように働き、食べ、交わり、産み、育てるのかという問い――の台頭がみられる。ハンナ・アレントは、こうした政治の社会化に公共性の喪失をみた（アレント 一九九四）。つまり近代の大衆社会において、政治の舞台が、本来あるべき公共の市民的活動ではなく、ただ動物的に生きていくための労働に結びついたものとなってしまっていることを嘆いたのであった。

政治の社会化とパーソナル化そして私的領域と公的領域の融合は、たしかにこれまで想定されてきたような、自律的な市民が公共的な価値を探求するというリベラルな政治の枠組を揺るがすものである。ただしポストコロニアルの観点からみると、生のあり方と公共的な政治の結びつきは、新たな政治の可能性を示すものであるともいえる。つまり、自律的で理性的な「主体」という西欧中心的な市民理念を超えて、生き方そのもの、主体のあり方そのものを、公共的に問い直すような、より根源的《ラディカル》な政治の可能性である。

ただし他方で、大衆社会の政治が、排他的なポピュリズムなどの問題を生んでいることにも注意しておく必要がある。ポピュリズムの台頭は、公共圏のパーソナル化と政治主体の差異化という背景のなかで理解されなければならない。現在は、経済がグローバル化しながらも、制度化された政治は国の枠内にとどまったままの世界である。グローバル化にともなう個人的な不満と不安は、ポピュリズムへの動きのなかでは、「わたしたち」というネーションのまとまりに情動的に結びつけられる。「わたしたち」が有していた安定的な暮らしと秩序は失われてしまった、それは「内なるよそ者」たる「＊＊＊」のせいだ、というわけである。「＊＊＊」に名指されるのは、「エリート」「移民」「ユダヤ人」「ムスリム」「在日」などさまざまである。こうしたポピュリズムにおける同質的な共感と多数派主義が、社会と政治の多様性にとってネガティブな影響をもたらしていることは改めて指摘するまでもない。しかし、それに対して、リベラリズムの枠組のなかで「個人の自由」にもとづく多様性を擁護することも、十分な説得力をもちえない状況となっている。リベラリズムは、セクシュアリティや信仰やライフスタイルなどのパーソナルに重要なことは私的領域に閉じ込めたうえで、公的領域において非性的で世俗的で理性的な公民としてふるまうことを要求する（ヴィシュワナータン 二〇一八）。それは結局、市民・国民の公共的な同質性を前提としたうえでの「浅いプルーラリズム」でしかない（コノリー 二〇〇八）。現代世界において、信念や世界観そしてライフスタイルおよび感覚と情動のレベルにおいて異質なる人びとが、ヴァナキュラーかつグローバルな公共圏に参加するなかで、政治主体のパーソナル化と差異化の動きを、ナショナルなポピュリズムへと還元することなく、異質なる生き方や主体（身体）のあり方を公共的に活かして、市民社会と政治空間をより深いレベルで多元化することこそが求められている。

重要なのは、「グローバルかナショナルか」あるいは「市場か国家か」を問うことではない。民主政治がその主体・課題・方法・領域において変容し拡大するなかで、「公共と親密」のみならず「世俗と宗教」「科学と政治」そして「自然と社会」の二分法を超えて、あらゆる多元的な人と人そして人とモノの関係性のあり方自体を考え直すことこそが求められている。これは現代世界において、個人の平等を基礎とした「解放の政治」、そして、アイデンティティの同質性にもとづいて集団の権利を主張する「要求の政治」だけでなく、異質なるものたちがいかなる関係をもつべきかをめぐる「関係性の政治」の重要性が増しつつあることを意味している（常田・田辺 二〇一二）。

人間の生き方とは、畢竟、ほかの人や生物やモノといかなる関係性をもつかということであろう。そこではまず個人があって関係をつくるのではなく、まず関係性のネットワークがある。人間主体は関係性のネットワークのなかの結節点としてあり、その自他の関係性に応じて、その主体のあり方も変化する。現代社会の課題には巨視的にみれば、貧困・差別・紛争・暴力といった社会問題と、資源エネルギー問題や地球温暖化といった環境問題の二つがあるが、それらはつきつめればそれぞれ人と人そして人とモノの関係性の問題である。そして、こうした問題を解決するためのよりよき関係性の探究は、社会経済と技術そして政治の問題である。このなかで、個々のセクシュアリティから地球環境までを含み込んだ、グローカルな「関係性の政治」をいかに活力に満ちた効果的なものとできるかが問われている。

では現代世界において、こうした関係性の政治はいかに可能なのか。それはいかに、ポピュリズムという陥穽と、浅いプルーラリズムの限界を超えて、より深い多元性を公共圏にもたらすことができるのであろうか。

五　方法としての主体——アジア、女性、マイノリティ

この問題を検討するにあたって着目すべきは、市民権に、人間の同一性にもとづく平等だけではなく、人間の差異にもとづく多様性をとりいれようとする「差異づけられた市民権（differentiated citizenship）」という考え方である（Young 1999）。ここで実践的に大切なのは、多様なる人びとが差異を相互尊重しつつ、その差異づけを越えてお互いに交渉し、理解し、変容する機会を設けることであろう。つまり真に重要なのは、差異づけられた主体を通じて、他者と出会うことなのである。こうした他者との出会いこそが、差異づけを、権力的統治の道具ではなく、深い多元性を獲得するための社会的資源へと転換するために求められる。

こうした可能性を考えるために、ここでは「方法としての主体」を立ち上げ、「可能性としての他者」に出会うことを提起したい。これこそが現代世界において有意義な「関係性の政治」を可能にする作法であると考えるからである。

現在のポスト・ポストコロニアル時代に、支配的な市民主体から差異づけられた「異質なるもの」としての位置づけをあえて引き受け、「方法としての主体」を立ち上げることにはどのような意味があるのだろうか。その意義は、ヨーロッパ・都市・ブルジョワ・男性・キリスト教徒を中心とする帝国的・植民地的な支配構造を脱構築し、新たな関係性と主体性を打ち立てることである。ただしこれはあらかじめ定められた目的を達成するための手段ではなく、あくまで、自己が自己のおかれた関係性に働きかけていく開かれた過程であることには注意しなければならない。目的を達成することではなく、自己のあり方そして自他の関係性が生成変化していくことこそが重要である。いいかえれば、「方法としての主体」は、常に自己変容を含んだ運動あるいは過程そのものとしてある。

「異質なるもの」として名指された受動的な位置づけは、自らが選び取ったものではない。しかし、そもそも（ポスト）帝国的・植民地的な状況において、主権的な市民的主体の構築でさえ、人種・階級・ジェンダー・宗教等を通じた非対称的権力関係によって支えられていたのである。現状の支配関係のなかで与えられたカテゴリーをとりあえず引き受け、「方法としての主体」に反転することによって、その立ち位置から、そうしたカテゴリーのおかれた主客の関係性自体に働きかけていくことが可能になる。これは例えば、植民地インドにおいて、権力から与えられたカーストや宗教にかかる諸カテゴリーが、「統治される人びとの政治」の基盤となっていったようにである。

ただしその可能性は、チャタジーのいうような「要求の政治」――自らの特殊性にもとづいて国家に政治的要求をすること――にとどまるものではない。主体を「方法として」立ち上げることの意味は、それを権益分配の受け皿とすることではなく、権力主体とその統治の客体という植民地的二項対立のあり方自体を揺るがすことにある。別言すればそれは、非対称的権力関係によって分断された自己と他者の〈あいだ〉に存在する潜在的なオルタナティブの可能性を顕わにしていくことである。それこそが、非対称的権力関係を再生産することなく、本当の意味で他者に出会うことであり、二分法に還元されえないような異質性のもつ豊饒さを発見することである。畢竟、権力関係は、外在的なものであるだけでなく、ひとりひとりの主体性そのものに内在的に潜むものである。自らの内なる帝国と植民地主義を揺るがし、自己変容するためにこそ、「方法としての主体」を立ち上げることは必要なのである。

ポスト・ポストコロニアル世界における「方法としての主体」の重要なカテゴリーの一つとして、「方法としてのアジア」は理解できるだろう（竹内 一九六六；陳 二〇一一）。近代的理念の実現を全きものとするためには、ヨーロッパがアジア・アフリカに対して一方向的な支配を押し付けるということではだめだ。といって、西洋の侵略に対して、東洋が抵抗するという、従来あったような図式も成り立たない。竹内好は、「西洋をもう一度東洋によって包み直す、逆に西洋自身をこちらから変革する、この文化的な巻返し、あるいは価値の上の巻返しによって普遍性をつくり出す」ことを提言する（竹内　一九六六、四二〇頁）。いうまでもなく「アジア」は、「ヨーロッパ」の他者として恣意的に切り取られた単位であり、そこに何か実体として独自なものがあるわけではない。しかし、アジアを「方法として」立ち上げたうえで、ヨーロッパを「包み直す」こと、そして「巻き返す」ことは、「ヨーロッパとアジア」という二分法的枠組を崩しつつ、その双方を含みこんだような、より豊饒で普遍的なる新たな関係性の位相に至ろうとすることである。そのような意味で、「方法として」のアジアは、同時に自らの「主体形成の過程として」ある（竹内　一九六六、四二〇頁）。

近代の形成においてヨーロッパが主導的な役割を果たしたとしても、世界史的近代はヨーロッパが自律的につくったものではない。近代はグローバルな舞台においてつくられたのであり、それを可能にしたのは異種混淆的な出会いである。ヨーロッパはそうした異種混淆的な過程のなかから、アジアやアフリカを他者化することによって、主権的主体としての自己を構築したのであった。よって、ヨーロッパとアジアという二項対立的枠組を突き崩し、巻き返すことは、グローバル近代の異種混淆性に内包された潜在的可能性に立ち戻り、そこから新たな主体構築の可能性を輝かしめることである。「方法としてのアジア」の独自性は、それが、支配的な主体から与えられた「異質なるもの」としての客体的位置づけをあえて主体構築の場として引き受けること、そして、そこから自他の関係性自体に働きかけることによって、常に自己変容を含んだ運動あるいは動態そのものとしてあることではなかろうか。

より最近になって、台湾の陳光興も「方法としてのアジア」を論じている（陳　二〇一一）。現状の認識構造を変容して、新たな自己構築を図る点では、竹内の問題意識と通底している。ただし陳の論は、もともと溝口雄三の「方法としての中国」（溝口　一九八九）にインスピレーションを受けたものであり、「アジア」という想像的な係留点を媒介として、アジアの諸社会が互いを互いの参照点としつつ、自己認識を変えていくことを提言するものである。溝口の「方法としての中国」は、世界の多元性を認識するという目的のために提言されたものである。そこでは中国やヨーロッパなどは世界の構成要素とされる。それは自己変容のための「方法としての主体」ではなく、自己の世界認識のための「方法としての客体」として中国を設定することである。こうした溝口の「方法」は、「中国的なるもの」「ヨーロッパ的なるもの」を実体化するおそれがあるばかりでなく、自己変容の契機が十分ではない。陳により、アジア諸社会の比較を通じた多元的な自他認識という課題が、帝国的枠組を乗り越えるための「方法としてのアジア」に結びつけられることにより、アジア諸社会によるアジア研究は、既存の与えられた単位の枠組（「中国」「ヨーロッパ」「アジア」など）の実体化を越え、支配的カテゴリーを解体しつつ、新たな主体構築をしていくための方法として位置づけ直されたのである。これは、アジアが自らの内部的多様性を認識しつつ、同時に、アジアとしての歴史経験を共通基盤として、脱帝国・脱植民地的な新たな主体構築を行ない、グローバルな秩序そのものを再編するための道に他ならない。さらにアジアを問うことは、アジア内部における階層・ジェンダー・民族・言語・宗教的な多様性とそれらの連携の可能性を問うことにもつながるだろう。冷戦後の世界にとって、「方法としてのアジア」はまさに文化的かつ政治的な問題としてある。

こうした自己変容のための「方法としての主体」を立ち上げることは、「ヨーロッパとアジア」という文脈だけではなく、「男性と女性」「エリートとサバルタン」「白人と黒人」などの、さまざまな権力的二分法の解体と主体の再構築において有用であろう。これらの二分法的枠組も、帝国的・植民地的な支配構造と深く結びついたものであることはいうまでもない。

例えば「女性」という「方法としての主体」を立ち上げることは、「女性」というカテゴリーを実体化することではなく、むしろ「女性」という方法によって「男性」を巻き返し、包み直すことで、「男性と女性」というジェンダー・セクシュアリティの枠組そのものを解体し、人間の性的な異種混成性を十分に認識したうえでの、より普遍的な人間理解と、自らの固有性に立った主体構築を可能にすることである。その過程においては、女性というカテゴリー内の多種多様性に目を向けるだけでなく、自他の関係性への働きかけを通じた自己変容が可能となり、「方法としての女性」を通じた自己認識と主体構築はより豊饒化するであろう。同じことは、「エリートとサバルタン」という階層的枠組、また「白人と黒人」といった人種的枠組において、「方法としてのサバルタン」や「方法としての黒人」を立ち上げる際にいえる。

六　可能性としての他者

こうした「方法としての主体」を立ち上げる際には、「可能性としての他者」に注意深くあらねばならない。自己構築・自己変容の過程は、常に自他の関係性の再編を基盤とするものであり、そのために他者の存在は決定的に重要である。ただ問題は、他者をどのような存在としてみるかである。

西洋の主権的主体を可能にしたのは、自己の反対物として措定された「他者」の存在であったことを前に指摘した。そうした「他者」は、自己ではないものとして否定的に固定化されたものである。それに対して、「可能性としての他者」とは、自己の反対物ではなく、自己もそうであったかもしれない、しかし自己とは異なる、別様の存在者なのである。そうした〈他者〉は、現存の枠組における主体でも客体でもない。具体的な何者であるより先に、世界における可能なパースペクティブを示すもの、つまり「ひとつの可能世界の表現」なのである（ドゥルーズ 一九九二、三八八頁適宜改訳）。

ここでいうパースペクティブとは、精神に属するものではなく、身体に属するものである。ヴィヴェイロス・デ・カストロが指摘するごとく、「すべての存在者は、世界を同じ仕方でみている。変化するのは、それがみている世界なのである」（ヴィヴェイロス・デ・カストロ 二〇一五、七二頁、強調原文）。ここには、一つの自然をさまざまに異なるように解釈する「多文化主義」ではなく、多様なる身体に応じた多様なる自然が現れる「多自然主義」がある。〈他者〉は、自己とは別様の身体――ハビトゥスを構成するある情動の束――をもつ。何を食べ、どこに住み、どのようにコミュニケートし、何に喜びを感じるかといった情動や指向において、〈他者〉の身体は特異・固有である。民族、宗教、ジェンダー、セクシュアリティとは、さまざまな身体の差異を表現しようとするカテゴリーである。こうした異なる身体をもつ〈他者〉の前に現れる世界は別様である。それぞれの身体の経験する情動や感覚、つまり生きる世界が異なるからだ。このような意味で、〈他者〉は、この世界の潜在的可能性が一つのかたちをとって現れたものなのである。

こうした〈他者〉に出会うことを通じて、わたしたちは、生の別様の可能性の存在を学ぶことができる。そこにわたしたちの世界はより多元化し、豊饒化する。ただし、こうした〈他者〉は、自己の有する既存の意味枠組の内部では理解不可能であることに十分に注意しなければならない。わたしたちがなすべきことは、「他者を説明することではなく、わたしたちの世界を多元化することである」（ヴィヴェイロス・デ・カストロ 二〇一五、一八二頁、適宜改訳）。それは、他者を解釈することでも、他者のように思考することでもなく、他者の他者性を尊重しつつ、他者と共に生きようとすることによって可能となる。

〈他者〉の「可能性」とは、自己の主体性および世界のあり方そのものが別様でありうる可能性である。しかし、〈他者〉が別様の身体をもつものであり、そのパースペクティブ（可能世界）を説明できないとしたら、わたしたちは、他者からどのように学ぶことができるのであろうか。わたしたちは、バラバラのままでいることにはならないか。この点で箭内匡が、自然の「多性と他性を肯定すると同時にそれをヴァリエーションの中で捉える」ことを提唱していることはきわめて示唆深い（箭内 二〇一七、二〇六頁、強調原文）。異なる社会自然的世界を生きることは、人間の潜在的可能性の位相ではつながっている。わたしたちは、多様なる生のかたちを経験し、自らの身体自体を多元化することを通じて、自らの生きる世界を、別の世界へと連結していくことができる。これは〈他者〉との出会いによって可能になる。「自らの社会自然的世界を、ヴァリエーションの中で、他性に向かって内側から開いてゆくこと」（箭内 二〇一七、二〇七頁）、これこそが「可能性としての他者」への〈開かれ〉を実践することであり、真の意味で自らの生を豊饒化することである。

七　差異とともに響きあうこと、響きあいから変容を導くこと

こうした「可能性としての他者」に自らを開いていくことと、「方法としての主体」を立てることは、現代世界のグローバル市民社会のなかで密接につながりあいながら、新たな重要性を帯びるに至っている。まず現状としていえるのは、「可能性としての他者」は、わたしたちにとってもはや遠い存在ではないということだ。植民地期の「オリエンタル」「ネイティブ」「未開人」としての「他者」は、主体としての自己にとって理解不能なものであり、自己の否定的な鏡像――非‐主体、非‐近代、非‐合理――でしかなかった。「サバルタン」は表象不可能であるゆえに一つの可能性でもあったが、同時にそれは「声をもたない」存在でもあった。しかし、現在のポスト・ポストコロニアル状況においては、多種多様なる人びとが主体化し、異にして他なる声を発している。現代世界はポスト・サバルタンの時代でもある。

ここで「方法としての主体」を立てるのは、主権的主体に対抗したり抵抗したりするためにではなく、世界を多元化すると同時に、「可能性としての他者」に出会い、多と他の〈あいだ〉に翻訳を通じて働きかけるためである。ここでいう翻訳とは、多性と他性における差異を認識しつつ、他者と違う地点に立ちながら、他者の反響

を自らのうちに木霊《エコー》として響かせることである（ベンヤミン 一九九六、四〇一頁）。そうした差異をはらんだ響きあいのなかで、境界が揺れ動き、壁がぐらつくときが、ふと訪れる。そうしたとき、そこに別次元の〈開け〉が生じ、目にみえない〈外〉の力が流入してくることがある（三原 二〇一七）。それは、〈他者への開け〉のなかで響きあう身体が、多と他のあいだを連続させるだけでなく、さらに別次元の〈世界の開け〉を通じて〈外〉の力にふれる機会ともなる。そうした〈外〉の力にふれる経験こそが、わたしたちが差異を内包しつつ、つながりあい、木霊《エコー》を響き合わせるための基盤となる。そのときさまざまな差異は、わたしたちを隔てるものであるよりも、開かれた〈一〉なる響きに、〈多〉として共に参加するよすがとなるのだ。そしてさらにその多にして一なる響きあいは、自他が相互変容し、世界がそのオルタナティブな相貌をあらわにするきっかけとなるものである。

こうした可能性は、理論的なものであるだけでなく、現在のグローバル市民社会において現実のものとしてところどころ現れているといえよう。現代世界においては、階層、民族、人種、宗教、セクシュアリティの多様化――多様なるものの声の公共化――が進んでいる。そのなかでさまざまなマイノリティが局所的に影響をもつだけでなく、そうした多様な声がイッシューに応じてつながりあい、響きあう機会が増えているのだ。

そうした現象の一端は、現代の社会運動に特によく現れている。トランスナショナルな運動としては、一九世紀よりアナーキスト運動、社会主義運動、労働運動、フェミニズム運動が重要な役割を果たしており、二〇世紀からは、民族運動、反人種差別運動、先住民運動、環境運動、LGBT運動などが活発となった。だが、国境を越えたリアルタイムの響きあいがはっきりと現れたのは、二〇一〇年末から中東で起きた「アラブの春」に刺激されて、他の多くの地域で政治・社会運動が連鎖的に展開されたときであった（Castells 2015）。

二〇一〇年一二月に始まったチュニジアのジャスミン革命は、その後、二〇一一年一月にはタハリール広場を中心とするエジプト革命へ、そして中東各地での市民運動へとつながった。その後、二〇一一年四月からのインドでのアンナー・ハザーレー（反汚職）運動、五月からのスペインでのインディグナドス（15-M）運動、九月からの合衆国での「ウォール街を占拠せよ」運動、二〇一二年六月から盛り上がった日本での「あじさい革命」（脱原発運動）、二〇一三年六月からのタクスィム・ゲジ公園での「トルコの春」、同じく六月からのブラジルでの「酢の乱」あるいは「ブラジルの秋」、そして二〇一四年三月からの台湾での「ひまわり学生運動」、九月からの香港での「雨傘革命」が立て続けに、そして、他の運動のシンボルやことばを参照したり、借用したりしながら起こった。これらの運動の特徴は、インターネットや携帯電話を通じたSNSの利用、シンプルで具体的な要求、イメージやスローガンの効果的な使用、組織・イデオロギー・民族・セクシュアリティ・年齢などの違いを越えた大規模な市民の参加、そしてそれらを通じた、諸運動の越境的な共鳴と触発であった。そこでは、ヴァナキュラー、ナショナル、グローバルの課題や領域は相互的に浸潤し、からみあっている。

　これらの運動の政治的な主張はさまざまであったが、そこに共通して現れたイメージは身体の群れであった。多くの民衆が同じ場所に一緒にいるということ自体が、「重要なのは人びとが共に生きることだ」という根底的な主張を示していた。そこにおいて人びとは、国境を越えて情動を共有したのであった。

　ここに重要なのは、人びとがそれぞれの差異を内包しつつ、情動を共有して、一つの行動に集まるという過程そのものである（港 二〇一四）。身体の群れは、一つの人民《ピープル》ではなく、多なる群衆《マルチチュード》だ。立ちあがる群衆《マルチチュード》は、目的でも実体でもなく、生きる場を共につくろうとする運動そのものなのである。

　ただしこうした人びとの集まりが自らの群れの力に酔って、自己自身が内包する差異や権力性を忘れ、われわれこそが人民《ピープル》であると宣言するとき、そこに排他的なポピュリズムが生まれることもある。それはたとえばインドでのアンナー・ハザーレー運動が、汚職の主体は政府機関であるとして他者化したときである。では官僚に賄賂をわたすのは誰なのか。自分たち自身ではないのか。自己の内面にある権力性や差別性をみつめる、という自己反照の契機が失われるとき、わるいのは他者である、という外部への名指しが始まる。このときに、人びとの集合は、自己を変容し、自他の関係性を変えていくための過程ではなく、他と多を排除し、自らの正当性を主張する権力志向型主体となってしまう。

また「アラブの春」後の中東において、激烈な暴力と不寛容が満ちる結果となったことも忘れてはならない。異なる声を暴力的に抑圧しようとする権力的欲望は、グローバルに遍在する。

グローバル市民社会の政治は可能性と困難に満ちている。わたしたちは、それが豊饒なる政治を生む条件を注意深く検討しなければならない。これからの世界は、多様な声が響きあう場になるのか、それとも、抑圧と統御が支配する場となるのか。わたしたちは十字路に立っている。

八　おわりに

現代の世界政治は多極化しており、パワーの源泉は多様化している。冷戦後の国際秩序は大きく変容しつつある。戦後のイデオロギー対立および開発レジームのなかで温存されていた帝国・植民地的な支配構造はようやく崩れはじめ、グローバル市民社会において、多様な主体が声をあげるようになっている。そこに誕生したのは、近代的市民というよりも、現代的な群衆《マルチチュード》――多様で情動的につながる人びと――である。こうした群衆《マルチチュード》が、暴力や抑圧に押しつぶ弊社されることなく、また、権力と資本のつくりだすシステムの要素に還元されることなく、システムの〈外〉にある生の潜勢力にふれながら、同時に、制度の内部で制度を支え、生の潜勢力によって制度を新たに組み替えることはいかに可能であろうか。

現在、グローバルとローカル、政治経済と文化社会、公共圏と親密圏、などの双方がオーバーラップする場所が大きく広がりつつあり、その重要性がにわかに増している。それはヴァナキュラーな生活世界と、グローバルな市場経済や民主制が媒介される領域であり、そこに現況の可能性と困難のどちらもがある。多元性がつながりあい多重性を帯びるこのハイブリッドな領域において、上からの資本と権力の浸透と、下からの多様なる主体性の活性化は、双方ともに、矛盾と葛藤を含みながらも相互補完的にまた相互強化的に進展しているようにみうけられる。その動きは、グローバルな普遍性と地域の固有性とを切り結び、世界のあり方を再布置していくものとなるであろう。

　ヴァナキュラーでグローバルな市民社会の群衆《マルチチュード》は、情動をもとにつながるからこそ、多なる身体をつなげることができる。その多様性のつながりは、「方法としての主体」を立ち上げ、「可能性としての他者」と出会うことのできる場でもある。人びとが、自らの生きる世界を別の世界へと連結し、世界を多元化しつつ、その〈あいだ〉から現れる新たな潜在的可能性の響きに耳をすますこと、そこに開ける〈外〉にふれながら、自己と自他関係を再想像・再構築するための新たなことばを編んでいくこと。こうした過程に共に参加することが、現代世界における人文学の使命であろう。

参考文献

アパデュライ、アルジュン（二〇〇四）『さまよえる近代――グローバル化の文化研究』門田健一訳、平凡社。

アレント、ハンナ（一九九四）『人間の条件』志水速雄訳、筑摩学芸文庫。

ヴィシュワナータン、ゴウリ（二〇一八）『異議申し立てとしての宗教』三原芳秋編訳、田辺明生・常田夕美子・新部亨子訳、みすず書房。

ヴィヴェイロス・デ・カストロ、エドゥアルド（二〇一五）『食人の形而上学――ポスト構造主義的人類学への道』桧垣立哉・山崎吾郎訳、洛北出版。

ギデンズ、アンソニー（二〇〇五）『モダニティと自己アイデンティティ――後期近代における自己と社会』秋吉美都・安藤太郎・筒井淳也訳、ハーベスト社。

コノリー、ウィリアム・E（二〇〇八）『プルーラリズム』杉田敦・鵜飼健史・乙部延剛・五野井郁夫訳、岩波書店。

スピヴァク、G・C（一九九九）『サバルタンは語ることができるか』上村忠男訳、みすず書房。

竹内好（一九六六）「方法としてのアジア」『日本とアジア　竹内好評論集第三巻』筑摩書房、三九六―四二〇頁。

常田夕美子・田辺明生（二〇一二）「関係性の政治――開発と生存をめぐるグローカルネットワーク」速水洋子・西真如・木村周平編『人間圏の再構築』京都大学学術出版会、三三三―三七一頁。

チャタジー、パルタ（二〇一五）『統治される人びとのデモクラシー――サバルタンによる民衆政治についての省察』田辺明生・新部亨子訳、世界思想社。

陳光興（二〇一一）『脱帝国――方法としてのアジア』丸川哲史訳、以文社。

ドゥルーズ、ジル（一九九二）『差異と反復』財津理訳、河出書房新社。

ベンヤミン、ヴァルター（一九九六）「翻訳者の使命」浅井健二郎訳『ベンヤミン・コレクション二　エッセイの思想』ちくま学芸文庫、三八七―四一一頁。

溝口雄三（一九八九）『方法としての中国』東京大学出版会。

港千尋（二〇一四）『革命のつくり方――台湾ひまわり運動　対抗運動の創造性』インスクリプト。

三原芳秋（二〇一七）「“Immature poets imitate; mature poets steal”――テクストの／における〈海賊行為〉にかんする予備的考察」稲賀繁美編『海賊史観からみた世界史の再構築』思文閣出版、六二〇―六八〇頁。

箭内匡（二〇一七）「多自然主義を越えて――自然と身体の人類学のための一考察」『現代思想』二〇一七年三月臨時増刊号、一九二―二〇八頁。

Castells, M. (2015) *Networks of Outrage and Hope: Social Movements in the Internet Age*, 2nd ed, Cambridge: Polity.

Chatterjee, P. (2011) *Lineages of Political Society: Studies in Postcolonial Democracy*, New York: Columbia University Press.

Comaroff, J. and J. L. Comaroff (2000) "Millennial Capitalism: First Thoughts on a Second Coming, *Public Culture*", 12 (2): 291–343.

Fukuyama, F. (1989) "The End of History? " *The National Interest*, 16: 3–18.

Gellner, E. (1994) *Conditions of Liberty: Civil Society and Its Rivals*, London: Hamish Hamilton.

Neyazi, T. A. and A. Tanabe (2014) "Introduction", In T. A. Neyazi, A. Tanabe and S. Ishizaka (eds.), *Democratic Transformation and the Vernacular Public Arena in India*, London: Routledge.

Sakai, N. (2010) "Theory and Asian Humanity: On the Question of Humanitas and Anthropos", *Postcolonial Studies*, 13 (4): 441–464.

Young, I. M. (1999) "Residential Segregation and Differentiated Citizenship", *Citizenship Studies*, 3 (2): 237–252.

第四章　「国民」という主権者の啓蒙の問題

フランス「恐怖政治」の教訓

上田和彦

「国民」の声が議会や政府に届きにくいなかで、「国民」の声に応えると主張するポピュリストが世界中に現れてきている。政治における「国民」の不在が嘆かれるようになって久しいが、ポピュリズム型の「国民」の現前を危惧する論調も強まっている。政界に届かない「国民」の声と、ポピュリストを喝采する「国民」の声は同じものなのか。主権者たる「国民」とは、「国民」の代表者とは、それぞれいかなるものであるべきかが不確かなまま、議会制民主主義が危機に陥っている。危機はなぜ生じたのだろうか。

この問題をフランス革命に遡って考察してみよう。革命が展開していくなかで王権が停止され、民主共和政が創設されようとしていた時期に「恐怖政治」が始まったことは注目に値する。主権はすでに国王にはなく、国民にあることになっている。しかるに、主権を握るべき国民から、ある人々が排除されるのである。なぜ、国民主権が創設されようとするまさにその時に、主権者となるべき国民が選別されるという事態が生じたのか。興味深いことに、「恐怖政治」が進行し市民たちが戦々兢々としているなかで、「最高存在の祭典」が企画され、実行された。この祭典は「最高存在」という神への崇拝をもとに国民を結集させ、教化することを目標としていた。国民の上に君主といった主権者を据えない政体が目指され、国の非キリスト教化が進められていた時に、なぜ当時の立法者たちは、「最高存在」という超越者の宗教的権威に頼らざるをえなかったのか。しかも、なぜ祭典という芸術の手段に頼らざるをえなかったのか。「恐怖政治」によって国民を怯えさせる一方で、祭典に集まった国民を喜ばせて結びつける。なぜこのようなことが、民主主義の創設期に起こったのか。問題が生じる経緯を辿ってみよう。

一　国王の拒否権問題

一七八九年夏、憲法の起草をすでに開始していた国民議会では、封建的特権の廃止が決定されると、人権宣言が採択され、国民主権の原則が打ち出される。ところがその秋には、国民の代表者たちが決議した法令に対する国王の「停止的拒否権」が認められることになる。それは、国王が法令を拒否した場合、次の選挙で召集された議会が法令をもう一度議決すれば国王の裁可に相当し、次の選挙で召集された議会が三度目の議決をした場合は発効するというものだ。つまり、国王は立法府が決議した法令を一時宙づりにする権限を持つものの、法令の当否の判断は、立法府でもう一度当の法案を審議することになる代表者たちを選ぶ国民に委ねられたということだ。

(一)　国民主権と王権

この拒否権の問題は、人権宣言で高らかに謳われた国民主権の原則と王権を調和させて政体を作り上げようとする、当時の立憲君主政支持者たちの懸案に関わるだけではない。拒否権の議論では、国王に絶対的な拒否権を認めるべきとする者、停止的拒否権だけを認めるべきとする者、そのいずれも認めるべきではないとする者がいたが、すべての議員は、国民の代表者たちが議会で討論した末に下した判断が、国民の希求と合致しない可能性があるという点を考慮しなければならなかった。主権者たる国民によって選ばれた代表者たちによる判断が国民の希求にそぐわない可能性、さらには、代表者たちの判断が誤る可能性があるのなら、誰が代表者たちの判断を正せばいいのか。つまり、国民の代表者たちからなる立法府を監視する者、その権力の濫用を予防したり、矯正したりする者が必要かという問題、必要なら誰がその役目を引き受けるべきかといった問題が浮上してきたのだ。噴出した様々な考え方を見ておこう。

王権と国民主権の調和

立憲君主政を信奉するミラボーは、国王に停止的拒否権を認めるべきだと主張する。ミラボーによれば、国民は代表者として最もふさわしい者を必ずしも選ぶのではなく、地位や財産などの個人的境遇によって公的なことに時間を割くことができそうだと見なされる者を選ぶ。そのように選ばれた代表者たちでは「事実上の貴族政」が生じてしまい、立法者と対等になろうとする君主に敵対的になるだけでなく、国民に対しても自分たちよりも低い位置に留めておこうとして敵対的になるので、国王と国民は同じ利害を共にして「同盟関係」を結ぶことになる、とこの立憲君主制主義者は考える。それゆえ、国王が国民の後見人となり、拒否権によって代表者たちを監視する案を支持するのだが、国王の拒否権はあくまでも「同盟関係」にある国民の権利であるとされる（一七八九年九月一日、AP, t. VIII, p. 538）。

国民へ上訴する国王

ラボーという議員も停止的拒否権を支持するが、代表制に基づく立法権力を王権が侵害しないように配慮する。この議員は、国王を「法の裁可を遅らす最高の公吏」として位置づけ、「この公吏が国民の代表者たちに不服を唱え国民へ上訴する」という考え方のもとに、最終的な決定は、新議員の選挙を通じた国民の判断に委ねるのがよいと主張する（九月四日、AP, t. VIII, p. 571）。ラボーは代表制のもとで、国民が立法権力へ再び参与できるような形式を求めているのだが、国民の参与をさらに求める者も出てくる。停止的拒否権支持派のペティオンは、「すべての市民たちの前に、あたかも最高裁判所の前であるかのように、自分たちが構成した諸権力のあいだに持ち上がる可能性があるすべての係争を召喚し、彼らに公的な事柄に参加させることほど、公共精神を創出し、光と教育を広め、自由と徳への愛を吹き込むのに適したものはない」と述べ、法案の再審議まで国民に委ねたほうがよいと主張する（九月五日、AP, t. VIII, p. 584）。

（二）国民主権と代表制

立法権に国民をできるだけ参与させるべきという考え方は、当然、拒否権反対派にもある。バレールという議員は、国王は「一つの議会全体が偏見や成員の情念に動かされるよりももっと、他人の情念により動かされ、まことしやかな教唆によって道を踏み外す」ことがあると考え、「国民議会によって布告される法律のいかなるものも、第一次集会の多数が、新たな代議士の選挙を通じて、それを批准してはじめて、最終的な法的効力を持つようにする法令」を提案する。バレールは、立法権力を侵害するおそれがある王権を排除した形で、広大な領土ゆえに直接民主政をとることができないという欠点を、第一次集会（議員を選挙する集会）への「上訴」というかたちで補うことを堤案するのである（九月二一日、AP. t. IX, p. 57）。

世論が判事

ところが、代表制の欠点を第一次集会への上訴で補うべきではないという考え方も出てくる。ベルガースという議員は、第一次集会に上訴した場合、立法府の判断やその判断に加わった旧代表者の意見が、第一次集会での討論に影響を及ぼす可能性があると反論する。代表制のもとでの立法過程の外にある世論――「目に見えない世論」――が「真の判事」であって、「抵抗することのできない唯一の力」なのだから、国王が世論を読み取って拒否権を発動するのがよいとする（九月二二日、AP. t. IX, p. 120）。

代表制の原理

興味深いことに、国王の拒否権に反対する側にも、第一次集会への上訴はすべきでないとする考え方が見られる。『第三身分とは何か』で知られるシエースは次のように考える。

> 人々が集まるとき、それは審議するため、互いの意見を知るためであり、相互の光を利用するため、個別の意志を対決させ、それらを修正し、和解させ、多数の者に共通の結果をえるためだ。〔……〕代議士たちが国民議会にいるのは、彼らの直接の委任者たちのすでに形成された希求をそこで告知するためにではない。そうではなく、議会が各自に与えてくれるあらゆる光に照らされて、自分たちがその時にいだく意見に自由に従って、そこで審議し、投票するためなのだ。〔……〕人民あるいは国民は一つの声しか、国の立法府の声しか持つことができない。〔……〕人民は、くり返すが、民主政体ではない国にいる（フランスはそうなりえないだろう）。人民はその代表者たちをとおしてしか話すことができないし、行動することができない。（九月七日、Sieyès 1789, pp. 16–17）

シエースによれば、第一次集会に表れるのは諸々の個別の意志であり、それらを修正し和解させたうえで、共通の意志を託された者が選挙で代表者として指名されるのであって、国民議会では、第一次集会で共通の意志を委託された代表者がさらに、「その時にいだく意見に自由に従って」審議し、国民の一般的な希求を引き出す。代表者たちが一般意志を引き出す過程には、国民の諸々の個別的な意志がすでに十全に巻き込まれ、適切に修正されている以上、第一次集会から再び始める必要はないとシエースは主張するのである。

誰が代表者を監視できるか

停止的拒否権が国王に認められた後も、立法府にはいかなる監視役が適切かを巡って、議会の内外で討論が続くことになる。一方では、主権者はあくまでも国民である以上、いかに国民の代表者の判断であろうと疑義が生じた場合、国民の意志を再び聞かねばならないと主張される。他方では、国民はいまだ未成年状態を脱していないので、国民の代表者が後見人となって、国民を啓蒙するための法律や制度を整え、理性に照らされた世論が形成されるように努力しなければならないと主張される。立法者たちは国民を主権者として認めざるをえないにしても、立法府の監視役に相応しいかに関しては判断が揺れていた。それゆえ国王に、あくまでも国民の後見人であるという条件つきで、立法府を監視する役を割り当てたのである。しかるに国王は国外に逃亡しようとする。残されたのは国民とその代表者たちだけだ。そこで国民をいかにして啓蒙するかが問題となる。

二　出版の自由、世論と中傷、公共精神

国民が啓蒙されるためには、個人が自由に自らの意見を公表できるとともに、他人の意見を知ることができ、意見を交流させて互いに自分の個別の意見を修正し、一般的な意見を練り上げる環境が必要となる。そのために

は、言論、出版の自由を基本的権利として定めねばならない。

（二）国民の啓蒙

興味深いことに、この時期、言論・出版の自由を強く要請したのは、後に「恐怖政治」を主導することになるロベスピエールだ。国民主権の原則に則り、国王の拒否権を「とんでもない怪物」（OMR, t. VI, p. 87）と批判していたこの若き民主主義者は、出版の自由に関する討論においても、代表者たちに国民が主権者であることを力説し、時の立法者は習俗を乱すとされる出版物や、自分たちを批判するような誹謗文書であっても、検閲する法令を一切定めるべきではなく、出版の完全なる無制限の自由を基本的な権利として定めて、世論が自由に意見を述べ合う環境を整えるべきだと主張した。

真理が外に出てくることができるのは、もっぱら、あらゆる真や偽の観念、ばかげた観念や理にかなった観念のあいだでの闘争を通じてでしかない。この混合状態においてこそ、共通の理性が、すなわち人間に与えられた善悪を見分けられる能力が発揮され、一方の観念たちを選び他方の観念たちを棄却する。こうした能力の行使を諸君の同胞から奪い取り、諸君の特別の権威をそれに取って代えたいと思うのか。しかし過誤と真理を分かつ境界線を、いかなる手で引こうというのか。もしかりに、法を作る人々や法を適用する人々が人間の知性よりもすぐれた知性の持ち主ならば、思想に対するこのような支配権を行使することができよう。しかし彼らが人間でしかないのなら、ある一人の人間が、ほかのあらゆる人間の理性に対して、いわば至上の権利を持つということがばかげているのなら、意見の表明に対するあらゆる刑法は、ばかげた沙汰でしかないことになる。（OMR, t. VII, p. 323）

ここには自由民主主義者が両手をあげて賛同する論理が展開されている。問題は、このような考え方を持っていたロベスピエールが、なぜ革命が進展していくうちに「恐怖政治」に傾いていくかだ。

啓蒙された世論が判事

さて、先に紹介した理性の平等という考え方に基づいて、ロベスピエールは「世論、これこそが諸々の私的な意見の唯一の有能な判事であり、諸々の文書の唯一の正当な検閲者である」と言う。ただし世論が判断を誤ることはないと考えているのではない。現在の世論ではなく、「時とともに熟考することによって啓蒙された世論」が、最終的な判事となるべきだと考えている。この時期のロベスピエールは、世論が啓蒙される可能性に期待している。が、世論は啓蒙されなければならないと考えている（OMR, t. VII, p. 326）。では、世論はいかにして時とともに熟考して啓蒙されるのか。

(二)　民衆協会

世論の重要性が強調されるとともに、世論が啓蒙されるには、個々人が他人の意見を読むだけで十分か、公の場で声をだして討論する必要があるのではないかと問われるようになる。民衆協会が続々と設立されたのは、討論による啓蒙が目指されたからだろう。

私的利益、中間的利益、公的利益

ところが、民衆協会で表明されるのは中間的な利益を求める意志であって、そのような偏った部分的意志は、国民議会が一般意志の表明として行う立法行為を阻害するものであるという声もあがってくる。民衆協会での討論を危険視する流れは、名高いル・シャプリエ法あたりから顕著になり始める。ル・シャプリエは「各人の個人的な利益と一般的な利益の外にはもはや何もない。市民に中間的利益を教え込んで、同業組合の精神によって市民を公の事から分かつことは誰にも許されない」（一七九一年六月一四日；AP, t. XXVII, pp. 210–211）と断言し、同業組合の団結を禁止しようとする。その流れで民衆協会の政治的活動を制限する動きが起こると、ロベスピエールは激しく反論するのだが、民衆協会の重要性を理解していたのは、ジロンド派のビュゾーやブリッソーであった（富永 二〇〇五、九七—九九頁）。

民衆協会の役割

ブリッソーはこう言う。

> フランスにおいて公共精神がなしとげた桁外れの進歩のことをよく考えてみるなら、人民が集まり、自らの利益について討議する権利を持たないと主張するほど厚かましい人々がいたなどとは考えられない。この人民は、自分たちの考えを伝え、平穏に集まり、統治を任せた人々の行動を明らかにし、自分たちの委託者《ママ》が自分たちのために作る法律について討論するという、譲渡することのできぬ不易の権利を持つのではないか。人民が一般意志について声をだして考える権利を禁じるのなら、法は一般意志の表現であると偽善的な誇張でもって言うことは、愚弄となるのではないか。人民がこの譲渡できぬ権利を持つのである以上、人民がこの権利を行使するのを、集会の権利を奪ってしまうのなら、どうやって望むことができよう。共同で推論し、討議する権利を奪ってしまうのなら、どうやって人民が穏やかであるように望むことができよう。（Brissot 1791, pp. 3–4）

つまりブリッソーは、民衆協会は「作成されるべき法律について討論する」、「作成された法律について啓蒙しあう」、「あらゆる公吏を監視する」という三つの目的を持っており、持つべきであると主張するのである（Brissot 1791, p. 5）。

（三）騙される世論

しかし、出版による個人の意見の表明と中間団体での討論がどれほど重要であると主張されても、表明されるのは個別的ないし中間的な意見であって、形成されるのは偏った意志ではないかという懸念は強い。さきに見たように、シエースが拒否権の議論の際に国民への上訴を無用と主張したのは、中間団体で表明される意志は部分的であって、中央の議会でこそ国民の一般的な意志は表明されるはずと考えるからだった。国民の個々の意志よりも、代表者たちによって形成される一般的な意志を重視する考え方、国民の直接的な政治参加よりも代表制を重んじる考え方が優勢になるのは、国民が新聞や民衆協会での討論で騙されうるという不信感があったからだろう。事実、民衆協会での討論と出版の自由を擁護しようとしていたジロンド派と山岳派は、対立していく過程において、ともに国民は騙されうるという点に依拠しながら、世論を操作する者として双方を激しく非難しあうようになる。

公共精神

ジロンド派内閣の内務大臣ロランは、公共精神局という「公共精神を形成し、広める」目的のための制度を設立するのだが、その本人が「無知の人民は、ただ権利上、名だけの主権者にすぎず、事実上奴隷である」と漏らしている（Kupiec 1995, p. 571）。ジロンド派の新聞の出版と伝播に国家予算をつぎ込むロランの政策に反対するロベスピエールは、次のように言う。

世論は世の中の女王である。すべての女王と同じように、それはおもねられ、しばしば騙される。目に見える専制君主たちは、自分自身の権力を強固にするためにこの不可視の主権者を必要とする。それを征服するためには何ごとも忘れない。／〔……〕人民の運命は、人民を騙すのが得策と思う人々によってまさに教化される時には、あわれむべきものだ。事実上彼らの主人になってしまった彼らの代理人が、なおも自分たちは彼らの教師であるとする時には。それはほとんど、一人の商売人が、その経理を確かめなければならない者に算術を教えるのを委託されているようなものだ。(OMR, t. V, p. 75)

かくいうロベスピエールが非難している当のジロンド派のロラン夫人にも、時期によって、無知の人民は啓蒙されうるという見方と、毒を吹き込まれうるという見方が見られる。「五、六〇〇の〔民衆〕協会、かなり多くの司祭たちが、胸を打つような熱心さでもって、教育を広め、それまで自分たちの仕事に従事していたため、自分たちの無知の状態に放置され、自由を維持するよりも鉄鎖を受けいれようとしていた人々に、公共の事柄に関心を持たせ、それに結びつけるように献身した」(Roland 1840, pp. 44-45) と、夫の公共精神局を讃えていた本人が、ジロンド派の逮捕後には、「パリのコミューンの代理人エベールが中傷を水のように飲む無知な人民に毎朝毒を盛っている」(Roland 1840, p. 93) と述べるにいたる。人民とは公共精神に目覚めさすことも、中傷の言葉の威力によって騙すこともできる両価的な存在だ。問題はそのような存在が主権者であることだ。

中傷によって世論が公平さを保つことができなくなっているという危惧はロベスピエールのなかで徐々に強まっていく。一七九二年冬の時点では、ロベスピエールはまだ、中傷による世論の影響は良い新聞を読むことで正せると思っている。「私はコレージュで自分の精神を作り上げるのに二つの方法があるのを学んだ。まず良い著作を読むこと、つぎに悪い書き物を読むこと。私は同じように、公共精神を作りあげるには、良い新聞と悪い新聞を読む必要があると思う。ジャーナリストの邪悪さがどこまで達するかを見さしめ、毒の入った書き物を見分ける術を公衆に教えるためにだ」（OMR, t. IX, p. 160）。ロベスピエールは、世論という言葉の代わりに公共精神という言葉を使い、公共精神を作りあげるためにどうすべきかを述べている。現にある世論ではだめで、公共精神に基づいた世論を生み出すためにどうすべきかを考えているということだ。現在の世論と未来の世論の区別は、出版の自由を擁護する際にも見られた。当時は、現在の世論が間違う可能性があるにしても、世論に判断を任せたほうがよいという考えだった。しかし、重大な判断は現にある世論に委ねるべきではないという見方に、ロベスピエールは傾きつつある。

「我々の討議の光景を見ないように」

ロベスピエールは、一七九二年末の国王裁判の討論になると、代表者たちの判断を第一次集会へと上訴する動議に対して激しく反論し、人民に対して国王の裁判については意見を述べないでほしいといった主旨のことまで言いだす。

我々の討議の性質は世論を揺り動かしており、今後も揺り動かすことなろう。そしてこの世論は我々に対してひどく苦しみながら反抗することになろう。人民の代表者たちに対する不信が市民たちからの警告とともに増しているようだ。〔……〕人民よ、少なくともそのようにして我々を見放さないでほしい。我々が人類に有益な法を作る日まで拍手喝采を控えてほしい。我々が擁護している神聖な大義を中傷する口実を奴らに与えているのが諸君には分からないのか。この厳しい規則を犯すよりも、むしろ我々の討議の光景を見ないようにしておきなさい。諸君の目から遠くはなれたところでも、我々はなおも闘うだろう。いまや諸君の大義を擁護するのは我々だけだ。（OMR, t. IX, pp. 199–200）

そしてついに、翌年春の革命裁判所の設置に関する討論にいたっては、「共和国の統一性と不可分性」を攻撃する物書きに対して死刑を提案するようになる（OMR, t. IX, p. 315）。さらに、翌月、人権宣言の条文を新憲法に向けて見直す討論においては、あれほど出版の無制限で完全な自由を求めていたロベスピエールが、出版の自由を制限する例外的な司法を提案するまでになるのである（OMR, t. IX, p. 453）。

三　「恐怖政治」と最高存在の祭典

このようにロベスピエールが考え方を変えていくなかで「恐怖政治」が始まる。もはや、立法府の監視役は国民であるべきだという考え方は国民公会で影を潜め、逆に、代表者たちのなかの代表者たち――公安委員会――が立法府の後見人となり、立法府と国民を導くべきだという考え方が優勢になっている。では、国民の公共精神を「上から」育てるためにとられる施策はいかなるものなのか。

（一）徳と恐怖政治

ロベスピエールは一七九四年二月「共和国の国内行政において国民公会を導くべき政治道徳の諸原理について」大演説を行う。その冒頭で、「隠謀家たちが、いくつかの確実で分かりやすい規則に基づいて、世論によって裁かれるようになるために」、革命の目標と行動原則を明示すると述べる（OMR, t. X, p. 351)。では、その原則とはいかなるものか。

ところで、民主的ないし人民による政体の基本原則とは、言い換えるなら、この政体を支え、それを動かす本質的な原動力とはいかなるものか。それは徳である。わたしは、ギリシアとローマでかくも多くの奇蹟を成しとげ、共和政のフランスにおいては、もっと驚くべき奇蹟を生み出すはずの公共の徳のことを語っている。祖国とその法律への愛にほかならないあの徳のことを。／しかし共和国あるいは民主政の本質は平等であるから、祖国愛は必然的に平等への愛を含むことになる。／さらには、この崇高なる感情はたしかに、あらゆる個人的利益よりも公共の利益を優先させることを前提としている。それゆえ祖国愛はあらゆる徳をさらに前提にしているか、あるいはそれらを生み出すということになる。というのも、あらゆる徳はこうした犠牲的行為の数々を可能にする魂の力以外の何ものであろうか。（OMR, t. X, p. 353）

国民に提示される原則は、徳という「魂の力」によって、個人的利益よりも公共の利益を優先させることだ。では公共の利益とは何か。それは大抵の場合、正義、自由、平等といったこのうえなく抽象的な理念とともに語られる。世論がそれをもとにして「隠謀家」を裁くことができるようにする「分かりやすい規則」が述べられるはずのこの演説において、公共の利益に資するもっとも具体的な例が示されるくだりでも、徳目めいたものがあげられるだけだ。「我々は我らの国において、次のような転換をなそうと思う。利己主義を道徳でおきかえ、名誉を誠実で、習慣を原則で、礼節を義務で、風潮の暴政を理性の支配で、不幸の蔑視を悪徳の蔑視で、傲慢を矜持で、虚栄心を魂の偉大さで、金銭への愛を栄光への愛で、お人好しの社交仲間を善良な人々で、隠謀を功績で、才気走りを天分で、噂を真理で、逸楽の物憂さを幸福の魅力で、お偉方たちの卑小さを人間の偉大さで、愛想のいい軽薄で惨めな人民を寛大で力強く幸福な人民で、言い換えるなら、君主政のすべての悪徳とすべてのばからしさを、共和国のすべての徳とすべての奇跡でおきかえたいと思う」(OMR, t. X, p. 352)。こんな例を示されても、市民は具体的に何をなせば公共の利益につながるのか明確な基準が分からなかっただろう。提唱されるのはすべて、基準があいまいな道徳的な理念である。市民たちにできるのは、私的な利益よりも公共の利益を優先すべしという理念に照らして、互いに監視しあうことだけだ。

反革命容疑者

さきに制定された反革命容疑者法では、「その振る舞いによってであれ、その交友関係によってであれ、話したことや書いたことによってであれ、専制や連邦制の支持者、自由の敵であることが判明した者」は、容疑者とされた（一七九三年九月一七日：Décrets et Lois 1789–1795, vol. 41, p. 185)。ではいかにして「自由の敵」を見分けることができるのか。革命政府の設立を正当化するサン＝ジュストの演説では、「諸君には、裏切り者だけでなく、無関心な輩も罰する必要がある。諸君には、共和国において受動的で、共和国のためになにもしない者は誰でも罰する必要がある」と言われる (Saint-Just 2004, p. 629)。「無関心な輩」「受動的で」、「共和国のためになにもしない者」の基準はいかなるものか。基準はすべて、私的利益よりも公共の利益を優先しているかいなかだ。しかし、繰り返すが、いかにしてそれを見分けることができるのか。徳というあいまいな理念に照らしあわせなければならない以上、それは際限のない点検作業になる。かくして「恐怖政治」は、「すばやく、厳しい、揺るぎない正義にほかならない」恐怖、「徳の発露である」恐怖に怯えながら、市民たちが互いに監視しあうとともに、自分自身の心ものぞき込んで、私的な情念を否定する作業を果てしなく繰り返すように促す、心の陶冶の装置となる（OMR, t. X, p. 357）。

（二）理性に対する不信

興味深いことに、この時期に至ってロベスピエールは、理性による討論を信頼していなくなっているようだ。理性に対する不信感すら垣間見られる。

人間の理性は人間が住む地球にいまだに似ている。その半分が闇のなかに浸っているとき、もう半分は照らされている。ヨーロッパの諸人民は芸術や学問と呼ばれる領域でめざましい進歩を成しとげてきたが、公共道徳の基礎的な観念には無知であるようだ。彼らは自分たちの権利と義務以外のすべてを知っている。天分と愚かさのこうした混淆はどこから生じてくるのか。芸術の領域で器用になろうとするには、自分の情念にだけ従わねばならないのに、自分の権利を守り他者の権利を尊重するには、情念に打ち勝たねばならないからだ。（OMR, t. X, p. 444）

それでは、理性をあてにできないのであれば、何をあてにすればいいのか。

最高存在と国民の義務

ロベスピエールは最高存在の祭典を定めるための長大な演説の後に法案を提示するのだが、その一つには、「フランス人民は、最高存在にふさわしい崇拝が人間の諸義務の実践であることを認める」とある（OMR, t. X, p. 462）。一見すると実に奇妙な法案だ。というのも、国民が自分たち人間の義務を実践するのに、なぜ国民を超越する神への崇拝が必要であるかがこれだけ読んだら分からないからだ。この法案を提案する論理はいかなるものか。

最高存在と魂の不死という観念は、正義に絶え間なく立ち返えらせるものだ。したがってそれは、社会的な観念であり、共和主義的な観念である。自然は人間のうちに、快と苦の感覚を据えており、それによって、自分に有害である生理的な事物は避けるように、自分に都合がよい生理的な事物は探すように人間は強いられる。道徳上の事柄にかんして、理性的推論によるぐずぐずとした助けをかりずとも、善をなし悪を避けるように仕向けるような敏速な本能を人間のうちに創造するならば、社会の傑作となろう。というのも、自分の情念によって道を誤る各人の個々の理性は、しばしば情念の言い分を弁護する詭弁家にすぎず、人間の権威が人間の利己愛によってつねに攻撃されうるからだ。ところで、この貴重な本能を生み出すか、あるいはそれに取って代わるもの、人間の権威の不十分さを補うものは宗教的な感情であって、この感情を魂のなかに植え付けるのは、人間よりも優れた力によって道徳の諸戒律に与えられた裁可という考え方である。それゆえ、立法者が無神論を国策にしようと目論んだ例を私は知らない。（OMR, t. X, pp. 452–453）

ここにも理性に対する不信感を読み取ることができる。「理性的推論によるぐずぐずとした助けをかりずとも、善をなし悪を避けるように仕向けるような敏速な本能」が国民にすでに備わっているのならなんの問題もない。そんな本能が現在の国民には備わっていないからこそ、その代わりになるものとして、現在の国民に備わっている宗教的感情にロベスピエールは訴えようとするのだ。この宗教的感情を国民に植え付けるのは、「人間よりも優れた力」によって、人間の「道徳の諸戒律に与えられた裁可という考え方」とされている。国民は、自分たちの道徳を導く戒律を、自分たちを超越した神が裁可しているからこそ受け入れているということだ。国民のこのような宗教感情に訴えるということは、国民の代表者たちが、道徳に関わる法律を自分たちだけで基礎づけることができないと告白しているに等しい。理性を公的に使用して討論することでその当否を判断するような内容は、もはや立法者として提案できず、善、正義、徳、公益といった内容は空疎であるが、統整的な理念にはなるものだけしか国民に提案できなくなっているのである。

(三) 国民が集まるだけの祭典

最高存在という神が、立法府と国民の後見人に据えられようとしているのか。そうではない。ロベスピエールが国民の宗教的感情に訴えるのは、国民が主権者となるまでの暫定的な措置であり、あくまでも祭典によって国民の再生が目指されている。では祭典で国民をいかにして再生させるのか。

人々を集めなさい、そうすれば諸君は彼らをより良きものにするだろう。なぜなら、集まった人々は互いに好かれようとするし、そして、自分たちを尊敬すべき者にしてくれる物事によってのみ、彼らは互いを好きになることができよう。彼らの集まりに一つの道徳的で政治的な動機を与えなさい。そうすれば誠実な物事への愛が喜びをともなってすべての心のうちに入ってくるだろう。というのも、喜びがなければ人々は互いに見つめ合わないからだ。／人間とは自然のなかでもっとも偉大な事物だ。すべての見世物のなかで最も見事なものとは、偉大な人民が集まった見世物である。ギリシアの国の祭典を語るさいには、熱くならないではいられない。しかし、この祭典が目的としていたのは競技でしかなく、そこでは肉体の力、器用さ、せいぜい詩人や説教師の才能が輝いていただけだ。しかしギリシアがそこに存在していたのである。人々は競技よりも偉大な見世物を目にしていたのであり、それは観客たち自身であったのだ。〔……〕／フランス人民にとって、その集まりにより広範な目的とより偉大な性格を与えるのは、どれだけ容易いことであろうか。国の祭典の仕組みが充分に理解されたならば、それはこのうえなく甘美な兄弟愛の絆、このうえなく強力な再生の手段となろう。（OMR, t. X, p. 458）

祭典の要となるのは、「再生」という「道徳的で政治的な動機」のもとに集まった市民たちが、互いを見つめることだ。この祭典では舞台上で何か教訓的な見世物が上演されて観客が学ぶのではなく、観客自身が互いの姿を見せ合って、互いに見つめることそれ自体によって「より良きものになる」。フランス人民の「再生」という「道徳的で政治的な動機」に促されれば、市民たちのそれぞれが互いに気に入られようとして、有徳な人物になるように心を傾けるだろうし、生まれ変わろうとする姿を互いに目にすることによって、互いを好きになれるであろう。そうすれば、徳を高めようとする市民たちは喜びとともに相手を見つめ合って、「甘美な兄弟愛の絆」が生まれるだろう。ロベスピエールは、市民たちが共に再生へと向かう姿を互いに見ることによって、道徳的な快感とでも言えるものが生じることを期待し、そして、集まった市民のそれぞれが歓喜に満ちた他の者たちの顔から推測して、来るべき真の市民の理想像を思い描くことを期待しているのである。

芸術‐宗教

もし彼の期待どおりになれば、理想的な市民たちだけからなるフランス国民がそこに現実にはいないにしても、再生のために心を向け変える人々の集まりが、来たるべき共和国の「国民」を先取りしながら、実際にそこに現前することができる。祭典に集まる市民たちは心の中に思い描く未来の来たるべき「国民」に照らして、自分たちを啓蒙するように仕向けられたのだ。最高存在の祭典は理神論的市民宗教であるだけでなく、ヘーゲルが言う芸術－宗教（芸術による人々の結びつき）である。たしかに、来るべき「国民」がそこに現前するかのように見せる感性的な効果はトリックにほかならない。しかし、そのような芸術的な効果に、道徳の基礎づけという精神的問題の解決を、ロベスピエールは託さざるをえなかった。

国民は啓蒙されるべきか

そんな馬鹿げた祭典は失敗するに決まっていると思われるだろう。事実ロベスピエールも、祭典では「あらゆる私的な悪徳が人民の前で消え去るのに、その人民が家庭に帰ると、悪党どもが姿を現し、詐欺師の役割が再び始まる」（OMR, T. X, p. 561）と嘆くことになる。国民の極端な純化と陶冶の企ては「恐怖政治」の終焉とともに終わる。が、テルミドール以後も公の祭典の試みは続く。祭典が実効性を伴わずに廃れると、今度は学校教育が重要性を帯びてくることになる。国民をいかに啓蒙するかの問題は残り続けるのである。その後、国民主権の理念は世界中に広まっていくものの、未成年状態を脱し啓蒙された国民こそ主権者であるべきだという考え方は根強い。真の公益を理解していると主張する少数の前衛が、国民の「一般意志」形成を主導する事態がくり返し現れることになる。たしかに、来るべき「国民」の光景を芸術的に見せる政治的企ては全体主義国家にしか見られない。しかし、前衛による独裁を批判する自由民主主義国家においても、現在の国民の利益だけに囚われた視点を超え、過去の伝統を尊重し未来のしかるべき方向を見定める超越的な視点を持つように、つねに要請される。主権者たるべき「国民」から現在の国民は隔たっているのである。この隔たりをいかに考えるべきか。

民主政の理想は、統治する者と統治される者の同一性とされてきた。民会で集まって統治の法を皆が納得するまで討論して決める光景が民主政の理想としてつきまとう。しかし国土が広く人口の多い国では、統治者と被統治者の直接的同一性は実現不可能であるゆえ、代表制によって同一性に近づくことが求められよう。ただ、シュミットがすでに両次大戦間期に指摘したように（Schmitt 1926）、多くの選挙民が、公益を考慮する公人としてではなく、秘密投票にかこつけて、個別の利益に囚われた私人として投票し続けたから、そして議会が、代議士たちが全国民の代表として公に討論して「一般意志」を形成する場ではなくなり、党派の利益だけを最大限引き出そうとする「商談」の場に成り下がったから、議会制民主主義は一九世紀後半にはすでに黴の生えたものになってしまった。しかしながら、大統領を喝采することに統治者と被統治者の「目に見える」同一化を見て、委任独裁に民主政の危機の突破口を期待するのは短絡だ。統治者と被統治者の隔たりは埋まらない。「真の国民」と現実の国民の隔たりも埋まらない。隔たりが埋まると考える限り、啓蒙の名のもとに国民を一部の「啓蒙された」者に同一化させる教育独裁が待っている。隔たりはつねに残り続けると考えなければならない。そして、立法者に抵抗する権利を国民につねに残しておかねばならない。

参考文献

Archives parlementaires de 1787 à 1860 (https://github.com/StanfordUniversityLibraries/ap_tei). この議事録集成からの引用はＡＰの略記号の後に巻数と頁数を記す。

Robespierre, M.（2011）*Œuvres complètes de Maximilien Robespierre*, Société des études robespierristes. この全集からの引用はＯＭＲの略記号の後、巻数・頁数を記す。

Brissot, J. P.（1791）*Discours sur l'utilité des sociétés patriotiques et populaires*.

Décrets et Lois 1789–1795 : *Collection Baudouin* (http://collection-baudouin.univ-paris1.fr/decrets-lois).

Kupiec, A.（1995）« La Giornde et le Bureau d'esprit public ; livre et révolution », *Annales Historiques de la Révolution*

Française, n. 302 : 571–586.

Madame Roland（1840）*Mémoires de Madame Roland*, nouvelle édition, t. 2, Auguste Durand.

Saint-Just（2004）*Œuvres complètes*, Gallimard/Folio.

Schmitt, C.（1926）*Die geistesgeschichtliche Lage des heutigen Parlamentarismus*, Duncker & Humblot.（シュミット『現代議会主義の精神史的地位』稲葉素之訳、みすず書房、二〇〇〇年）

Sieyès, E. -J.（1789）*Dire de l'Abbé Sieyès sur la question du veto royal*.

富永茂樹（二〇〇五）『理性の使用』みすず書房。

第五章　さらば抑圧

エロースの砂漠、コンテンツなき身体

立木康介

それがいつはじまったのか、正確には分からない。

精神分析の発展が奇妙な制止を被ってきた日本で、しかし精神分析に関心をもつ人々のあいだに、それが明確な像を結びはじめたのは、一九八〇年代だった。抑圧の衰退という現象である。

フロイト以来、「抑圧」はつねに神経症とともにあった。その神経症が、一九八〇年、米国精神医学会発行の診断マニュアルＤＳＭ（Diagnostic and Statistic Manual）から実質的に姿を消したことは、この画期を刻印された同マニュアル第三版（ＤＳＭ-Ⅲ）が世界的に普及したこともあって、抑圧がもはや現代の精神病理学の地平に――少なくともその中心地帯に――ないことをまざまざと印象づけるに十分だった。

これはひとつの福音ではないだろうか。一九世紀末から二〇世紀の全般にわたって、世界中の多くの人々の心（あるいは頭）を煩わせ、器質的障害を確認できない身体的トラブルや、不条理な強迫観念、さらには、無用の回避行動を強いる嫌悪感や恐怖という形で、しばしば明確な症状を形成させてきたメカニズム、すなわち、諸悪の根源ならぬ諸症状の根源としての「抑圧」の桎梏から、私たちはようやく解放されたのだ。これからはいかに振る舞い、何を考え、何を欲望するのも私たちの自由であり、それを内的に制限するものは何もない！――私た

ちはそう思い描いてもよいのではないだろうか。

いや、どうやら、事態はそう単純でもないらしい。抑圧の不在が福音であるかどうかは、それがいかなる問題につながると想定されるか、いや、いかなる問題と同時代的であるとみなされうるかにかかっている。ここでは、「抑圧」概念そのものの歴史（哲学や文学におけるその先行概念、等価概念の探求を含む）や、抑圧にかかわる、あるいはそれを条件とする諸現象の社会文化史的探求といったものに立ち入ることはできない。しかし、抑圧の衰退もしくは消滅をキーに読み解くことのできる現代文明の一面にスポットを当て、その意味とロジックを取り出すことにならば、私たちにも手が届くかもしれない。以下に続くのは、そのささやかな試みである。

一　「抑圧」とはなにか

まず、あらかじめ断っておかねばならないことがある。ドイツ語に堪能だが、フロイトを原典で読んだことのない人に、従来「抑圧」と訳されてきたフロイトのタームが「Verdrängung」であることを告げると、大抵ひどく驚かれる。ドイツ語の「verdrängen」は、ふつうには「押しのける」とか「排出する」の謂であって、下から出てくるものを上から圧迫し、押し潰すといったニュアンスに乏しい。にもかかわらず、我が国では、おそらく英訳の「repression」に影響を受けたか、それを踏襲するかした「抑圧」という訳語が、いつのまにかすっかり定着してしまった。これは、フロイトを翻訳で読む際のひとつの落とし穴になりうる。

実際、フロイトは「抑圧」を必ずしも垂直方向のモデルで考えてはいなかった。『精神分析入門講義』（一九一六～一七年）で抑圧を説明するさい、フロイトが引き合いに出す空間的なメタファーは、水平的に隣接する二つの部屋、すなわち、ひとつの大きな「控え室」（無意識）と、その隣のそれよりは狭い「一種のサロン」（前意識

－意識）というものだ。控え室には大勢の人間がひしめいており、なかには隣のサロンへの侵入を試みる者もいるが、二つの部屋を隔てる敷居には番人がいて、自分の気に入らない人物を追い返してしまう。フロイトにとって重要なのは、このように、ある心的要素が前意識－意識系から「隔ておかれる」ことであって、そこには日本語のいわゆる「抑圧」のニュアンスはない。あるいは、あっても二次的なものにすぎない。

　だが、いったん定着し、普及してしまった訳語を、新しいものに交換する作業には、莫大なエネルギーを要する。ここでは、そのような野心は胸にしまい、けっして正確とはいえない現訳語を——不本意ながらも——踏襲しつつ、先に進むことをお許し願いたい。

　さて、フロイトは厳密に二種類の「無意識」を区別していた。ひとつは、「記述的」な意味での無意識、すなわち、たんに「意識されないもの」、「さしあたっていま意識されていないもの」の謂での無意識。だがこれは、逆にいえば、「いつでも意識されうるもの」、「いつか意識されるかもしれないもの」のことでもある。それを「無意識」と呼ぶなら、そのような意味での「無意識」は、もちろん、フロイトが精神分析を発明する以前からずっと存在していたし、いまも、精神分析といかなる関係をもつこともなく、存在している。フロイトは、この意味での無意識を「前意識」と呼んだ。

　それにたいして、真にフロイトによって発見された「無意識」、それゆえ精神分析とともに誕生したといってよい「無意識」は、「力動的」な意味でのそれ、いいかえれば、「心の力学」を考慮に入れた上での「無意識」にほかならない。ここで「心の力学」というのは、特定の心的要素（表象や記憶）を意識の外に追い出す「力」を仮定することによって、諸々の心的出来事を説明しようとする見方のことだ。フロイトが「抑圧」と呼ぶのは、この「何かが意識の外に追い出される」プロセスにほかならない。「抑圧」は、その意味で「心の力学」の中心を担うメカニズムなのである。曰く、「われわれが無意識という概念を手にしたのは、抑圧理論にもとづいてのことである」（フロイト 二〇〇七）。つまり、フロイト的な意味での「無意識」とは、なによりも「抑圧されたもの」であり、「抑圧」の概念がなければ、厳密な意味で「無意識」は存在しないのである（無意識のこの純粋に力動的な概念は、じつは、一九二〇年代に「エス」概念の錬成に伴ってフロイト自身の手で修正されることになる。だが、この修正はけっしてもとの記述的な意味での「無意識」への回帰ではなかった）。

ところで、「心の力学」にもとづくこの「抑圧理論」の整備は、フロイトにおいて、厳密に、神経症の「病因論 Ätiologie」の構築と軌を一にしていた。フロイトの精神分析がヒステリーを中心とする神経症の治療技法として誕生したことはよく知られている。しかしこの技法は、それが開発された当初から、精神分析という治療実践をプラグマティックに支えるだけの便宜のようなものではなく、症状の「原因」の探求という重厚な理論的取り組みを含んでおり、それと切り離すことができない。

その「原因」、つまり神経症の病因を、フロイトはどう捉えたのだろうか。フロイトの病因論には四つの契機が含まれる。（一）神経症の症状形成には、つねに過去の経験の記憶が参与している。（二）その記憶とは、性的な経験の記憶である。（三）その性的経験は、幼児期になされたものである。（四）その性的経験の記憶は、抑圧され、無意識において活動状態にある。――神経症の原因は、ようするにこれら四つを綜合したもの、すなわち「幼児期の性的経験の抑圧された記憶」である、ということになる。

じつは、この「性的経験」の現実性は、フロイト自身の手でやがて問いに付されることになる。というのも、神経症の患者が語る「記憶」は、必ずしもほんとうに経験されたことの記憶ではなく、空想の産物にすぎぬ場合が多いからだ。しかしこのことは、フロイトの神経症病因論に本質的な変更をもたらさなかった。フロイトはこう考えたのである。神経症患者において、「空想」は「現実」（実際に経験されたこと）と等しい重みをもつ。これらの空想には、「物的現実性」には還元されない「心的現実性」が備わっているのである、と。

これにたいして、フロイトが固執したのは、実際の経験の記憶であるにせよ、空想であるにせよ、神経症の病因となる表象は無意識的である、すなわち抑圧されている、ということだった。つまり、それらの表象は、意識の外に追いやられることではじめて神経症形成を促すような力をもつ、ということだ。これは何を意味するだろうか。フロイトは、ここには一連の複雑な「力学」（上述の「心の力学」）が働いていると考えた。すなわち、一方には当の表象を無意識へと追い出す「力」があり、他方にはこの表象を、あるいはその代理を、あくまで意識の側へと送り返そうとする力がある。無意識とは、これらの力の葛藤の場であり、神経症は両者の妥協の産物にほかならない。「抑圧」は、前者の力の現れとして、この「力学」の主要な一部を構成しているのである。

それでは、これらの葛藤する「力」はどこから来るのだろうか。フロイトは、「無意識の表象」の発見から「心の力学」の解明へと議論を進めるにあたって、この力学を考えるには「無意識／意識」という対立の図式は役に立たない、と繰りかえし強調した。というのも、「無意識／意識」の対立は場所論的（フロイトの用語では「局所論的」）なものにすぎず、葛藤する「力」を言い表すものではないからだ。それゆえ、精神分析は「抑圧されるもの／抑圧するもの」という対立をあらためて仮定しなければならない。そしてフロイトは、「抑圧されるもの」を「性欲動」（これは端的に「セクシュアリティ」と言い換えてもよい）に、「抑圧するもの」を「自我」に、それぞれ帰したのである。

このようにざっとおさらいしただけでも、神経症と抑圧のあいだにいかに緊密な関係が存するかは言を俟たない。抑圧のないところに神経症はない――精神分析理論に準じる意味で「抑圧」というタームを遣うかぎり、私たちはたしかにそう言ってよい。それだけに、米国精神医学における神経症の周縁化は、先に述べたとおり、そのまま現代社会における「抑圧」の衰退を伴意しえたのである。だが、ＤＳＭにおいて「神経症」が事実上消滅したことのインパクトについて、いま少し説明を補足しておく必要があるかもしれない。

米国では、もともと精神分析と精神医学のあいだに強固な結びつきがあった。精神分析を医学の一部門にすべきでないというフロイトの強い警告にもかかわらず、米国精神分析は一九二〇年代から医師でない人々に門戸を閉ざし、一種のハイパー・エリート主義を敷いたことで、五〇年代から六〇年代にかけては、主要なメディカルスクールの精神科教授ポストを軒並み押さえ、米国精神医学のメインストリームとして君臨することができた。ところが、六〇年代後半以降、脳科学や神経科学、さらには認知心理学が長足の進歩を遂げると、精神分析は精神医学のなかで徐々に劣勢に立たされ、精神科医たちは精神分析との訣別を志向するようになる。その訣別を決定的に印象づけたのが、米国精神医学会が編集する診断マニュアルＤＳＭの第三版、すなわちＤＳＭ-Ⅲだった。一九五二年に初版が発行されたＤＳＭは、この第三版によって一気に世界の精神科臨床の表舞台に跳躍してきたといってよい。いっさいの「病因論」を排し、症候学的な特徴と数量的な基準のみから診断することを至上命題とするＤＳＭ-Ⅲは、じつは米国精神医学の脱精神分析化をあからさまに狙って編まれた改訂版だった。いや、それどころか、事実上の「反精神分析マニフェスト」だったとさえいってよい。実際、「神経症（neurosis）」というタームが括弧に入った形で表記されただけでなく、精神分析の生みの親ともいえる「ヒステリー」の名が、診断カテゴリーの一覧から削除されたことは、ほとんど精神分析への侮辱とも受けとれる強烈な一撃だった。米国精神医学は、このように、抑圧に依拠する病理（抑圧によって構造化される病理）を排除することによって、精神分析との腐れ縁を一気に精算しようとしたのである。そして米国の分析家たちには、残念ながら、この趨勢を撥ね返すだけの余力はもはや残っていなかった。

症状の精神医学的診断を病因論から切り離すという戦略が当たり、ＤＳＭ-Ⅲは瞬く間に世界を席捲した。我が国でも、精神科臨床に留まらず、心理臨床の現場にまで、ＤＳＭが浸透した。これにたいして、フランスの精神分析家たちは、一般に、アングロ＝サクソン圏の知的流行に汚染されることが少なく、また、現代精神医学のニューロサイエンス的、薬物療法的アプローチにアレルギーをもつという、二重の傾向のゆえに、DSM-Ⅲ（及びそれに続く諸版）にたいして一定の距離を保つことができた。これらの傾向は、診断学（症状の鑑別）のレベルではフロイト以来の古典主義《クラシシズム》を堅持するラカン派にとりわけ顕著で、先鋭的に現れたが、非ラカン派の分析家（つまり国際精神分析協会に帰属する分析家）のあいだでもやはり広く共有されていた。フランスでは、非ラカン派の診断学的エピステモロジーもフロイトから大きく隔たることがなかったのである。ようするに、フランスの分析家たちは、この面ではおしなべて守旧的なのだ。ところが、そのフランスでも、一九九〇年代後半以降、俄に風向きが変わっていく。つまり、神経症の消滅と抑圧の衰退のリアリティが、分析家たちによって真剣に受け止められるようになる。おそらく、世界的な傾向に比べれば「遅れた」反応だったといえるのだろう。だがそれだけに、つまり、守旧的な立場にたつ人々にも無視できぬ現象になったことを意味するだけに、この変化はいっそう決定的だったともいえる。

ここでは、ひとつのアプローチに注目しよう。

二　身体のリビドー的転覆とその破綻

フランスの非ラカン派精神分析家であり、精神科医でもあるクリストフ・ドゥジュールは、精神を宿す器としての「身体」という観点から、抑圧の衰退を論じている（Dejour 2001）。

ドゥジュールによれば、「私たちは二つの身体で生きている」。ひとつは、生理学、解剖学、神経学などの実証的アプローチによって客観化され、諸々の反応や、臓器や、神経系内部の物理化学的プロセスの総和へと還元されうる身体、すなわち「生物学的身体」。もうひとつは、セクシュアリティと密接に結びつき、あらゆる主観的・心理的経験の舞台となる身体、すなわち「エロース的身体」である。これらはそれぞれ、身体の医学的・生物学的研究および精神分析的研究の対象であるといってよい。精神医学、精神分析の双方の分野に通じるドゥジュールは、これらの研究の比較を行った上で、両者がもたらすデータのあいだには一致が見られることもあるにせよ、恒常的な並行関係を想定することは難しいという結論に達した。たとえば不安にかんしてなら、神経化学や精神薬理学の領域において、精神分析が「精神病的不安」とみなす状態に対応する中枢神経系の機能障害のメカニズムをつきとめることはできる（それゆえ有効な抗不安剤を開発することができる）。だが記憶にかんしては、ある主観的経験と、それと同期する身体の生理学的状態のあいだに、規則的で予測しうる対応関係を見きわめることは不可能に近い。それゆえ、生物学的身体とエロース的身体は、同じ肉体に宿っているにもかかわらず、互いに異質な身体であると考えねばならない。しかし、同じ肉体に宿っている以上、両者のあいだにはやはりなんらかの関係がなくてはならない。とすれば、それはいったいどのような関係なのだろうか。

この問いに答えるために、ドゥジュールが考察のベースにおくのは、「寄りかかり理論（Anlehnungstheorie）」と呼ばれるフロイトの学説である。「寄りかかり」とは、フロイトが仮定した二種類の欲動の一方が他方に「寄りかかって」発達してくることをさす。私たちの身体の内部に発し、満足（＝快）を求めて私たちを突き動かす刺激である「欲動」に、フロイトは性質の異なる二つの種類を区別する。一方は、飢えや渇き、さらには排泄や睡眠の欲求のように、生命維持にかかわるとみなされる「自我欲動」もしくは「自己保存欲動」。これは、実質的には、私たちが通常「生理的欲求」と呼んでいるものに等しい。もう一方は、私たちのセクシュアリティに関係し、自我によるその抑圧が神経症形成の条件となる「性欲動」。フロイトが「リビドー」と呼んだのは、厳密に、後者のほうに想定されるエネルギーである。ちなみに、「性欲動」はたんに狭い意味での「性行為」のみにかかわるわけではない。フロイトが神経症の研究から明らかにしたように、私たちのセクシュアリティは通常の性行為の範囲を越えて、生の隅々にまで行きわたっている。つまり、他人との、表面的には必ずしもセクシャルに見えない言語的・情動的コミュニケーション全般、笑いや怒りのような情動表出・感情表現のいっさいが、性欲動の働きの上に成り立っているのである。

　フロイトによれば、生命維持にかかわる自我欲動は生のはじめから活動を開始するのにたいし、性欲動はこの自我欲動に「寄りかかり」ながら遅れて発達してくる。身体のどの器官がリビドー編成の中心となるかにしたがって、性欲動は口唇期→肛門期→男根期と発達してゆくが、その第一段階に位置づけられる口唇欲動（唇、口腔、咽喉を中心とした領域の快＝満足を求める欲動）を例にとれば、それはもともと母乳を吸飲するという行為、すなわち、空腹という生理的欲求（自我欲動）を満たすための行為のなかで、あるいはそれを通じて、徐々に芽生えてくる。空腹が満たされれば、そのことがまず生理的快楽をもたらすことはいうまでもない。だが、それが反復されるうちに、この生理的満足と並んで、他者の皮膚組織とじかに接する唇や、母乳が流れ込む口腔・咽喉に二次的な快の感覚が生じ、赤ん坊はやがて——ときには空腹すらそっちのけで——、この口唇領域の快の再現を求めるようになるだろう。性欲動は、このように、はじめはそれぞれの身体器官（ここでは口唇領域）に固有の満足を求める傾向性として姿を現す。フロイトはこれを自体愛（もしくは自愛、Autoerotismus）と呼び、人間のもっとも原初的なセクシュアリティの様式と位置づけた。だがそれは、繰りかえすが、もともと生理的欲求の満足に伴う一種の副産物として芽生え、そののちに徐々に自己目的化し、自立してゆくのである。

　ここからドゥジュールの議論に戻るためには、フロイトにおける自我欲動と性欲動の関係を、ドゥジュールのいう「生物学的身体」と「エロース的身体」のそれへと翻訳してやるだけでよい。すなわち、エロース的身体は生物学的身体に寄りかかって発達してくる、ということだ。だが、ドゥジュールが強調するのはそこではない。エロース的身体は生物学的身体に寄りかかって発達してくるが、やがてこの従属関係を反転させ、生物学的身体をいわば乗っ取ってしまう。ドゥジュールはこれを「リビドー的転覆」と呼び、彼の「二つの身体」論の中心に据える。先ほどの例を再び取り上げるなら、空腹が満たされる快から派生してきた口唇領域の快は、次第に自己目的化し、自立してゆくだけでなく、唇や口腔という器官の「リビドー化」、すなわち性欲動による属領化をもたらす。そして同じことが、他のあらゆる身体器官（肛門、尿道、目、耳、皮膚など）で生じるだろう。いや、ドゥジュールが注意するとおり、厳密には「器官」ではなく「機能」といわねばならない。口唇リビドーが乗っ取るのは、一次的には唇の吸飲機能であって、唇そのものではない。唇という器官は、この機能がエロティックな機能（唇による性的快の再生産）に取って代わられることで、あくまで二次的に乗っ取られるにすぎない。いいかえれば、身体のリビドー的転覆は、機能への働きかけを通じて器官を我がものにしてゆくのである。

　いずれにせよ、リビドー的転覆とは、性欲動による身体の再編であることにかわりはない。上に述べたとおり、性欲動は狭い意味での性行為だけにかかわるのではなく、人間関係や感情表現の全般を支配するのだとすれば、リビドー的転覆もまた狭い意味での性行為だけに結びつくのではなく、より広く、身体の「人間化」とでも名指しうる射程をもつといえる。つまり、エロース的身体が生物学的身体を乗っ取り、身体がリビドーによって組織し直されることで、他者との人間らしいやりとりがはじめて可能になるのである。それだけではない。もっと身も蓋もない言いかたをしてよければ、私たちの「精神」（あるいは「心」）は、まさにエロース的身体にこそ宿る。生理的機構や生命維持機能が備わっただけの身体（ようするに他の動物も所有している身体）では、少なくとも人間の「精神」の座とはなりえない。もちろん、だからといって、私たちの精神活動がもっぱら脳に依存しているという解剖学的事実を否定したいわけではない。そうではなく、仮にいっさいの内的経験、精神的経験がことごとく脳内の物理化学的プロセスとして記述されるようになる日が訪れたとしても、それらのプロセスはエロース的身体の構造と結びついてはじめて「精神的事象」になりうる、ということだ。

だが問題は、この「リビドー的転覆」のプロセスが支障を来し、エロース的身体の形成が中途半端にしか達成されない場合である。これは事実上、あれやこれやの身体機能（本来ならエロース的身体によって獲得されるべき機能）がリビドー的転覆から「排斥」されるという形をとる。これらの機能は、リビドー的転覆が及ばなかったいわば「未開地域」として身体上にとり残されることになる。こうした未開地域を残す身体の持ち主である主体が、現実生活のなかでなんらかのトラブル（心理的なストレスとなるようなトラブル）に見舞われるとき、とりわけそれが、リビドー的転覆から排斥された当の機能の使用を求めるようなトラブルであるとき、当然のことながら、主体はこれに適切に対処することができない。リビドー化されていない生物学的機能には、エロース的機能を肩代わりすることはできないからだ。困難に陥った生物学的機能（リビドー的転覆から排斥された機能）は、麻痺し、硬直し、失調状態に陥らざるをえない。こうした事態は、臨床的には、身体の不全麻痺、不器用さ、堅さ、表情の欠如、あるいは吐き気や下痢といった症状として出会われるだろう。

これは、精神医学において「身体化」と呼ばれるプロセスにほかならない。つまり、いわゆる「心身症」を構成するメカニズムだが、ドゥジュールはこれにもう少し広い射程を与えている。ヘビー・スモーカーで肺癌を患ったある六〇代の女性のケースを取り上げながら、ドゥジュールは、この女性の心的生活を癌に結びつける役割を果たした心身症的ファクターに光を当てる。そのファクターとは、怒りを表現する「ドラマツルギー」の不在である。すでに述べたように、情動の表出はエロース的身体によってなされる。呼吸器系器官から顔面の筋肉に至るいくつもの機能を動員する複雑なドラマツルギー、生物学的身体にはとうてい演出することのできないドラマツルギーが、それには必要なのだ。呼吸と発声の機能が中心となる怒りのドラマツルギーは、空気の急激な吸引、それに伴う胸郭の閉塞、発話の中断や目の充血、顔の紅潮といった経路を辿ったうえ、最終的に荒々しい呼気へと至り、多くの場合なんらかの怒号ないし叫び声で幕を閉じる。ところが、この婦人には、こうしたドラマツルギーが欠けていた。彼女の身体においては、これらの機能がリビドー的転覆から排斥されていたのである。それゆえ、彼女は怒りを表出することができず、その代わりに煙草に火をつけていた。喫煙は、そこでは、怒りを演出できない生物学的機能をむりやり動員する手段だったにちがいない。それが長い年月にわたって彼女の生物学的身体を蝕み、肺癌という形で表面化してきた。ドゥジュールはそう論じる。この議論はいくぶん極端に見えるかもしれないが、この上なく重要な示唆を含んでいる。エロース的身体が十分に機能せず、精神的負荷がリビドー的に処理されないとき、この負荷の受け皿となる生物学的身体がどのような歪みや軋みを来してしまうか誰にも予測できない、ということだ。ドゥジュールが取り上げた女性の場合のように、純粋に器質的な原因によって生じるとみなされがちな身体疾患のなかにも、エロース的身体の機能不全を介して精神的なものが間接的に関与しているケースは、私たちが考えているほど少なくないのかもしれない。

ところで、「リビドー的転覆の挫折」はそもそもなぜ起きるのだろうか。ドゥジュールによれば、リビドー的転覆が停止してしまうのは、子供が身体を用いて行う諸々の表現にたいして、両親をはじめとする大人たちが適切な反応を示すことができないときである。子供と接するとき、大人は純粋に教育的態度や中立的態度で臨むわけではなく（そのような「純粋」などどこにも存在しない）、自らの主観、とりわけ無意識の幻想を動員しながら臨む。こうした大人との接触は、子供に誘惑的に作用する。つまり子供は、自分が何を求められているのか、それにいかに応じればよいのか考えるよう促される。このような思考や、そこから生じる問いかけは、子供において、おうおうにして身体的な表現をとるだろう。だが、それにたいして大人が、あたかもこれらの思考の内容を封殺するかのように、あるいはそれを怖れるかのように（というのも、子供の思考の内容は、大人の幻想のなかで子供が演じているかもしれない対象の役割と一致するとはかぎらないから）、暴力や冷淡さで応じたり、不安を見せたりするとき、子供の思考は止まり、子供と大人の身体的交流は袋小路に陥る。そして、子供の身体のリビドー的成長は阻害されることになる。

ここで重要なのは、ドゥジュールがリビドー的転覆の躓きと子供の思考の停止をパラレルに置いていることである。このことはまず、彼がしいて詳しく説明してはいないひとつの議論を前提としている。それは、精神分析における「思考」の位置づけにかかわっている。フロイトによれば、私たちの「思考」は大きく二つの種類に分類することができる。ひとつは、不快の放出と快の再生産をオートマティックに追求する思考。「発散型」あるいは「満足追求型」と呼んでもよいこの思考は、人間の心的装置（フロイトは「心」をひとつの装置に見立てた）に内在する根源的傾向（＝快原理）に依拠しており、「思考」というよりはむしろ「反応」に近い（つまり、不快が生じればオートマティックにその発散を試みるということだ）。もうひとつは、快の再生産をいったん中止し――というのはつまり、一時的にであれ不快を受け入れ――、そのあいだに、めざす快がいまも獲得可能な状況にあるかどうかをたしかめ（現実吟味）、もし獲得可能でなければ、それを手に入れるためにはどうすればよいかを考える思考。先の「発散型」にたいして、こちらは「忍耐型」の思考と呼ぶことができるかもしれない。便宜的に、ここでは前者を〈思考1〉、後者を〈思考2〉と記すことにしよう。いうまでもなく、本来の意味での「思考」（大人の抽象的な思考にまで通じる「思考」）の名に値するのは、〈思考2〉のほうだ。ドゥジュールが語る子供の「思考」、すなわち、子供の身体と大人の身体が出会う場で、大人の不適切な反応が停止させてしまうおそれのある子供の「思考」もまた、同じ〈思考2〉であるにちがいない。大人の身体との接触によって生じる疑問や謎を解くために子供が紡いでゆく思考は、たんなる不快の発散ではありえないからだ。

だが、ここにはもうひとつおさえておかねばならない点が含まれている。〈思考1〉における「快の再生産」とは、フロイトの別のことばでいえば「願望充足」である。「願望（Wunsch）」とは、過去に経験された欲動満足の再現に向かう傾向性であるとさしあたって定義できる。ただし、ラカンはこのドイツ語を主に「désir」（欲望）というフランス語に置き換えたから、私たちもここではそれに倣って「欲望」ということばを用いることにする。「快の再生産」が「欲望充足」であるとするなら、〈思考2〉におけるその「中止」は必然的に「抑圧」を伴意する。本章のはじめに抑圧の形式的定義に触れたとき、フロイトにおいて「抑圧されるもの」と「抑圧するもの」はそれぞれセクシュアリティと自我に帰されると述べた。セクシュアリティはさまざまな記憶や表象と結びついて、欲望を形成する。欲望は、ある場合には、それを実現するためのマテリアルな条件が欠けていたり、自我を取り囲む社会的な規範や他者の意向と衝突したりするから、自我はそれを——少なくとも一時的には——断念することを余儀なくされる。抑圧はそのとき、欲望を記憶や表象ごと意識とは別の場所、すなわち「無意識」に隔てておく役目を果たすが、それによって自我はこの欲望をいつか実現するための努力や準備をしたり、もっと欲望に目を向けたりすることができるようになる。

かくして、〈思考2〉は抑圧を伴う。私たちの「思考」（本来の意味での思考）は、厳密に、抑圧ぬきには成り立たないのである。これは二重の意味に解されねばならない。一方では、いまも述べたように、欲望充足の中止としての抑圧はおよそ「思考」なるものの条件となる。他方では、抑圧は無意識に追いやられる諸々の記憶や表象を「保守する」働きもする。ドゥジュールは、この点を「抑圧の作戦行動」としての夢の機能から論じている。フロイトが示したとおり、夢はその素材を最近に経験されたことがらから、その原動力を抑圧された欲望から、それぞれ得ている（そして最終的に、欲望を充足された形で表現する）。だが、夢の形成に用いられる素材は経験されたことのすべてではない。夢の顕在内容が紡がれてゆくまさにその場で、素材の取捨選択が行われる。ドジュールは、このときに捨てられた（選択されなかった）素材が無意識へ送り込まれるプロセスもまた「抑圧」であると指摘する。つまり、夢は形成されると同時に抑圧を行ってもいる、ということだ。夢のこの機能によって、私たちは経験を消化し、自らの存在の一部とすることができる。激しい経験や苦痛な体験をしたあと、一晩寝て目覚めたときに多少なりともすっきりした気分になれるのは、夢の抑圧機能が夜のあいだにせっせと仕事をしてくれたからだ。加えて、このように抑圧された素材は、私たちの無意識を、ひいては心的生活全体を、豊かにしてくれる。それらの素材は無意識においてただ保存されるだけでなく、堅固な「幻想」を織りなし（無意識の幻想とは、私たちが現実と向き合うときに依拠する隠されたシナリオとなるものだ）、私たちの思考や行動や創造や症状のすべてに、したがって生そのものに、いわば厚みを与えてくれる。私たちが紡いでゆく思考、私たちがとる行動、私たちが試みる創造、私たちが形成する神経症症状のいっさいが、無意識という分厚い裏地に支えられて展開してゆくのである。

三　身体の脱エロース化

さて、これらの点をふまえて、先の並行関係、すなわち、ドゥジュールが子供の思考（の停止）とリビドー的転覆（の中断）のあいだに見てとった並行関係に戻るなら、私たちはいまやこう述べることができる。リビドー的転覆を推進するのは〈思考2〉であり、エロース的身体は抑圧とともにある、と。これにたいして、リビドー的転覆から排斥された機能（生物学的機能）は抑圧といかなるかかわりももたない。このことは、生物学的身体がエロース的身体と比べていかに乏しい資源しかもたないかを示している。生物学的身体には、抑圧によって可能になるいっさいの思考、抑圧によって保持されるいっさいの素材が欠けているのである。いや、この欠如はもちろんエロース的身体から見た場合のそれであって、生物学的身体にはそもそもそれらのものがないのが当たり前だ。だが、先に見たように、リビドー的転覆から排斥された機能に、本来ならエロース的身体の担うべき問題が降りかかってくるとき、生物学的身体とエロース的身体のあいだのこの相違は、たちまち大きな欠陥として出会われざるをえなくなる。

もっとも、抑圧とかかわりがないからといって、生物学的身体にも無意識がないわけではない。リビドー的転覆から排除された生物学的機能には、それに対応する無意識、すなわち、ドゥジュールのいう「アメンティア無意識」が存在する。だが、これは通常の意味での無意識、すなわちフロイトによって「抑圧されたもの」の場と定義された無意識とは本質的に異なる。述べたように、「抑圧されたもの」の場としての無意識には、主体が経験したこと、主体がその身体（エロース的身体）によって受け止めたことが保存され、主体はそれらを用いて現実を解釈し、思考を紡いだり行動したりしている。それにたいして、「アメンティア無意識」から取り出されるのは「学習された」思考、すなわち「外部から与えられた」思考にすぎない。これらの思考もまた「現実の解釈」の役目を果たすが、抑圧されたものから発する思考が「連想」というきわめて個人的《パーソナル》な性格が強いものであるのとは対照的に、「操作的思考」、すなわち「イデオロギー的語らいのステレオタイプな性格をもつ非個人的《インパーソナル》な思考」の形をとる。いいかえれば、それらは語の正確な意味において「身についていない」思考（ここでいう「身」もまたエロース的身体を指すことはいうまでもない）、余所からそのまま借りてこられた思考であって、その人自身の経験にもとづいて鍛えられ、磨き上げられた思考ではない。そうした思考が語られるとき、それが「どこかで聞いたような」印象を与えることは驚くにあたらない。それは思考のように見えて、真の思考の性格、すなわち、エロース的身体によって生きられ、抑圧されたものに支えられて組み立てられる〈思考2〉の性格を欠いているのであって、だからこそドゥジュールは「アメンティア無意識」を「思考なき無意識」とも呼ぶのである。ただし、誤解のないように注意しておけば、私たちの誰においても、ドゥジュールが区別する二つの無意識のうちの一方だけが排他的に存在することはない。「抑圧無意識」（抑圧されたものの場としての無意識のことを、私たちはこれ以後こう呼ぶことにしたい）と「アメンティア無意識」は、いかなる主体においてもつねに併存している。ただ、リビドー的転覆が達成された度合いに応じて、アメンティア無意識の相対的割合が小さくなったり大きくなったりするだけである。つまり、リビドー的転覆から排除された機能の数が多くなればなるほど、アメンティア無意識の領域は大きくなるということだ。

ここであらためて〈思考1〉と〈思考2〉の関係を思い出そう。現代文明のひとつの特徴は、紛れもなく、〈思考1〉のヘゲモニー、少なくとも、〈思考2〉にたいする〈思考1〉の優位の加速度的な拡大である。近代科学とそのテクノロジーは、一方では、これまで不可能だったり困難だったりした欲望の満足を次から次へと実現することで、他方では、かつては苦痛や不快を伴った諸々の労働や作業から私たちを解放することで、欲望充足の絶え間ない連鎖を、いいかえれば〈思考1〉の氾濫を、引き起こしている。こうした状況のなかで、つとに「抑圧の衰退」が指摘されることは驚くにあたらない。それらの指摘において、抑圧の衰退は、これまで抑圧を強いてきた社会的権威の弱体化に関係づけられることが多いが、個人や社会の「抑圧する力」そのものが弱まっているかどうかは、私たちにとってさしあたってどうでもよい。むしろ決定的なのは、科学テクノロジーによる〈思考1〉の絶え間ない拡大と、それに反比例する〈思考2〉の、それゆえ抑圧の、相対的な無力化にほかならない。日常生活の多くの場面で、私たちはもはや〈思考2〉を忘れて、あたかも〈思考1〉のみで生きることが可能であるかのように錯覚していないだろうか。じっさい、どんな電化製品や電子機器もボタンひとつで瞬時にこちらの期待するパフォーマンスを示してくれる時代に、いかなる困難が私たちに快の中断を強いるというのか。ありとあらゆる情報がインターネットから瞬時に取り出せる時代に、快の一時停止を強い、不快に耐えることを求め、いつまで続くかも分からない迂回を欲望に課す思考の出る幕はない。

では、このことは私たちの身体にいかなる帰結をもつだろうか。エロース的身体は〈思考2〉の産物であるという先ほどのテーゼを思い出すなら、〈思考1〉の覇権がエロース的身体の充実にけっしてつながらないことは想像に難くない。このことがただちに心身症を増加させるとはいわないまでも、今日心身症が増加したといわれる背景を垣間見せてくれると考えるのは的外れではないだろう。〈思考1〉の覇権のもとで、私たちの身体はまるでいっさいの刺激が流れ込んではそのまま流れ出てゆく無抵抗な器になることを求められているように見える。

「ダダ漏れ」ということばがある。現代の情報・通信メディアが到来させたある種のトレンドを指すことばだ。USTREAMを通じてライブ動画を配信する。それをTwitterと連動させると、瞬く間に視聴者が集まり、意見や感想がやはりTwitter上にどんどん書き込まれてゆく。民主党（当時）の「事業仕分」の会場から配信された動画もあれば、東京マラソンに参加したランナーが走りながら配信した動画もあった。それらを見た人々は、次々とTwitter上にコメントを寄せていった。従来のテレビ中継ではありえなかった究極の双方向リアルタイム通信だ。だが、このようなコミュニケーション形態そのものもさることながら、「ダダ漏れ」というそのネーミングがとりわけ私の関心を引くのは、電子回路を経由するこれらの夥しいやりとりが、移り変わる画像の内容と同様、ただひたすら流れ去ってゆくだけで、どこにも留まったり溜まったりしないという印象によくマッチするからだ。この「ダダ漏れ」ぶりはなにかに似ていないだろうか。そう、生物学的身体が、本来エロース的身体によって担われるべき負荷にこらえきれず、それを身体化の形で「ダダ漏れ」させてしまう心身症の症状にそっくりだ。現代のメディア状況を生きる私たちは、まるで電子機器を通じて一種の心身症を展開しているかのようだ。

　私たちの身体が器の役目を果たしていないということは、「記憶」の問題を考えるときにとりわけはっきりするように思われる。リアルタイム・コミュニケーションにかぎらず、現代的なメディアを経由するいかなる経験も（そしてスマートフォンを人々が至るところに持ち歩く今日、もはやメディアの入り込まない経験が私たちの日常のどこに残されているだろうか）ほとんど記憶されない。もちろん、「記録」なら残るだろう。どこかのサーバーや誰かのスマートフォンに、アーカイヴとして。だが、メディアや装置のなかに膨大に残るそれらは、もはや「記憶」ではない。なぜなら、記憶とは私たちの身体のなかに残されるものだからだ。「記憶というコードがデジタルの場合は希薄だ」と森山大道が述べているのは（『PHOTO GRAPHICA』二〇〇九年一〇月号、インプレスコミュニケーションズ）、プロの写真家でなくとも抱く実感かもしれない。カメラの扱いが面倒だった上に、フィルムの残り枚数を気にしながら撮影しなければならなかったアナログ写真と比べて、テクニカルな煩わしさが圧倒的に少なく、誰でも手軽に、しかも大量に撮れるデジタル写真は、しかし、私たちの思い出の数をどれだけ増やしてくれただろうか。デジタル写真がアナログ写真ほど記憶と親密な関係がもてないのは、おそらく、画面の奥行き感のなさといった、写真自体のマテリアルな特性のためでだけはない。カメラが手軽になればなるほど、そして撮影される写真の枚数が増えれば増えるほど、私たちはカメラやスマートフォンへの依存度を強め、記憶するという行為そのものをこれらの機器に託してしまう。いいかえれば、私たちの記憶をこれらの機器へと「ダダ漏れ」させてしまう。だが、カメラやスマートフォンに残るデータにはもはや「記憶」の価値はない。アナログ写真に記憶が結びつくのは、カメラの操作から構図への配慮、さらには現像されたフィルムをアルバムに糊づけする段に至るまで、一連の作業に身体の関与が伴うからだ。記憶は、これらの作業を通じて写真の画面に留まることができるし、これらの作業の痕跡を通じて画面から喚び起こされもする。まさにこの部分が、残念ながら、デジタル・メディアには残らない。そこに残るのは、ただのデータ、すなわち「記録」だけなのだ。

こうして、現代のメディアが肥大化すれば肥大化するほど、私たちの身体はその傍らで置き去りにされてゆくように見える。電子メディアが膨大なコンテンツを蓄積し続ける陰で、私たちの身体のコンテンツは痩せ細りつつある。「身体のコンテンツ」というのは、ここではもちろん臓器や血液のことではない。記憶がその代表であるように、エロース的身体に保存される精神的コンテンツ、すなわち「抑圧無意識」のコンテンツのことだ。これらのコンテンツを奪われて、私たちの身体はいまやエロース的・文化的身体であることをやめ、生物学的・生理学的事実が書き込まれるだけの「ただの身体」に頽落しつつあるように見える。それはたんに「コンテンツに乏しい身体」であるだけではない。この身体、「ただの身体」は、かぎりなく「死」に接近してゆくように見える。エロース的身体が本来の機能を果たせなくなったとき、精神的な負荷は生物学的身体から心身症の形でダダ漏れする。生物学的身体がこうした重荷に耐えられないことは、先に述べたとおりだ。ドゥジュールは、身体化と並んで、暴力や行為化（衝動的で、しばしば反社会的な形をとる行動）、さらにいくつかのタイプの倒錯を、同じメカニズムの別ヴァージョンとして位置づけている。いずれの場合も、生物学的身体が、エロース的身体の不全のために降りかかってきた負荷を吐き出す手段となる。

　ここでひとつの問いを立ててみよう。心身症の受け皿となる器官が各個人でいくつかに限定されているように、通常の場合、生物学的身体が負荷を発散させるのは限られた数の機能（とりもなおさず、リビドー的転覆が及ばなかった機能）においてである。だが、もしも生物学的身体全体がこのような負荷の発散に走るとき、いったい何が起きるだろうか？　思いつく答えはさしあたってひとつしかない。自殺である。もちろんすべての自殺がそうだとはいわない。しかし多くのケースで、まるでもうどんな心身症でも対応しきれないストレスが自殺の原因になっているように見えるのは、けっして迂闊な見立てではあるまい。おそらくこういってよいのだ。私たちの存在を死から守ってくれるのはエロース的身体である、と。セクシュアリティこそが、そしてセクシュアリティだけが、私たちを死から隔ててくれる。逆にいえば、セクシュアリティを手放した身体は、いつ死に呑み込まれてしまうともかぎらないのだ。エロース的身体の衰弱とともにセクシュアリティから撤退しつつある私たちが、ますます享楽的になってゆく文明の空虚さのなかで折に触れて見出すのは、「死」の不気味な近しさにほかならない。

＊本稿は拙著『露出せよ、と現代文明は言う』（河出書房新社、二〇一三年）からの抜粋を含む。「抑圧の不在」という問いが、さらに現代文明の他のいかなる相貌に結びつくか、あるいはそれと同時代的であるかについては、同書を参照されたい。

参考文献

Dejour, Ch.（2001）*Le corps, d'abord*, Payot（coll. PBP）, Paris, 2003.
フロイト、ジークムント（二〇〇七）『自我とエス』（原著一九二三年）、道籏泰三訳『フロイト全集』第一八巻、岩波書店。

第Ⅱ部　われわれの「世界」はいつ始まっていたのか

ほんのいくつかの年号／出来事を列挙するだけで十分だろう。
一九六八年――五月革命とプラハの春
一九七一年――ドルショック
一九七三年――米軍のベトナム撤退と第一次石油ショック
プラハの春とベトナム戦争と五月革命の挫折がもたらしたイデオロギーへの幻滅は、以後の左翼／福祉国家的なものの緩慢な死の発端となった。さらに言えばそれは、一九世紀以来の理想主義が大なり小なり前提としていた直線的（右肩上がり的）時間表象の終焉でもあり、言うまでもなく石油ショックがそれにとどめを刺した。「宇宙船地球号」や「成長の限界」や「スモール・イズ・ビューティフル」が喧伝されるようになり、政治闘争の時代は「身近な」生活改善運動へとスライドしていく。あらゆる産業領域で軽量化（「アメ車」の没落と日本車の台頭）ならびに電気化（シンセサイザーが普及し始めるのはこの頃だし、世界初の電子ゲームが発売されたのは一九七二年のことだ）が進む。三月に開始されたばかりの敦賀原発一号機から送られてくる電気で煌々と照らされた一九七〇年の大阪万博は、こうした超未来の電気テクノロジーの展示場だった。その最大の見世物だった月の石は、「宇宙船としての地球」についての想像力をいやがうえにもかきたてただろう。他方、燃焼熱と臭気と黒煙から解放された白色光やレーザー光線――いみじくも一九六八年に制作されたキューブリックの名作ＳＦ『二〇〇一年宇宙への旅』ではこれが駆使される

――の透明感は、どこかで「マネー」の非実体性を連想させずにはおかない（ちなみにハイエクがノーベル経済学賞を受賞したのは一九七四年だ）。黄金の輝きと重みを表象していた従来の貨幣と違って、ドルショック以後のマネーは純然たる記号、ボードリヤール（彼の『消費社会の神話と構造』は一九七〇年の出版だ）がいう「シニフィエなきシニフィアン」である。アメリカ合衆国の金塊保管所を放射能で汚染してドルを無効にし、世界制覇をたくらむなどという『007ゴールドフィンガー』のストーリーは、もはや成立しない。実体を消せば表象は無効化されるのではなく、いまや何の実体ももたない表象だけが亡霊のように世界を浮遊し始める……。

一九六八年から五年くらいの間に、世界を決定的に変える出来事が次々と起きていたこと、それらが今日なお深く私たちの世界を規定し続けていることが、今となってははっきり分かる。しかしながらこれらの出来事は、例えば第一次大戦や第二次大戦のような二〇世紀の世界史的出来事と違って、まるで放射能汚染のように透明で足音も立てずにやってきていた。あの頃、少なくとも一見したところは、それまでの世界がそれなりにそのまま続いているように見えた。そして今日なお、一九七〇年以前の世界がまだそのまま続いているように思いなしている人々――東京オリンピックと大阪万博の既視感！――は少なくない。私たちが真に慄然とするべきは、昔のモダン世界がまだ続いている錯覚を持ったまま、もう半世紀もの時間が過ぎてしまったことなのかもしれない。（岡田暁生）

第六章　前衛失速、電子音、波動化

「今」の音楽の起点を一九七〇年代に探す

岡田暁生

はじめに

かつて二〇世紀において、二〇世紀音楽史を書くとは、「新音楽のルーツ探し」を意味した。「新音楽 Neue Musik」とはいわゆる「現代音楽」であり、では「現代の音楽」とは何かと言えば、単に現代において存在している音楽なら何でもいいはずはなく、まして娯楽音楽などではなく、前衛音楽こそが歴史哲学的に見た時に真に現代的な音楽なのであった。そしてこうした意味での「現代音楽」の起点は第一次世界大戦の直前、つまりシェーンベルクとストラヴィンスキーによる伝統的な調性クラシックの越境（ないし世紀転換期のドビュッシーら）に求めるのが自明なのだった。

しかるに二一世紀の今日、もはや誰の目にも明らかなことは、前衛中心的な二〇世紀音楽記述が、いつの間にかまったく無効になってしまったという事実である。ポピュラー音楽の台頭、欧米の「外」の西洋音楽史（例えばメキシコにも日本にもアルゼンチンにも、既に二〇世紀前半において、西洋モダニズムは伝播していた）や録音放送メディアの問題などを抜きに二〇世紀の音楽を語ることなど、今では不可能だろう。二〇世紀音楽史を描くには、シェーンベルクとストラヴィンスキーという両極を論じるだけで十分だと喝破したアドルノ『新音楽の哲学』は言うまでもなく（一九四九年出版）、一九七四年においてもポール・グリフィスはまだ、「ドビュッシーからブーレーズまで」という副題で二〇世紀音楽史を書くことが出来た。しかし二〇〇七年に刊行されたアレックス・ロス『二〇世紀を語る音楽』では、もはやそうはいかない。この大部の本の終章では、ロックやジャズをはじめとする前衛音楽以外の話題が、雑然とてんこ盛りされている。

音楽史において「現代世界の起点」を求めるとすればそれは何より、この「二〇世紀の音楽史をもはや二〇世紀がやっていたようには書けなくなり始める地点」をおいてほかにはあるまい。問うべきは、数多の出来事を歴史哲学的な意味での時代の先端、すなわち前衛に収斂させていきながら、直線として歴史を描くということの自明が、一体いつから失われ始めたのかということだ。答えはいうまでもあるまい。それはかつての直線史観を保証していた前衛音楽が失速を始める時代、すなわち一九七〇年代である。

ヘルマン・ダヌーザーの著作は、前世紀に書かれた最もバランスのとれた二〇世紀音楽史であると言っていいが、一九八四年という実に微妙な時代に出版されている。既に二〇世紀の四分の三以上が終わり、世紀全体を俯瞰するに十分な時間はもう経っている。しかし同時に、それまでの二〇世紀的自明が急激に失われ始めているらしいという実感は、著者にはっきり意識されている。とはいえ、よもや執筆後に東西の壁崩壊などという出来事が起きるとは、当然ながらまったく予見できてはいない……。

ここでダヌーザーは従来の前衛中心主義史観の一面性を手厳しく批判し、ブリテンやオルフら、それまでの二〇世紀音楽史では歯牙にもかけられなかっただろう保守的モダニストたちに、かなりのスペースを割いている。しかし同時に彼は、二〇世紀の中に専らポストモダンの前史ばかりを探すのは悪しき修正主義であり、「新しさ」

や「前進」といった理念が二〇世紀音楽史にとって持っていた意義を決して忘れてはならないと強調する（Danuser 1984, p. 1）。「もう前衛だけで二〇世紀は描けない」と「しかし前衛の意義を忘れてはならない」の間のこのアンビバレンツの中に、従来の前衛中心史への生々しい揺らぎがはっきりあらわれている。

いみじくもダヌーザーの著作は一九七〇年で閉じられている。直近の一〇年は記述の対象にはならないという歴史家的配慮か、それとも一九八四年の段階ではまだ、一九七〇年以後に一体何が起きたのか、明確に把握することが出来なかったのか。しかし今日から見たとき一九七〇年前後は、単に前衛音楽の失速というだけでなく、直接に今日へとつながっていく幾つもの音楽潮流が胎動を始めた地点であったことが分かる。端的にいえば、シェーンベルクが無調に踏み出した第一次世界大戦直前にも匹敵するような、従来の「音楽」の概念を無効にしてしまうパラダイム転換が起きていたのである。

本章は「音楽史の「今日」は一九七〇年前後に始まっていた」という仮説から出発し、二〇世紀状況の起点となるいくつかのランドマークをそこに求めようとする試みである。

一　西側戦後前衛の失速と一九七〇年代

戦後前衛の黄金時代

言うまでもないが、二〇世紀の前衛音楽の黄金時代は一九五〇〜六〇年代、西側諸国において、であった。当然ながら冷戦期の東側に前衛は存在しようもなかった。アメリカはナチスの記憶と深く結びついたドイツ・ロマン主義（とりわけワーグナー）の記憶を払拭し、同時に、東側に対する西側の「表現の自由」をアピールするべく、前衛芸術を熱心にバックアップする。ジョン・ケージやポロックらにＣＩＡから資金援助が行われていたことはよく知られているし、シュトックハウゼンやブーレーズやノーノらを輩出したことで有名なダルムシュタットの夏期作曲セミナーも、アメリカ政府（およびドイツ工業界）の資金援助によっていた。前衛音楽の黄金期はホブズボームが二〇世紀の文化的黄金時代とした東西冷戦の時代、つまり核実験と戦後ポピュラー・カルチャーの繁栄の時代にほかならなかった。

　こんな前衛音楽の諸潮流が一九七〇年代に入って急に失速し始めたことは、極東日本の作曲家たちにほぼリアルタイムで直感されていたようである。作曲家の柴田南雄は「現代音楽実験コンサート」（一九七三年）の演奏会評で、前衛音楽がもはや賞味期限を過ぎかけていることを、次のように指摘している（柴田 二〇一六、五二頁）。「外資系（＝ゲーテ・インスティトゥートとアメリカ文化センター）が（日本の現代音楽祭から）手を引いたのは、いろいろ理由があろう。日本のごとき経済大国よりは他のアジア・アフリカ諸国の文化支援を当然とする考え方もあるだろう。しかしその背景には、今日ヨーロッパの前衛作曲家の間で、いわゆる現代音楽祭が必要かどうかその存在理由が改めて問い直されている事実を挙げねばなるまい。今や一昔前の前衛、ベリオ、シュトックハウゼン、ブーレーズらの作品はふつうの音楽会や音楽祭に組み込まれ、今日の前衛はもはや音楽会向けの作品は書かず、未来を志向する総合劇場や街頭の人込みや洞窟で演奏するために音楽を作る。したがって、普通の音楽会の寄せ集めにすぎぬ現代音楽祭の存在理由ははなはだ希薄なものになりつつあるのだ」（傍点筆者）。

　また一九七七年に書かれたシュトックハウゼン『雅楽』の演奏会評では、さらに容赦なく前衛が批判される。シュトックハウゼン作品は「一九五〇年代前衛の亡霊が西欧文化の衛星圏で季節外れの徒花を咲かせた」ようなものだというのである（柴田 二〇一六、二〇四頁）。さらに一九七八年元旦の記事では「二〇世紀音楽と言うに値する創造活動は二〇世紀前半までで終わっている」、つまり二〇世紀後半は「いまだに価値ある作品を生み出して」はおらず、「真の創造物を模索しながら空しく経過しつつある」のが現代であると明言される（柴田 二〇一

六、二一八頁)。戦後前衛は結局ロクでもないものしか残さなかったことがはっきりしてきたのが現代だというわけである。

シュトックハウゼンのグル化とブーレーズの転進

終戦とともに意気揚々と旗揚げした西側前衛音楽の一九七〇年代における失速——そのランドマークははっきりしている。それは一九七〇年前後からのシュトックハウゼンのいわゆる「グル化」、そしてブーレーズの指揮者への「転向」である。

まずシュトックハウゼンについていえば、彼は「暴力と狂気に転じる理性」ともいうべき前衛主義のアイコン的人物であり、数学や物理学の先端理論を次々と作曲に応用し、電子音楽をはじめとする新しいテクノロジーも大胆に導入、戦後前衛最大のスターだったといって過言ではない。一九五〇〜六〇年代における前衛音楽の技術的イノベーションは、あらかた彼が行ったといってもよく、いわば「前衛音楽におけるマッド・サイエンティスト」とでも呼ぶべき存在であった。

しかし「直観音楽」を主張し始める六〇年代末くらいから、シュトックハウゼンは露骨な神秘主義に傾斜し始める。よくドイツで揶揄していわれるところのシュトックハウゼンの「グル化」は、作品のタイトルの変化にはっきり現れている。元来彼の作品は科学／数学的な抽象概念がそのまま題名になっているものばかりだった。いわく『コントラ・プンクテ(対・点)』(一九五二〜五三年)、『ツァイトマッセ(時間量)』(一九五五〜五六年)、『グルッペン(群)』(一九五五〜五七年)、『コンタクテ』(一九五八〜六〇年)、『モメンテ』(一九六二〜六四年)、『ミクロフォニーーI』(ポリフォニーのもじり:一九六四年)等々。対するに直感音楽以後の作品名は『七つの日から』(一九六八年)、『来るべき時代のために』(一九六八〜七〇年)、『マントラ』(一九七〇年)、『Inori』(祈りのことである：一九七三～七四年）、『十二宮』（一九七五年）、『シリウス』（一九七五～七七年）などとなる。音楽内容も擬似宗教的な性格を強め、例えば六人の歌手と六つのマイクロフォンのための『シュティンムング』（気分、気配、調律などと訳せる：一九六八年）では、アステカやアボリジニーにやインドネシアやアフリカやインディアンやチモールやヘブライやペルシャ等々の神々の名前が、お経を唱えるようにして連呼されるといった調子だ。

次にシュトックハウゼンに次ぐ戦後前衛のスターだったブーレーズであるが、彼の一九七一年におけるＢＢＣ交響楽団とニューヨーク・フィルハーモニーの二つのオーケストラの常任指揮者への同時就任もまた、「前衛からの転進」の象徴的出来事と見える。確かに彼はもともと寡作家だったし、指揮活動もかなり以前から行っており、またブーレーズ自身は「指揮は前衛音楽をもっと広めるための準備作業以上のものではない」と主張していたが、それでも「このままこれまでのように前進を続けることは出来ない」という断念が背後にあったことは否定できまい。指揮者が振るのは大半が既成の音楽である以上、それは歴史の先端から過去への（少なくとも一時的な）撤退であり、一種の歴史主義であり、（作曲ではなく演奏を通して行われたが故に見えにくくなっているが）巧みに隠蔽された古典主義だとすらいえる。

シュトックハウゼンやブーレーズを輩出したダルムシュタットの夏期セミナーに集まったのは、大なり小なり戦争中のしがらみをひきずらざるをえなかった年配の作曲家と違って、戦争に少なくとも直接関与することはなかった二〇代の若者たちだった。そしてシュトックハウゼンとブーレーズはそれぞれ、西ドイツとフランスを代表する戦後前衛の闘士であった。彼らの代名詞は耳をつんざく不協和音、不規則にひきつるリズム、咆哮するノイズ、極端な強弱コントラスト、科学用語で武装された複雑な音楽理論だった。しかるに一九七〇年前後とは、かつての怒れる若者たちも中年にさしかかり、徐々に疲れが見え始める時代である。

マイルス・デイヴィスのスランプと「ジャズの死」

だが戦後前衛音楽の「賞味期限切れ」は、ひとえにヨーロッパ前衛だけに見られるものではなかった。歴史を前へ進める、もっと新しいことをする、もっと複雑でアクチュアルで先端的なことをする、そして過去の反復はしない——これが前衛の指導原理だったとすれば、モダン・ジャズもまた、二〇世紀後半の偉大な前衛潮流の一つに数えられねばならない。そして奇しくもその黄金時代はヨーロッパ前衛のそれと完全に重なっていたばかりか、失速もまたぴったり同じ時代に起きた。つまり前衛芸術としてのモダン・ジャズの車の両輪であったジョン・コルトレーンとマイルス・デイヴィスのうち、前者は一九六七年に亡くなり、後者は一九七〇年発売のアルバム『ビッチェズ・ブリュー』で、彼としては生涯で最後のセンセーションを巻き起こした（ロックへの接近に批判も強かったが）直後あたりから、極度の不調に陥り始め、二度とジャズ史の先端に立つことはなかった。

これと入れ違いに商業的な大成功をおさめ、従来のモダン・ジャズを半ば駆逐してしまうことになるのが、いわゆるフュージョンである。しかもロック／ダンス・ミュージックへのこのあからさまな接近によって次々にヒットを飛ばしたミュージシャンのほぼすべてが、マイルスの弟子ともいうべき若手たちであった（ハービー・ハンコック、チック・コリア、ウェイン・ショーター等々）。マイルス自身は苦々しく「あいつらがやっていることは全部私のバンドにいたときにしていたことの焼き直しだ」と言っていたといわれる。事実ハービーやチックの一九七〇年代のアルバムには、その技術の圧倒的な高さと「受ける」ことへの桁違いの嗅覚はともかく、「歴史を前進させる」という意識はほとんど感じられない。無理をして新しさを探求したりはせず、まずは楽しければ、うまければ、受ければいいというスタンスである。

一九七〇年代に入った頃、時代から取り残されつつあるように感じていたマイルス・デイヴィスは、「ジャズは死んだ、もう博物館の音楽だ」と言ったといわれる。この発言はシュトックハウゼンのグル化およびブーレーズの指揮転向と並び、戦後前衛のもう一つの墓標だといえる。

二　「分かり易さ」というタブーの解除

メロディー・リズム・ハーモニー・スペクタクルの解禁

ジャンルの垣根を越えて一九七〇年前後から顕著になってくるのは、かつての前衛におけるタブーからのあれもない解放、すなわち「分かり易さ」至上主義とでもいうべきものである。具体的には例えばメロディーを躊躇しない（一九七〇年代になるとシュトックハウゼンは、例えば『十二宮』のように、まさか彼の作品とは誰も思わないような平易なメロデイーを書くようになる）、リズム反復を駆使してノリをよくする（フュージョンにおけるダンス・ミュージックへの接近はその典型であり、スクエアな楽節構造を徹底的に回避していたモダン・ジャズとは対照的である）、そして何より協和音の使用をためらわないといった特徴が挙げられる。もちろんヨーロッパ前衛ではフュージョンほどあからさまではないにしろ、ブーレーズやリゲティやベリオにおいてすらリズムの繰り返しが多くなり、また協和的な音程が増えることは、しばしば指摘される通りである（沼野 二〇〇五）。

「脱抽象化」もまた、この時代の音楽の大きな特徴だ。一九五〇年代の前衛音楽は「音」というマテリアルの徹底的な純化を目指した。視覚や言語といった「音楽外の」要素はすべて排除され、シュトックハウゼンにその典型が見られるよう、音響内在的な法則が徹底的に探求される。当然ながらこの種の音楽は、気を散らせることを許してくれない。その理解には途轍もない集中力が要求される。モダン・ジャズの大きな特徴の一つはヴォーカルの排除であったし、ヨーロッパ前衛においても声楽ジャンルは存在しないも同然であり、言葉を使う場合でもそれはあくまで音響素材として処理された（シュトックハウゼンの電子音楽『少年の歌』やベリオ『セクエンツァ』など）。

こうした前衛音楽の「純化路線」にとって最大のタブーはオペラ、つまりシアター的なものであったが、一九七〇年前後から多くの作曲家が演劇的なものをためらわなくなる。一九七〇年から作曲が始まるベリオのその名も『オペラ』や、マウリシオ・カーゲルのいわゆるミュージック・シアター系の作品もさりながら、シュトックハウゼンのパントマイム『Inori』は、やがて後の誇大妄想的なオペラ構想――一週間の七つの曜日をタイトルとした七つのオペラから構成される『光――一週間の七つの日』（一九七七〜二〇〇三年）――へとつながっていくだろう。

「ド派手な」スペクタクルへのあられもない接近として忘れてはならないのが、ポリトープというジャンル――一種のレーザー光線ショーのようなもの――へのクセナキスの熱中である。そのきっかけとなったのが一九七〇年の大阪万博からの委嘱であり、鉄鋼館のスペースシアター（今でも現存している）のために彼は、『ヒビキ・ハナ・マ』を作った。この作品はノイズ的なオーケストラ・パートを録音した後に、それを和楽器などとテープ合成したもので、あらゆる色のレーザー光線が照射され、床下や天井にまで八〇〇ものスピーカーが埋め込まれた会場において連日上演された。野外スタジアムにおけるロックコンサートの感覚で楽しめてしまう、実に分かり易い作品である。そしてイランのパーレビ国王のために作った『ペルセポリス』（一九七一年）ではさらに仕掛けが大規模になり、ダリウス王の宮殿遺跡に四八のスピーカーとサーチライトを設置、火を持った多数の人々を動員したスペクタクルが展開された。パリの古代ローマ浴場跡で上演された『クリュニー』（一九七二年）は、アコースティック・サウンドとコンピューターで合成された音響の共演で、一〇〇もの固定鏡とコンピューター制御の三つの可動式の鏡とレーザー光線、そしてシンセサイザー・サウンドが用いられる。

既存様式を参照してもかまわない

過去の（既存の）様式の参照もまた、音楽を「分かり易く」する重要な手段の一つである。引用ないし参照に際して不可避的に生じる屈曲をたとえ理解できずとも、そこには既に知っている何かが理解の手がかりとして出てくるわけだから、聴き手は少なくとも「分かった気になる」ことが出来る。コラージュについては一九六九年のベリオ『シンフォニア』の第三部があまりに有名であるが（マーラーの交響曲第二番の三楽章を骨格として、そこに無数のモダニズム古典のパッセージがコラージュされる）、ベートーヴェンの作品からの引用で構成されるカーゲルの『ルートヴィヒ・ヴァン』（一九六九年）も面白い。これはカーゲルが自ら監督もつとめたベートーヴェンのパロディー映画で、そのフィナーレでは伝説のベートーヴェン弾きとして名高かったエリー・ナイに扮した女流ピアニストが、『ワルトシュタイン・ソナタ』のパロディーを延々と弾くのだが、次第に彼女のトレードマークだった白髪が不老不死の老婆よろしくどんどんのびて楽器を覆い尽くし、やがてどういうわけか動物園に映像が切り替わり、色々な動物の姿が映し出されて終わる。

ジャズにおける「既存様式の参照」として忘れてはならないのが、一九七〇年前後からパリで評判になり始めたアート・アンサンブル・オブ・シカゴである。彼らはアフリカ原住民風の衣装に身を包み、「なんちゃってアフリカ民族音楽」とでも形容すべきステージ・パフォーマンスによって名を上げた。前述のカーゲルには、ヨーロッパ的な音楽教育を受けた演奏家が不器用に民族楽器を演奏するパフォーマンス『エクゾティカ』（一九七〇／七一年）があるが、アート・アンサンブル・オブ・シカゴと発想が酷似していることに驚かされる。

なおコラージュとかパロディーとかパスティーシュというカテゴリーに含めることは出来ないが、ジャズにおいて既存スタイルで演奏してみせることもまた、「過去様式の参照」の一つと考えられよう。ハービー・ハンコックが一九七六年に結成したV・S・O・P・クインテットがその典型であり、ここで彼は「黄金のクインテット」と称されたときのマイルス・バンドのメンバーを集め、一九六〇年代のモダン・ジャズのスタイルで懐かしの名曲の数々を演奏してみせた。一九八〇年代のキース・ジャレットのスタンダード・ナンバー回帰ともども、これまた演奏を通した歴史主義回帰ないし擬古典主義であり、一九七〇年代のブーレーズの指揮活動との並行性は明らかである。

以上のように一九七〇年前後とは、「理解した気になれる」ためのあらゆる媒介の品ぞろえが整えられた時代だった。かつての前衛がタブーとしたもの、すなわち安直な理解を拒む前衛の文化エリート性を担保していたものが、ことごとく全面解禁された。それは一部の人々（とりわけフュージョン系の人々――ちなみに指揮活動も確実に作曲より儲かる）に商業的利潤をもたらしはしただろうが、その代償が「高い文化」という特権性の放棄であったかもしれないことを、忘れてはなるまい。

三　「音楽」は「サウンド」へ溶解する

協和音だけで出来ている音楽という実験

メロディー、ノリのいいリズム反復、協和音、シアター的要素、既存様式の参照――右に挙げた「音楽を分かり易くする」手段のうち、とりわけ一九七〇年以後ますますジャンルを超えて多くの音楽に見られるようになる特徴が、飽和的で耳障りのいい協和サウンドである。いうまでもなく「不協和音」というものは「解決」を要求する。逆に「協和音への解決を求めるのが不協和音だ」と定義してもいい。そして伝統的な音楽にあって、不協和音から協和音への解決は「苦しみから解放へ」のメタファーであり、音楽がもつユートピア希求的な時間性を担保する最強の手段であった。もちろん無調において協和音はほとんど現れないが、どこにも協和音は現れずともなお、解放を求める身振りだけはまだ強く残されていた。対するに一九七〇年前後から出てくる音楽に特徴的なのは、飽和した協和音のどこまでも快適な響きである。端的にいえば、どこを切り取っても金太郎飴のように協和したサウンドが延々と続く、そういう音楽が出てくるのだ。その例は大量にあるが、典型の一つは一九七〇年前後からのスティーヴ・ライヒの作品であろう。

ライヒはいわゆるミニマル・ミュージックの潮流を代表する作曲家の一人だが、彼の作品も含め六〇年代における初期ミニマル・ミュージックは、フルクサスないしダダイズムを連想させる挑発的性格を強く帯びていた(ミニマル・ミュージックはごく単純な音型をひたすら反復させ、いつの間にか生じてくる微細なズレを探求する音楽である)。しかし一九七〇年の『ドラミング』や一九七三年の『マレット楽器、声およびオルガンのための音楽』あたりから彼の音楽は、商品として完璧に仕上げられた極上のBGMともいうべき、快適なサウンドを全面に出すようになる。『一八人の音楽家のための音楽』はミニマル・ミュージックでも商業的に最も成功した作品の一つだが、ここでは一時間以上にわたり、八分音符の快適なパルスにのせて、ホ音上の心地いいサウンドが流れ続ける。ハーモニーは時に伝統的なホ長調系の三和音になったり、あるいはいつの間にか四度和声に移行していたりするものの、驚くべきことに転調や不協和音はおろか、別の根音上の和音すら一切現れない。つまり和声進行は生じない。時間は前へ進まず、快適な「今」のまま漂い続ける。ある意味で驚くべき実験的音楽ではある。

伝統的な音楽は協和音と不協和音の弁証法を時間推進の原動力としていた。それに対して二〇世紀の前衛音楽は、端的にいって不協和音だけから出来ていたとする。だからこそ前衛音楽は一般聴衆にとって、耳を聾するノイズとしか聞こえず、「分かりにくかった」わけだ。ならば協和音だけで出来ているライヒのような音楽は、従来の前衛音楽の転倒ないし倒錯だといえまいか。それは不協和音しかない世界を協和音しかない世界へと逆立ちさせたものなのだ。不協和音しかなければ調性は成立しないのと同様、協和音しかなくても調性は生まれない。弁証法的な前進する時間は生じない。その意味で協和音だけで作られた音楽は、逆説的な意味で無調の伝統上にあるといえる。ただしこの「新しい無調音楽」はどこをとっても甘い……。

電子音の魅惑

ただし延々と協和音だけを響かせ続けるだけでは、何かそれなりの細工がない限り、とても聴けたものではない代物になりかねまい。そこで大いに利用されることになるのが民族音楽のフレーバーであり（あらゆるジャンルで目新しいアフリカの楽器やラテン系のリズム・パターンなどが用いられた）、そして何よりシンセサイザーや電気ピアノやボコーダーをはじめとする電気サウンドである。耳慣れたコードとメロディーであっても、それを電子楽器で鳴らすことでもって、それまで聴いたこともないような不思議な響きが得られるのである。例えば初期のシンセサイザー音楽の世界的ヒットである冨田勲の『月の光』は一九七四年の発売だが、耳にタコが出来るほど聴いてきた曲でも電気を通すことでSF的な音楽になるのだった。

七〇年代はシンセサイザーがどんどん小型化／実用化されていった時代である。かつては放送局の巨大な実験スタジオでなければ無理だった電子的な音響合成を、個人でも（あるいはリアルタイムのステージ上でも）行うことが可能になり始めた。この時代から激増する電子音の例は枚挙に暇がなく、プログレッシヴ・ロックやフュージョンに至っては、そもそもシンセサイザーやエレクトリック・ピアノがなければジャンル自体が存在しなかったといっても過言ではない。

耳慣れたものを耳にしたこともないものへと変貌させる電子音の「粉飾効果」ともいうべきものは、チック・コリアの『リターン・トゥー・フォーエヴァー』——商業的に最もヒットしたフュージョンの一つ——の冒頭に端的にあらわれている。スロー・テンポのイントロではまったくコードが変化しない。ジャズの世界ではモード以来（とりわけコルトレーン・カルテットにおけるマッコイ・タイナーの左手）飽きるほど使われてきた四度和声が延々と響き続ける。そこにエレクトリック・ピアノによるインド風のフレーバーとサイケデリックな歪み効果が加わる。これだけでは聴けたものではないだろうチープな響きが、電子音によって「スピリチュアルな未知の世界」へと変貌するのだ。なじみの単純な和音をひたすら鳴らし続け、シンセサイザーによる音色合成と歪み効果でそれを新奇に響かせるという手法は、一部のロック（例えばドイツのタンジェリン・ドリーム）にも頻繁に見られるものである。

なお一九七〇年代に入ると、かつてのヨーロッパ前衛の流れを汲む作曲家たちの間で、アナログ楽器でもってシンセサイザー的サウンドを作り出そうとする逆の動きが出てくる。いわゆるスペクトル楽派と呼ばれるフランス系の作曲家たちが、倍音をスペクトル解析し、基音に別の周波数の音を加算したり、ある特定の響き（例えば鐘のそれ）をアナログ的に再合成するといった手法で作曲をするようになるのである。ジェラール・グリゼーの代表作『音響空間』は一九七四年、トリスタン・ミュライユの『記憶／侵蝕』は一九七五〜七六年の作曲である。

四　「なれ！」から「ありのままで」へ

「音を使って作曲する」vs「まず音を作る」

かつて作曲とは「音を使って」行うものだった。この場合の「音」とは既成のそれであり、その意味で「音」は「素材」であった。作曲とは例えば「クラリネットのフォルテのCの四分音符」と「オーボエのピアノのEの八分音符」を重ねるといった、「材料としての音」を「組み立てる」（compose）行為だった。しかし戦後前衛の作曲家たちにおいては、もはや「音を使って何をするか」ではなく、「どうやって音を作るか」へと関心が移動していく。

一九五〇／六〇年代の電子音楽はもちろん、セリー音楽には既に、「音楽の材料となる音自体を作ることから始める」という発想が含まれていた。しかしシンセサイザーの実用化は、前衛作曲家ならずとも誰でも、新しい「メカ」を使って思い思いの「音」を作ることを可能にした。当時の音楽家たちが目新しい「音」作りにいかに熱中したかは、ボコーダーの流行などに端的に現れている。「音を使って何をするか」ではなく、「どんな音（サウンド）を作るか」に、人々の興味は移っていったのである。

協和音／不協和音の区別をほとんど知らない全面協和音楽とでもいうべきものの登場の背景には、恐らく一九五〇年代以後の電子音楽の発達が惹き起こしたところの、作曲パラダイムの転換を見て取ることが出来るだろう。既述のようにかつては、「音」こそが音楽を構成する最小単位であり、具体的な個々の音を組み合わせて「関係」を作ることが作曲の基本であった。そして音と音の「関係」には、ありとあらゆる繊細なグラデーションをもつ「協和／不協和」の段階が設定されていた。音関係のこうした構造化によってこそ、音楽は前へと進むのであった。

しかし電子音楽においてもはや「音」は音楽構成の最小単位ではない。それ以上分割できない音の原子ではない。電子音楽における「音」は、さらに下位の「パラメーター」から合成される。パラメーターとは具体的には音高であり音価であり音強であり音色であり、つまり振動数と振動時間と振幅と波形から、「音」は組み立てられるのだ。諸パラメーターから音を組み立てるという手法は、いうまでもなく戦後セリー音楽から始まったとされるわけだが、こうした発想の背後には電子音楽におけるモニター操作などの作曲経験があったと考えるべきだろう。

「音」の彼方へ、波動主義へ

すべてを振動の諸パラメーターに還元するという発想は、音楽における空間と時間の区別を消してしまうことになる。シュトックハウゼンは音高が可聴域を超えて低くなると、音がもはや「高さ」としてではなく、「長さ」として聞こえ始めることに注目した。「ブーーン」という高さをもった音ではなく、振動の周期に合わせた「ボン…ボン……ボン」という唸りとしてしか聞こえなくなるのだ。ここから彼は、音の高さも音の長さもすべて周波数として、同一の相のもとに一元管理することが出来ると主張した。つまり私たちが様々な音の高さと長さの組み合わせから出来ていると思っている「音楽」なるものは、結局すべて「波動」に還元できるということになるのである。

記念碑的な『グルッペン』はこうした理論の応用例の一つとして知られ、また『コンタクテ』の真ん中あたりには、電子音が急下降して、ある瞬間から「ボン、ボン、ボン」というパルスに変化する有名な箇所が出てくるが、それ以後の彼の創作を聴くと、シュトックハウゼンが探求していたのは、時間と空間のニュートン的区別がもはや存在しない世界、存在のすべてが波動化する世界の表現であったのではないかと思えてくる（例えば巨大な銅鑼を擦ったり叩いたりして得た響きを、リアルタイムで電子的に変調させる『ミクロフォニーⅡ』、あるいは全曲が$B^{\flat}$の倍音だけで出来ている『シュティンムング』）。

シュトックハウゼンがロックやモダン・ジャズの音楽家たちの間で、カルト的な存在であったことはあまり知られていない。だが実はギル・エヴァンズやマイルス・デイヴィスやトニー・ウィリアムスやハービー・ハンコックらが熱心に彼の作品を聴いており（特にテープ音楽『少年の歌』）、マッカートニーとレノンもシュトックハウゼンのファン（『サージェント・ペパーズ・ロンリー・ハーツ・クラブ・バンド』のジャケットの有名なモンタージュ写真の中にシュトックハウゼンも映っている）、ドイツの前衛バンド「カン」に至ってはメンバーの二人がシュトックハウゼンの作曲の弟子といった具合に、彼はポピュラー音楽の世界でも「有名人」であった（世代は下がるがアイルランドの歌手ビョークも彼の熱烈な崇拝者である）。

実際シュトックハウゼンの音楽観に現れている「波動主義」ともいうべきものは、一九七〇年前後のポップカルチャーと極めて親和性が高かっただろうことは、容易に想像がつく。ヒッピー文化的なもの、つまりサイケデリックなLSD幻想やスピリチュアルなものの希求やSF的想像力（UFOブームは一九七〇年代のことである）といったものだ。例えば『I sing the body electric』と題されたウェザーリポートのアルバムにおける、宇宙服を着せた人体をレントゲン写真にとった表紙（このフュージョン・アルバムではシンセサイザーが駆使される）。ヒッピー文化の聖典たる『かもめのジョナサン』を連想させずにはおかないチック・コリアの『リターン・トゥー・フォーエヴァー』のジャケット（真っ青な海と空をバックに一羽の白いカモメが飛んでいる）。スピルバーグの『未知との遭遇』における電子サウンドによるUFOと人間の交信の場面（地上の人間たちは白色光を放つ円盤を、トランス状態の新興宗教の信者のように見つめ、電子音に聴き入る）等々、その例は多い。

もちろんこうした「波動的音楽」の先駆例は、シュトックハウゼンのみならず、一九六〇年代のいろいろな音楽に既に見られるだろう。例えば晩年のコルトレーンの、一般に「シーツ・オブ・サウンド」と呼ばれるところの、低音から高音まで目にもとまらぬ速度の細かい音符でびっしり埋め尽くす技法。そこでは全体は一つの響きに聞こえるのだが、実は無数の音の微粒子へと解体されるという印象を与える。コルトレーン・カルトが同時代のヒッピー文化と深く結びついていたことはいうまでもない。

もう一つの先駆例としては、キューブリックによるSF映画『二〇〇一年宇宙への旅』のクライマックスにおける、有名なワープの場面を挙げたい。木星の近くでブラックホールに迷い込んだ主人公の宇宙船が、そこを経由して別宇宙に脱出するまでの、目も眩むレーザー光線が放射され続ける長大な場面である。ここでバックに流れ続けるのがリゲティの『アトモスフェール』なのだが、これはいわゆるマイクロ・ポリフォニーの典型的な例である。極小の音型を無数の楽器によって少しずつポリフォニックにずらしつつ同時に演奏させ、全体としては一つの巨大なクラスターが轟いていると聞こえるのだが、その量感は絶えずランダムに歪み振動しうねるような効果を作り出す。遠目にはシャーレに小さな布切れが置かれているとしか見えないのだが、近くで見るとそれは無数の線虫の群れであり、それらが不規則に蠢いているといった感覚だ。

ただし「波動音楽」の祖ともいうべきもののこれらの例と比べた時、右に挙げたような一九七〇年代以後のそれが決定的に違っている点が一つある。それは不協和音の不在、すなわちユートピア希求の苦しみともいうべきものの欠落である。コルトレーンにしてもリゲティにしても、彼らの作り出す波動は軋む。しかしライヒやチック・コリアでは苦悶はきれいに消去されてしまう。プラスチックの表面のように清潔で艶やかなサウンドだけが、いつまでも耳元を愛撫し続ける。こうしたスタイルがやがて、今日なお一向にブームが去る気配のない癒し系音楽の数々へと流れ込んでいくことは、いうまでもない。

癒し音楽の系譜と音楽のサプリ化

いわゆる「癒し系音楽」の直接の元祖は、ブライアン・イーノのいわゆるアンビエント・ミュージック（環境音楽）であるといっていいだろう。彼の名を一躍有名にしたのは一九七八年の『ミュージック・フォー・エアポート』であり、殺風景な空港での待ち時間の無聊をやり過ごす「音楽」として、イーノはこれを考えついた。ここでは静かで美しいピアノや女声コーラスの録音テープが、幾重にもずらされながら延々と反復コラージュされて、環境と溶け合いながら快適な眠気を誘う。右に紹介したライヒのミニマル・ミュージックなどの延長線上にそれがあるのは明らかであり、タンジェリン・ドリームの『Zeit』やウェザーリポートの『I sing the body electric』から歪みやうねりを除去して、さらに静謐かつ抒情的で滑らかにしたような音楽である（マイルスの『ビッチェズ・ブリュー』のテープ編集にも影響を受けたといわれる）。

前世紀末以後、あまたの「波動系／癒し系音楽」が世界的なヒットを飛ばすことになる。グレゴリオ聖歌の爆発的ヒットのきっかけになった、ドイツで活動するロック・グループEnigmaの『Sadness Part1』（一九九〇年）。一九九五年に出たオムニバスCD『アダージョ・カラヤン』。これはカラヤンが録音した作品の中から、マーラーの第五交響曲のアダージェットとかグリーグの『ペール・ギュント組曲』のように、ゆったりとした瞑想的な曲ばかりをおさめたものだ。当時非常に流行したケルト系ニューエイジ・ミュージックの歌手エンヤのブレークも忘れてはならない。日本でいえば坂本龍一の『エナジーフロー』のヒットが一九九九年。そして翌年にはポピュラー系癒しイージーリスニングのアルバム『The most relaxing～Feel』がミリオンセラーになっている。さらにグレツキやペルトやブルガリアン・ヴォイスのヒットなど、こうしたリストはいくらでも増やせる。

右に列挙したタイプの音楽はいずれも、驚くほどスタイルが似通っている。要するに「睡眠導入剤」なのである。もはやここに二〇世紀前衛の「（何者かに）なれ！」という定言命法は存在しない。不協和音がそもそも存在していないのだから、時間は先へ進まない。そもそも進む必要もない。すべては協和しているのだから「今のままでいい」のだ。このことが波動系音楽をして、まるで砂糖菓子のように甘く、どこを切り取っても均質で、「調和した自然環境」とか「宇宙の波動との一体化」とか「闇のない穏やかな心」といった願望を託しやすいものにしている。まさに環境問題や心のケアが人々の関心となり、「宇宙船地球号」が喧伝されるようになった時代に生まれた音楽ではある。

一九七〇年前後とは、人々が音楽に「明日へのメッセージ」ではなく、専ら「精神安定剤」を求めるようになり始める時代の起点として記憶されるべきであろう。

参考文献

Blumröder, Christoph von（1993）*Die Grundlegung der Musik Karlheinz Stockhausens*, Stuttgart : Franz Steiner.

Danuser, Hermann（1984）*Die Musik des 20. Jahrhunderts*, Laaber : Laaber Verlag.

アドルノ、テオドール・W（二〇〇七）『新音楽の哲学』龍村あや子訳、平凡社。

グリフィス、ポール（一九八四）『現代音楽小史―ドビュッシーからブーレーズまで』石田一志訳、音楽之友社。

柴田南雄（二〇一六）『音楽会の手帳』アルテスパブリッシング。

シュトックハウゼン、カールハインツ（一九九九）『シュトックハウゼン音楽論集』清水穣訳、現代思潮新社。

スウェッド、ジョン（二〇〇四）『マイルス・デイヴィスの生涯』丸山京子訳、シンコーミュージック。

沼野雄司（二〇〇五）『リゲティ、ベリオ、ブーレーズ――前衛の終焉と現代音楽のゆくえ』音楽之友社。

ロス、アレックス（二〇一〇）『20世紀を語る音楽（2）』柿沼敏江訳、みすず書房。

第七章　「偉大な社会」から破砕の時代へ

一九六〇年代アメリカ史試論

中野耕太郎

一　破砕の時代へ

「今わたしたちが生きる世界」の始原を求めて社会の歴史を遡るとき、一九七〇年代前半に過去と「現在」を分かつ一つの断層が横たわっていることに気付くだろう。この時期、先進工業国の多くでは、二〇世紀の主要な政治アジェンダであった福祉国家＝「大きな政府」との決別がはじまっている。七〇年代前半には、後に権勢をふるう経済的リバタリアンの台頭を見たばかりか、テクノクラートの国家統治に対する「大衆」の反感が噴出し、いわゆるポピュリスト政治や反近代主義的な保守運動が猖獗をきわめたのである。

アメリカにおいても、七〇年代は国内外での反貧困（「欠乏からの自由」）を唱えたニューディール体制がついに終焉を迎えた時期として記憶される。第一次大戦期の総力戦を範型とし、一九三〇〜四〇年代に制度化されたこのアメリカ版福祉国家は、労働組合や農協組織が媒介する「集合的な経済セキュリティ」の多元的レジームであったが、折からの産業構造の変化と人種・民族問題の再燃、そして長期化するスタグフレーションによって、その社会・経済的な基盤は失われていったという。また一九七〇年代がいわゆる市民権運動（Civil Rights Movement）の成果を受けて、マイノリティの「権利革命」の時代となったことも歴史的な福祉国家に固有の集合性（collectiveness）を相対化することにつながった。すなわち、新たに開かれた個人間、集団間の形式的な平等は、一部の女性や黒人エリートの著しい地位向上を実現したが、それ自体、自由な市場における「選択」をことさら重視する新時代の風潮と親和的でもあったのだ（Fraser and Gerstle eds. 1989；Lichtenstein 2005; Cowie 2016）。

歴史学者ダニエル・ロジャースは二〇一一年の著作で、このような「人間生活の統合的（aggregate）側面」の後退を指して、「破砕の時代（age of fracture）」の到来を論じた。ロジャーズによれば、二〇世紀の最終四半世紀の史的変化を特徴づけるのは、先行するニューディール体制の「構造」や社会統合が解体される過程であった。ここでは、一般に「社会的なもの」への知的関心が薄れ、Me-ism ともいわれる極端な個人主義と市場崇拝の文化が支配的になっていったという（Rodgers 2011）。もとより、一九七〇年代中葉に決定的となる、こうした社会の破砕現象は、これまでも多くの社会科学者が注目してきたものでもある。例えば、R・ニスベットは一九七五年の著作で「今眼前にあるのは……原子のごとき個人の肥大化する集合体だ。そして、この個人の群は政治と政党に幻滅し、民主主義にとって危険な無関心に陥っている」と述べた（Nisbet 1975, p.23）。また、同じくネオ・トクヴィル派のロバート・パットナムが、社会保守の立場から、市民生活における互酬関係やアソシエーション活動の退潮に警鐘を鳴らしたことは広く知られている（Putnam 2000）。さらに、ダニエル・ベルはかかる社会変動の推進力として、七〇年代に本格化する製造業の衰退と脱工業化――すなわち、「財の生産社会からサービス社会への移行」――に注目し、ウルリヒ・ベックは、「自己内省的な近代化」（「産業社会の前提そのものを変化させる近代化」）という概念を用いて、ポスト福祉国家時代を理解しようとした（ベル 一九七七、五〇頁：ベック 一九九八、一〇頁）。

かくして、アメリカ史研究においても、一九七〇年代を分岐点として現代史を二分し、総力戦と社会的な国民国家の二〇世紀前半に対して、ナルシズムと自助そしてグローバリゼーションの「後期現代」を考えることが可能なように見える。とはいえ、二つの「現代」の史的な境界線は必ずしも明瞭ではない。いくつかの歴史事象は一九七〇年代をまたいで長期的な継続性を示しているからである。一例を挙げるなら、第一次大戦期に端を発する連邦政府の国民監視と治安維持システムは、小さな政府が喧伝された七〇年代、八〇年代を通じて膨張し続けている。その結果として今日約二二〇万人という膨大な数の人々が刑務所や入管拘置所に拘禁されているのであり、この点に関しては、国家の社会統制はむしろ二〇世紀中葉とは比較にならない苛烈さを呈している。

実のところ「破砕の時代」は先行する政治秩序の不均質な衰退・継続の結果として立ち現れた「新時代」だった。本章は、この史的変動が脱工業化やベトナム戦争の蹉跌といった要因だけでなく、第二次大戦後のアメリカ福祉国家に内在する諸問題に端を発するという前提に立ち、あえて一九六〇年代の政治過程を中心に再検討する。その際、この時期とりわけ市民・国家関係とコミュニティ生活という圏域で本質的な変化が醸成されたのではないかとの仮説のもと、次の論点にそくして議論を進めていく。①戦後民主党政権の反貧困政策と海外援助、②文化的人種主義の浸透と監獄国家（carceral state）の形成、③ニューディール体制の瓦解とシティズンシップの変質。これらのテーマはいずれも六〇年代から七〇年代への移行、すなわち「今私たちが生きる世界」の直接の生成過程に関わるものである。紙数の限られた小論であるが、可能な限り大きく「時代の変わり目」の見取り図を示してみたい。

二　六〇年代の貧困と「偉大な社会」

『もうひとつのアメリカ』の呪縛

第二次大戦後のアメリカは、広く知られるように、前例のない好景気を享受し、高度な消費社会を実現した。また、その社会保障制度は、いずれも一九三〇年代のニューディール期に確立した社会保険（老齢、失業）と困窮者をターゲットとする要扶養児童家庭（ＡＦＤＣ）支援を柱とし、これに大規模な退役軍人恩給（GI Bill）が加わるかたちで整備されていった。そのため戦後、公論の中での国内の貧困問題への関心は、著しく低下していたと言ってよい。そうした「豊かな社会」の楽観的な雰囲気を一変させたのが、一九六二年におけるマイケル・ハリントン『もうひとつのアメリカ』の出版であった。高い生活水準を達成した国民経済の中に残存する相対的貧困、その悲惨さを強調する同書は冒頭このように書いていた。「（戦後の豊かさの中で不可視化された）もうひとつのアメリカが存在してきた……それは何百万もの人々が飢餓寸前の生活をしているような国々と同じ意味で貧困なのではない……だが、数千万人のアメリカ人が今この瞬間にも……見苦しくない生活を送ることができない状態にある」と（Harrington 1962, pp. 1-2）。

繁栄の時代になお着るもの食べるものに困っている人々がいる。「彼らは豊かな社会における不適格者」であり、「貧困の文化を構成するもの達である」、そうハリントンはいう。すなわち、彼らは貧困の悪循環に囚われており、自力でこれを断ち切ることはできない。また、かかる貧困の文化は人種マイノリティの居住区に偏って存在するという。「ハーレムに暮らすことは黒人であることだ。そして黒人であることは……貧困と恐怖の文化に加わることとだ」――つまり、「黒人の貧困は……経済と人種の不正が重なり合うところに構築されたサブカルチャーの中に現出する」と（Harrington 1962, pp. 20, 63；Lewis 1959）。

ハリントンは貧困を必ずしも個人の無能力や怠惰のせいにするわけではない。病巣は貧者が生まれ暮らす家族やコミュニティの「文化」にある。それゆえ彼らに自助を促す前提として、「より大きな社会（の）……支援とリソース」すなわち連邦政府権力による強権的な介入が不可欠となる。このように『もうひとつのアメリカ』は、貧困の撲滅を希求しながら、その表題がいみじくも示す通り、貧者やマイノリティを徹底して他者化し、彼らが暮らす空間をあたかも外国のように描写する。「貧困に落ちることとは、内的な外国人となることであり、社会の支配的な文化とは異質な文化の下に成育することだ」というのだ。さらにこの理路は、貧困地区を第三世界のメタファーで描写することにつながっていく。「合衆国のなかには一つの低開発国（underdeveloped nation）、すなわち貧困の文化が存在する。その住人はアジアの農民やアフリカの部族ほど極端な欠乏にさらされているわけではないが、貧窮のメカニズムは似かよっている」と。こうした叙述は、同時代の対外経済政策の展開や国内の人種化された貧困問題を考えるとき、看過できないものがある（Harrington 1962, pp. 15, 17, 158）。

このように『もうひとつのアメリカ』はある種の偏りを持った反貧困論であった。だが、累計一〇〇万部を売った同書の告発は一大旋風を巻き起こし、当時のケネディ政権の都市少年非行対策や、続くジョンソン政権の福祉国家政策「偉大な社会」とその一環としての対貧困戦争（War on Poverty）にも濃い影を落とすことになる。

偉大な社会

一九六三年一一月ジョン・F・ケネディの暗殺をうけて副大統領から大統領に昇格したリンドン・B・ジョンソンは、前任者の遺志を受け継ぐべく、翌六四年には人種差別の違法化を定めた市民権法を、六五年には黒人市民の投票権をあらためて保障した投票権法を成立させた。また、ジョンソンは、既存の社会保障を維持する一方で、六四年一月の年次教書では、「人間の貧困に対する総力戦」、「アメリカ国内の貧困に対する無条件の戦い」を宣言した。具体的には同年、経済機会法（Economic Opportunity Act）を成立させるとともに、経済機会局（Office of Economic Opportunity：ＯＥＯ）という強力な執行機関を創設し、低所得層の幼児教育を支援するヘッドスタート、若年失業者を減らすための職業訓練プログラム「職業部隊（Job Corps）」、そして全米の貧困地区でボランティア活動を組織するＶＩＳＴＡ（Volunteers in Service to America）などの社会事業を実施させた。

なかでも画期的だったのはコミュニティ・アクションという仕組みであった。経済機会法は貧困対策の対象地区の住民を中心に非営利団体（Community Action Agency）を組織し、プログラムの運営主体と位置付けた。対貧困戦争は六四年からの三年間に総額三〇億ドルの連邦資金が投入された国策だったが、その末端の意思決定に貧困コミュニティからの「最大限の参加」（"maximum feasible participation"）を求めた事実は興味深い。六〇年代中葉には、政府補助金の受け皿として一〇〇〇を超える地域団体が創設されたのである。

もっとも、第一次大戦の総力戦を起源とするアメリカ福祉国家において、国家と市民を媒介するコミュニティの評価は本来容易ではない。時にコミュニティは上位下達の動員回路として機能し、また別の場合には工業化と権力の集中にあらがう伝統共同体としての顔を見せる。さらには、ハリントンの『もうひとつのアメリカ』の叙述に従えば、「コミュニティ」は疎外され、社会病理にむしばまれたマイノリティの隔離ゲットーを意味するのかもしれない。だが重要なのは、六〇年代のアメリカ福祉国家が少なくとも理念のレベルでは草の根民主主義的な住民自治を要請していた事実である。高度に専門家・官僚主義的で、冷戦を戦う軍事機構としての顔も持ったこの国家体制の中に、「コミュニティ」の論理と人材はどのような経緯から居場所を見出し、またそのことはいかなる意味を持ったのだろうか。

三　海外援助と対貧困戦争

コミュニティ開発

近年の歴史研究の中には、「偉大な社会」で活躍したコミュニタリアンの履歴をたどることで、一九三〇、四〇年代のニューディールと五〇年代冷戦外交、そして六〇年代の福祉国家を架橋する議論が現れている。例えば、二〇一五年のダニエル・イマワーの著作は、農務省農業経済局（一九三八年創設）に集った一群の農村社会学者、文化人類学者に注目した研究だった。イマワーによると、ニューディール農政の中には、ＴＶＡ（テネシー川流域開発公社）を指導し、戦後はＡＥＣ（アメリカ原子力委員会）委員長を歴任したデビッド・リリエンソールのような官僚指向で巨大プロジェクトを好む主流派に対して、農事技術の改良や地域の公教育、公衆衛生などへの助言をとおして農村を下から立て直そうと尽力したグループが存在したという。そして、そうしたニューディール内コミュニタリアンの拠点が農業経済局であった。彼らは四〇年代初頭に中央集権的な「福祉国家」論者との政争に敗れ組織を放逐されるが、第二次大戦後のアメリカがアジア・アフリカの貧困地域で行った海外援助政策は、彼らに格好の転戦先を与えた（Immerwahr 2015）。

ここでいう海外援助とは、中国革命直後の一九五〇年にトルーマン大統領が成立させた国際開発法（ポントフォー計画）に基づくものである。同プログラムは、ネルー政権のインドやフランスの植民地支配が復活した南ベトナムへの経済支援が示すように、貧困化したグローバル・サウスへの共産主義の浸透を防ぐ目的があった。当初ポントフォー援助は、「ＴＶＡの世界輸出」ともいわれた大規模な公共事業が中心だったが、対象となった地域社会の圧倒的に農村的な性格ゆえに、元ニューディール「農学者」による農村再建も併せて進められるようになった。この活動は「コミュニティ開発」と呼ばれ、推進者の一人で駐印大使のチェスター・ボウルズによると「長く貧困の中に暮らしてきた数億の人々のために、近代的な科学知識を機能させる行政枠組み」と位置付けられた。一九五〇年代、六〇年代を通じて、このポストコロニアルな地域改善事業には、多くの組織が参加しており、なかでもフォード財団の各種プログラムと平和部隊（Peace Corps）のボランティアは、農村専門家たちと共に、南アジア、東南アジアの村落で広く活動を展開していた（Engel ed, 2016, p. 147）。

要するに当時のアメリカ海外援助は、そのパブリックイメージにおいてはウォルト・ロストー一派の「近代化論」――すなわち、米国流の工業化と経済成長政策の第三世界への移植――として語られがちであったが、実際にはそうした垂直統合的な近代化とは異なるボトムアップのコミュニティ運動が併存していたのである。そして、さらに重要なことは、こうした海外でのコミュニティ開発がアメリカ国内に向けて還流していた事実である。

合衆国のなかの「低開発国」

この点に関連して、六〇年代の平和部隊の活動は特筆に値する。平和部隊は一九六一年三月、発足間もないジョン・F・ケネディ政権の目玉として創設された官製の海外ボランティア組織で、初代の理事長にはケネディの義弟サージェント・シュライバーが就任した。当初、平和部隊の海外任務の約三〇パーセントはコミュニティ開発に充てられており、この政策が前述のボウルズらの営農事業に呼応したものだったことは明らかである（Engel ed. 2016, p. 151）。興味深いのは、ケネディ政権が六二年末頃から平和部隊ボランティアを、国内の青少年非行対策に活用し始めたことである。ニューヨーク市セントラル・ハーレムをターゲットとした改善プログラムを「国内平和部隊」のモデルケースとしたこの方針は、ケネディ暗殺後、ジョンソン政権に受け継がれ六四年経済機会法のVISTAプログラムとして対貧困戦争の柱の一つになったのだった。またジョンソン大統領はシュライバーを経済機会局（ＯＥＯ）の局長に任命し「偉大な社会」政策全般を統括する地位につけた。

こうした社会福祉分野での海外援助人脈の重用はいかなる事情によるものか。この問いに答えることは容易ではないが、現実問題として、第三世界でのコミュニティ開発の他に国内の貧困問題に対処できる実践的なノウハウがなかったことは指摘してよい。「偉大な社会」の立ち上げは、かの『もうひとつのアメリカ』による貧困「再発見」からわずか二年後のことだった。ともあれ、ＯＥＯのコミュニティ・アクションは多種多様な出自を持つコミュニタリアンが参加する場となった。ソール・アリンスキー等の流れをくむ「土着の社会運動」はいうに及ばず、ニューディール左派の地域活動家やＶＩＳＴＡのボランティアの経験者、さらにはフォード財団が海外協力と並んで推進していた少年非行対策プログラムの人材がこの枠組みに吸引されていった。つまり、六〇年代の民主党政権は、巨大なコーポラティズムとケインジアン流の経済成長政策をニューディールから引き継ぎ、そうした政治プラットフォームの上に独自の福祉国家を築いていたが、その対貧困プログラムの現場はかかる「大きな政府」とは異質な分権的ラディカリズムの培地となっていたのである。

第三世界でのコミュニティ開発の本国還流としての性格は、いまひとつ重要な属性を対貧困戦争に刻み込んでいた。それは海外協力から持ち込まれた独特の貧困観であった。当時刊行されたＶＩＳＴＡの手引書『貧者のための戦士』には、海外の開発途上国の貧困とアメリカ国内の貧困を同列に扱い、同様の方法論でこれに対処しようとする立場が随所にみられる。例えば、平和部隊のシュライバーが寄せた緒言は次のようにいう。「〝海外の貧者に奉仕するのなら、なぜ国内の貧者に奉仕しないのか？〟……まずしき者は……サウスカロライナ州コロンビアにも南米のコロンビアにもいる。彼らはインディアナにもいるしインドにもいる」と（Crook & Ross 1969, p. 8）。

また同書が八頁にわたって掲載した写真図版も見すごせない。その中には、大学を出たばかりの若い白人ボランティアがニューメキシコの農場で先住民ナバホ族の農業労働者を指導する様子。同じようなボランティアがハワイ先住民の言語や文化遺産を記録する姿。アラスカでイヌイットの漁撈を手伝う写真もある。こうした画像に交じって、イーストハーレムやオークランドの黒人「ゲットー」の写真が収められている。すぐに想起されるのは、ハリントン『もうひとつのアメリカ』の表現――合衆国のなかの「低開発国」という言葉である。アメリカの大都市の一画にアジアやアフリカと同様の「村」を発見する。そのような当時のコミュニティ活動家が広く共有した貧者への眼差しには、消しようのない人種主義の影が刷り込まれていた。おそらく、そのことは六〇年代の対貧困戦争が明確に都市の黒人若年層をターゲットとした、対犯罪戦争、対麻薬戦争へと展開していく要因の一つだと思われる。

四　監獄国家のリベラルな出自

貧困の文化と社会病理

都市のスラム、わけても黒人やラティーノが集住する地区を、文化が異なる人々が暮らす低開発のコミュニティと見る心的態度は、先述の「貧困の文化」論と相性が良い。そして、この貧しさと不平等の原因を「特殊な」文化にもとづく、貧者自身の行為・習慣に帰する思考は、いわゆる文化的人種主義に容易に転化しうる。かつてＥ・バリバールは生物学的、あるいは科学的人種主義がようやく衰退した二〇世紀後半において、生活様式や伝統の違いに根差した、集団間の文化的差異の感覚として、新しい「人種」が再生産されていると指摘したが、アメリカ都市の文脈においては、この問題はしばしば周縁化された人々の「社会病理」という言葉に翻訳された（バリバール&ウォーラーステイン　一九九七、第一章；Bailey and Farber eds. p. 70）。

貧困の中に暮らす黒人は、単に経済的な欠乏に直面しているのではなく、自己否定的なアパシーと絶望感に囚われている。しかもこの社会病理が彼らをむしばみ続けるかぎり貧困は親世代から子世代へと永遠に受け継がれていくことになる。そうした見方は市民権運動の恩恵を受け、地位向上を果たしつつあった一部の黒人エリートにも内面化されていた。黒人の心理学者ケネス・B・クラークは六〇年代前半に執筆した『アメリカ黒人の叫び』の中で、黒人の貧困問題の解決を求めて次のように記している。「ダーク・ゲットーは、制度化された……慢性的で自己永続的な病理である。」「ゲットーには……社会解体および社会疾病の兆候が見出され……（ここで）生まれた子どもは、破壊された家庭や私生児の世界へ入り込んでゆく可能性が非常に強く、この家族および社会の不安定が、非行、麻薬常習、犯罪的暴力行為などへと導く」と（クラーク 一九九四、一五〇頁）。

注意しなくてはならないのは、こうした貧困の文化や社会病理の議論が、カラーラインという伝統的な人種差別を乗り越える、いわばリベラルな改革思想として登場してきたことである。少なくともゲットーの惨状は、もはや有色人の生物学的な劣等によって説明されるものではない。ハリントンの『もうひとつのアメリカ』にいち早く反応し、クラークのゲットー研究に資金を提供したケネディ政権は、同時期に人種隔離の廃絶を明記した公民権法案を作成していたのである。そして同政権は、「貧困の文化」を破壊し、貧困の世代間連鎖を断ち切るためにこそ、初めて連邦予算による少年非行対策を敢行したのであった。

対貧困戦争から対犯罪戦争へ

今日われわれは、地域警察による黒人ティーンエイジャーに対する過剰な暴力の報道をよく耳にする。警察による黒人地区の監視と若者の逮捕、収監は一九七〇年代から八〇年代にかけて急拡大し、今に至るまでほとんど歯止めがかかっていない。通説的な見方に従えば、この展開はポスト福祉国家時代の保守化潮流の中で現れた現象とされる。ジョンソン政権の「偉大な社会」構想が都市暴動の煙とともにやぶれ、脱工業化による社会分断が進む中で、「法と秩序」を声高に叫ぶ共和党保守派の政治——具体的には、ニクソンの対犯罪戦争、レーガンの対麻薬戦争——が台頭したのだと。

しかし、ジュリー・コーラー＝ハウスマンやエリザベス・ヒントンの最新の研究は、こうした住民監視や大量投獄をアメリカ福祉国家に固有の属性だと見る。なかでも二〇一六年のヒントンの研究は、先述の国内平和部隊（ＶＩＳＴＡ）の動員とともにケネディ政権の少年非行政策に今日まで続く「監獄国家」の起源を見ている。つまり、「監獄国家」はリベラルな民主党政権の福祉政策の中に生み出されたのであり、実は都市の犯罪率が上昇する六〇年代末より以前に始まっていたというのだ（Kohler-Hausmann 2017; Hinton 2016）。

少し具体的に見ておこう。一九六一年に成立したケネディ政権は、同年、「非行に対する全面攻撃」を宣言し、大統領少年非行・青年犯罪委員会（ロバート・ケネディ委員長）を立ち上げた。この機関はワシントンＤＣやデトロイトなど、黒人人口の多い一六の都市に連邦の資金を供給し、地域のコミュニティ活動と連携して青年機会センターを設立させた。同センターはゲットーの「社会病理」とたたかうべく職業訓練や補習授業を実施し、またボランティアやソーシャルワーカーが住民生活に関与していく際の拠点になった。

先に見たジョンソン政権のコミュニティ・アクションは、この青年機会センター計画を引き継ぐものでもあった。だが、一九六四年以降にニューヨークやシカゴで頻発した都市暴動は、その福祉国家構想を変質させていく。特に、地域自治の原則を徹底したコミュニティ・アクションの一部が急進的活動の拠点になっていた事実は、治安維持に奔走した北部諸都市の首長等から厳しい批判を受けた。一九六七年の法改正でコミュニティ・アクション団体には市長の参加が義務付けられ、他方、平和部隊の精神を対貧困戦争に注入してきたシュライバーはＯＥＯ局長を辞し、駐仏アメリカ大使に転じることになる。

さて一九六五年九月、ジョンソン政権は警察力の強化を目指す「法執行支援法」（Law Enforcement Assistance Act）に署名した。それは一九六五年投票権法成立の翌週勃発し、死者三四名を出したワッツ暴動（ロサンゼルス）からわずか一カ月後のことであった。この法律は貧困地区の警察署に連邦政府が装備や訓練の費用を直接供与するというアメリカ地方自治史上きわめて画期的な内容をもった。この資金を受けて各地の所轄署はマシンガンを購入し、装甲車やヘリコプターを配備した。だが、騒擾はむしろ拡大する傾向にあり、キング牧師暗殺後の一九六八年夏には一二五の都市で暴動がおこった。これを受けてジョンソンの政府は、さらに若い黒人やラティーノをターゲットにした治安政策をエスカレートさせる。六八年六月に発効した包括的犯罪抑止・路上安全法（Omnibus Crime Control and Safe Street Act）は、恒常機関である法執行支援局（ＬＥＡＡ）を創設し、各州への補助金を通じて警察の軍事化、コミュニティの監視強化を推進した。この「偉大な社会」から監獄国家へと向かう流れは、反福祉、反ニューディールのニクソン以下の共和党政権にも強く支持されていく。一九六五年一〇〇〇万ドルであったＬＥＡＡの予算は一九七三年までに八億五〇〇〇万ドルに増大していた（Hinton 2016）。

五　ニューディール体制の崩壊とシティズンシップの変容

市民権運動とニューディール連合

コーラー＝ハウスマンやヒントンらは右に見た、「監獄国家」――すなわち、都市部の人種化された貧困の監視と犯罪化――を民主・共和両党が超党派で取り組んだ、市民権運動への対応だったと見ている。それゆえこの潮流はキングらの運動がもたらした社会流動が最大化した六〇年代前半に始まり、本章冒頭で触れた七〇年代の「断層」を越えて、拡大し続けたのだという。それは、現代史の中にある一つの連続性を強調した議論でもある。だが、注意しなくてはならないことは、そもそも市民権運動が両政党に与えた影響が大きく異なることである。

特に市民権運動の台頭が、過去三〇年に渡って民主党が構築してきた政治基盤と政策パッケージを破壊するインパクトを持った点は無視できない。

一九三〇年代中葉以来、民主党はニューディール連合と呼ばれる統一戦線を基盤にアメリカ版の福祉国家を築いてきた。それは、全国労組と業界利益団体、農協組織の連携を柱にしながら、ヨーロッパ移民を出自とする労働階級とリベラルな都市中産階級、そして公共事業に依存した白人至上主義の南部民主党、さらには「大きな政府」の再分配に期待する黒人労働者層を糾合するものであった。なかでも南部民主党の政治力は絶大で、歴代の民主党政権が社会福祉や労働関連の改革立法を進める際、その協力は不可欠であった。畢竟、ニューディール政治は人種や民族にまつわる文化的な論点を可能な限り回避し、物質的あるいは経済的な「保障」を労組・農協等の集合的なメンバーシップを媒介して分配するものとなった。要するにそれは人種差別の現状維持を容認する体制であり、そのことは、当時の社会保険制度が家内労働と農業労働という多くの黒人の従事する職種を除外したことに端的に現れていた（Cowie 2016）。

だが、一九四〇年代末以降、民主党支持層の特にリベラルな中産階級に黒人の市民権運動への支持が広がる中で、ニューディール連合は早くも分裂の兆しを見せ始めていた。その意味で六〇年代中葉の市民権諸法の制定に続く都市暴動の連鎖は、民主党全国組織にとっては危機的な状況であった。前節で見たように、ジョンソンがあえて法執行支援法等の治安政策を掲げた理由の一つもそこにあると思われる。ともあれ、この時期の民主党の指導層は、ほぼ一貫して市民権改革を支持しており、一九六八年の大統領選挙においても、六四年市民権法の起草者の一人、ハーバート・ハンフリーが党候補に指名された。ここに至り、南部の党組織と白人労働組合員の離反傾向は顕著となり、民主党は政権をニクソンの共和党に譲り渡すことになる。

いずれにせよ、ニューディール・リベラリズムを支えてきた労働組合と市民権運動が地域的な例外を除いてほとんど共闘できなかったことは、両者にとって不幸なことであった。かつてイーラ・カッツネルソンは、第二次大戦末期にＣＩＯ労組が試みた南部組織化運動の失敗に触れて、その後南部が長く人種差別的な賃金と雇用にもとづく不平等な社会関係を維持したこと、そしてなにより五〇年代、六〇年代に市民権運動が立ち上がるとき、労働運動の力をほとんど借りていないという事実を指摘してこう書いた。「その結果、市民的、政治的排斥に対する黒人の抵抗は、人種公正の本質的な問題でもある社会階級や経済的平等あるいは労働者の権利といったものを重視せずに行われた」と（Katznelson 2013, p. 402）。

ニューディール体制の中で労働者が組合を通じて政治的な発言力を持ち、経済的な「保障」と社会的な市民権を享受したとすれば、市民権運動は少なくとも初発時には、そうした福祉国家の多元主義とはむしろ対抗する個人ないしは集団としての権利、平等を求める性格が強かった。それゆえ白人労働者の多くは黒人の市民権運動を自己の「特権」を脅かす何かであると考え、その憎悪は一九七〇年代中葉に、経済後退と脱工業化が顕在化し始めたとき、さらに高まってゆく。わけてもボストンやデトロイト等の北部都市で行われた「バス通学」運動――白人居住区と黒人地区の公立学校で児童・生徒を交換するかたちで人種統合を行うプログラム――は、インナーシティ（黒人地区）の貧困が犯罪化され悪魔化される状況の中で、強い抵抗を白人社会に惹起した。文字どおり彼らの「民主党主流への信頼は粉々に砕け散った」のである。その後、この白人労働者たちは、物質的な安寧を約束したニューディールとは異質の文化的な価値――中絶反対や反納税、反アファーマティブアクション等――を訴える共和党の保守政治に急速に引き寄せられていくであろう。結局、アメリカの福祉国家は市民権運動を包み込むかたちで再編を進めることができなかった（Cowie 2010, pp. 3–4）。

新自由主義と軍事奉仕

以上見てきたことから明らかなのは、アメリカ福祉国家がその最盛期と見られた一九六〇年代半ばからすでに、数多くの分断線で引き裂かれつつあった事実である。「偉大な社会」を標榜した貧困撲滅運動の現場は、海外協力（コミュニティ開発）の文脈から任務に就いた「小さな共同体」の信奉者で占められており、垂直統合的な社会政策ないし「近代化論」とは対抗的な情熱を孕んでいた。また彼らの多くが都市の貧困を第三世界とのアナロジーで捉えていたこと、さらには「貧困の文化」と社会病理の言説を介してマイノリティの生活空間への警察権力の介入が推進されたことは、福祉国家が統治のプロセスで貧困層の人種化と非市民化をうながしていたことを如実に物語る。さらにこうした問題とも関連して、福祉政策を推進したリベラル政治が市民権運動にコミットし、人種問題をアジェンダに加えたとき、逆説的に改革のための政治基盤を毀損せざるを得なかった事実は、ニューディールの枠組がすでに国民国家統合という大目標を担えなくなっていたことを示していた。

このことは全く同じ時期に、ベトナム戦争に対して大衆的な反対運動が隆盛し、戦争の継続が困難になったという展開とおそらく無関係ではない。繰り返し述べてきたとおり、アメリカ福祉国家の原点は第一次大戦期の総力戦にある。ここでは、軍事奉仕が市民的地位の源泉であり、国家から保護を受ける条件であることは自明だった。しかるに六〇年代末の状況においては、あろうことか国家の対外戦争を難ずる示威行動が広く社会で容認され、そのなかには第一次大戦期から続く徴兵制の廃止を求めるものが含まれた。

ところで、この反徴兵の声が全く異質な二方面から上がっていたことは興味深い。一つは六五年三月のミシガン大学でのティーチ・インに始まる学生の反戦運動である。同年七月にはニューヨークに飛び火したデモでは参加者が徴兵カードに火をつけるパフォーマンスに訴えた。このベトナム反戦運動で指導的役割を果たした民主社会学生同盟（ＳＤＳ）等のニューレフトは、反官僚主義、反物質主義の思想を掲げており、ニューディール政治とこれを支える労働組合に否定的な目を向けていた。こうした草の根民主主義を重視する左派からの現状批判は、民主党支持層の分裂と福祉国家の瓦解に拍車をかけることになろう（Cowie 2016, p. 167）。

もう一つのより重要な反徴兵論は、一群の自由市場派経済学者から発せられた。なかでもリバタリアンとして知られるシカゴ大教授ミルトン・フリードマンはすでにジョンソン政権期の一九六六年頃から徴兵反対の論陣を張っており、翌六七年五月にはニューヨークタイムズ紙上に「全志願兵軍」と題した論説を寄せている（Friedman 1967）。その要旨は次のとおりであった。第一に、徴兵制は官僚国家による国民の強制的徴用であり倫理的に認められない。それゆえ第二に、募兵は自由市場における個人の選択をとおして行われるべきで、そうすれば、命を賭して戦う若者に高額の「賃金」を保証できる。加えて第三に、こうした志願兵制への転換は政府の財政負担を大幅に軽減し、「大きな政府」の非効率を抑えることができる、と。

その後フリードマンは、ニクソン政権のブレイン的地位を得、一九六九年三月に発足した大統領全志願兵軍委員会（通称ゲイツ委員会）で中心的な役割を果たした。同委員会の議論の中では、元軍幹部の委員等から「（祖国への）軍事奉仕を市民の責任から「賃金労働」に変質させることは……国益」に反するという意見もでたが、政府はフリードマンのラインで徴兵廃止を決定する（Bailey 2009, p. 28）。直後にニクソン政権によるカンボジア侵攻があり一時ペンディングされるが、一九七三年一月ついに徴兵は停止された。普通この国策の大転換は、ラディカルの反戦運動の成果と見られがちである。だが上の政策形成過程の概略からもわかるとおり、徴兵停止は反福祉国家の市場原理主義者が主導して行われたのであった。

元来、軍事奉仕は女性や黒人にとってきわめて重要な意味を持った。歴史的に戦闘任務から除外されたり、徴兵の対象外とされたことが、自集団の不完全な市民的地位の根源にあるという見方は根強く、「軍務の平等」は今も全国女性組織機構（ＮＷＯ）等、マイノリティの地位向上運動の目標の一つである（Kerber 1998）。だが、もはや募兵は市場化され、軍役は賃労働となった。しかもそのことは、新しい不平等を生み出してもいた。実は、全志願兵制が導入された翌一九七四年に入隊した兵士の三〇パーセントは黒人であった。それは黒人がアメリカの総人口に占める割合のおよそ三倍にあたる。経済的理由から危険な業務を受け入れざるをえなかった志願者に同情する向きは、新制度を「貧困の徴兵」と揶揄したのだった。この時点から顧みて、先述のフリードマン新聞論説に「現行の軍事奉仕は強制収監と同義である」という徴兵批判の一節があったのは、皮肉としかいいようがない（Friedman 1967, p. 114）。おそらく七四年に志願した「貧しい」黒人青年の中には、まさにゲットーを監視する警察暴力と大量収監の恐怖を知る者もいたのではないか。「貧困の文化」から逃れ、市民としての平等と尊厳を求める彼らにとって、新自由主義者のいう「選択の自由」とは一体何を意味したのだろうか。

破砕の時代のシティズンシップ

最後に「貧困の徴兵」などとは無縁な黒人軍幹部の存在にも触れておかねばなるまい。徴兵停止から四年後の一九七七年、クリフォード・アレクサンダー・ジュニアがアメリカ史上初めて黒人の陸軍長官に任命された。ハーレム出身で一九五五年にハーヴァード大を卒業したアレクサンダーは、まさしく市民権運動と「権利革命」の恩恵を受けた人物だった。七〇年代中葉は彼のように黒人や女性のエリートがブレイクスルーを果たす時代であったが、注目すべきはその政治キャリアであった。彼の公的活動は、かのケネディ政権のハーレム非行更生プログラムからスタートし、七〇年代は徴兵廃止論の急先鋒だった。アレクサンダーの「華麗な」経歴が示すことは、マイノリティの権利革命と監獄国家、そしてリバタリアン経済が両立可能なことである。その意味で、黒人ももはや一枚岩ではありえなかった。

「破砕の時代」が進むにつれ、軍役とシティズンシップは切断され、社会保障と個人の権利は相互対抗的になっていった。要すれば、総力戦と福祉国家が築いた市民と国家の互酬関係はあやふやになっていった。そしてこの分裂傾向は、七〇年代中葉に新たに加わる不況と脱工業化を背景に加速度的に進行することになろう。徴兵停止の経緯は、そうしたシティズンシップの変容にフリードマンらの新自由主義者の働きかけがあったことをいみじくも暴露していた。七〇年代後半には、「小さな政府」がますます指向されるが、警察と刑事司法による貧困層の監視と投獄だけは、コストや効率を度外視してエスカレートしていく。治安維持は福祉国家の残滓であると同時に、市場主義とグローバリゼーションが最後に公権力に依存する「インフラ」であった。つまり、ここに破砕されたのは、単にコミュニティ生活や社会保障だけではなく、前期現代の形成者たる「社会的な」国民国家そのものであった。

参考文献

Bailey, Beth（2009）*America's Army : Making the All-Volunteer Force*, Harvard University Press.

Bailey, Beth and Farber, David eds.（2004）*America in the 70s*, University Press of Kansas.

Cowie, Jefferson（2010）*Stayin' Alive : The 1970s and the Last Days of the Working Class*, New Press.

Cowie, Jefferson（2016）*The Great Exception : The New Deal and the Limits of American Politics*, Princeton University Press.

Crook, William H. and Thomas, Ross（1969）*Warriors for the Poor : The Story of VISTA, Volunteers in Service to America*, William Morrow & Co.

Engel, Jeffrey A. ed.（2016）*The Four Freedoms : Franklin D. Roosevelt and the Evolution of an American Idea*, Oxford University Rress.

Fraser, Steve and Gerstle, Gary eds.（1989）*The Rise and Fall of the New Deal Order, 1930–1980*, Princeton University

Press.

Friedman, Milton（1967）“An All-Volunteer Army : The Case for Abolishing the Draft—and Substituting for it,” *New York Times*, May 14.

Garland, David（2001）*The Culture of Control : Crime and Social Order in Contemporary Society*, University of Chicago Press.

Harrington, Michael（1962）*The Other America : Poverty in the United States*, MacMillan.

Hinton, Elizabeth（2016）*From the War on Poverty to the War on Crime : The Making of Mass Incarceration in America*, Harvard University Press.

Immerwahr, Daniel（2015）*Thinking Small : The United States and the Lure of Community Development*, Harvard University Press.

Katznelson, Ira（2013）*Fear Itself : The New Deal and the Origins of Our Time*, Liveright Publishing Corporation.

Kerber, Linda K.（1998）*No Constitutional Right to be Ladies : Women and the Obligations of Citizenship*, Hill and Wang.

Kohler-Hausmann, Julilly（2017）*Getting Tough : Welfare and Imprisonment in 1970s America*, Princeton University Press.

Lewis, Oscar（1959）*Five Families : Mexican Case Studies in the Culture of Poverty*, Basic Books.

Lichtenstern, Nelson（2005）“Pluralism, Postwar Intellectuals, and the Demise of the Union Idea,” in Milkis, Sidney M. & Mileur, Jerome M. eds, *The Great Society and the High Tide of Liberalism,* University of Massachusetts Press.

Nisbet, Robert（1975）*Twilight of Authority*, Oxford Univ. Press, cited in, Cowie, Jefferson, *Stayin' Alive*, p. 13.

Putnam, Robert D.（2000）*Bowling Alone : The Collapse and Revival of American Community*, Simon & Schulster.

Rodgers, Daniel T.（2011）*Age of Fracture*, Harvard University Press.

クラーク、ケネス・B（一九九四）『アメリカ黒人の叫び――ダーク・ゲットー』今野敏彦訳、明石書店。

バリバール、エティエンヌ&ウォーラーステイン、イマニュエル（一九九七）『人種・国民・階級——揺らぐアイデンティティ』（新装版）、若森章孝他訳。

ベック、ウルリヒ（一九九八）『危険社会——新しい近代への道』東廉・伊藤美登里訳、法政大学出版局。

ベル、ダニエル（一九七七）『資本主義の文化的矛盾』下、林雄二郎訳、講談社。

第八章　核時代を生き残るために

E・P・トムスンと核武装解除

小関　隆

はじめに――核時代の歴史家

現代世界は人類が自身を絶滅させる可能性を抱え込んでいる。核兵器の使用を通じて、である。広島、長崎とその後の核開発競争によって到来したのは、時間の継続がもはや担保されぬ史上類例なき時代＝核時代である。核兵器の圧倒的破壊力がマンパワーの大々的動員を不要にし、優位性を主張するイデオロギーを揺るがし、経済力の優越の重要性さえ不確かにした、という意味で、核時代とはポスト総力戦時代に他ならない。

核時代において歴史家はなにを語り、どう行動すべきか、一つの端的な回答を示したのが、「最も引用される二〇世紀の歴史家」（*Independent*, 30 Aug. 1993）と評されるE・P・トムスンである。一九五六年にイギリス共産党を離れる前も後も、トムスンは平和運動の熱心な活動家だったが、八〇年代にトランスナショナルな広がりを見せた核武装解除運動の中で彼が果たした役割は文字通り牽引者のそれであった。運動が高揚したきっかけは、東欧諸国に配備されたソ連の弾道核ミサイル＝SS－20に対抗する狙いで、一九七九年一二月、イギリスを含む西欧諸国に最新型核ミサイル（弾道ミサイル＝パーシングⅡと地上発射型巡航ミサイル）を配備する決定をＮＡＴＯがくだしたことである。この決定はヨーロッパを「戦域」とする核戦争に向けた布石と受けとめられ、一九八三年秋にはヨーロッパとアメリカで五〇〇万人以上が抗議のために街頭に出た。そして、運動の最も重要な論客・スポークスマンとなって、月に平均一〇の集会で演説し、人々をインスパイアしたのがトムスンであった。

イギリスのコンテクストとしては、サッチャリズムに留意することが必要である。一方において、国民を総動員し、福祉の施策によって動員への報奨を提供する必要から、核兵器は国家を解放する。財政的にも、核開発への資金の集中は国民の総動員よりも効率的である。他方において、核兵器は国際的影響力と防衛態勢の強化にとって不可欠と見なされる。サッチャリズムが目指す「小さいが強い国家」と核兵器への依存とは、こうした意味できわめて相性がよかった。

一　立論

デモクラシーの大義

まず、トムスンの立論の柱を確認しておこう。第一の柱は、平和や核武装解除の大義をデモクラシーや人権の大義と結びつけるべきことである。トムスンにとって、平和運動は民主的で公正な社会を目指す戦いの一環であり、核武装解除の要求は人権擁護や情報公開といった課題と無関係ではありえなかった。特に重視されたのが、東欧諸国の民主化運動との連帯である。「ヨーロッパ大陸の東西いずれにも恐怖が覆いかぶさっている。東だけでなく西においても、軍隊や国内向けの治安維持勢力は大規模化し、人間同士の自由な思想のやりとりは制限され、独立の精神をもつ個人の市民的権利は脅かされている」（② p. 224）。対峙する東西の両陣営は相互的に相手の核軍拡を促しているのであって、「罪は両方の陣営に同等に存する」。したがって、核武装解除を要求する際には、東欧におけるデモクラシーの問題を積極的にとりあげ、イデオロギー的分断を克服して「新しいヨーロッパ」を追求することが決定的に重要になる。「われわれの目的は、対立状態からヨーロッパを解放し、アメリカとソ連の間のデタントを強制し、究極的には巨大な軍事同盟の双方を解体することでなければならない」（②p. 225）。

人民戦線

第二の柱は、「国家より下のレヴェル」における「人民のデタント」が核武装解除を実現する原動力になるべきことである。そして、「人民のデタント」は人民戦線的結集によって、国家の枠や思想信条の違いを超えた、東西にまたがる全ヨーロッパ規模の連帯によって、支えられねばならない。

あらゆる信仰、あらゆる信条をもつヨーロッパの友人たちに対し、これらの共通の目的のためにわれわれが協同して活動できる方法を早急に検討するよう訴える。われわれが思い描いているのは、あらゆる種類の交流が可能になるような、異なる国籍や見解の代表者たちが協議し、その活動を協調させてゆけるような、そして、ヨーロッパ全体を核兵器から解放するという共通の目的を促す狙いで、大学や教会、女性団体や労働組合、若者団体や専門職集団、さらには個人の間のよりインフォーマルな交流が起こるような、そんなヨーロッパ規模の運動である。（②p. 225）

また、核兵器が特定の階級だけではなく全人類にとっての脅威である以上、「人民のデタント」は階級闘争に従属してはならない。「革命的」なポーズやレトリックは、分裂を持ち込むばかりの無用の長物である。

> 「爆弾」は……「階級の問題」だ、われわれは対決のドラマに回帰せねばならない、キリスト者、中立主義者、平和主義者、その他の階級的な敵による汚染を撥ねつけねばならない、などと甲高く勇ましいトーンで叫ぶ者たちの声は、殲滅主義〔後述〕のコーラスのファルセット・ディスカントでしかない。教会関係者やユーロコミュニスト、レイバリストや東ヨーロッパの異議申し立て者《ディシデンツ》……党組織から切り離されたソ連のシティズン、労働組合運動家、エコロジストを包含する同盟、こうした同盟だけが巡航ミサイルとSS-20を放逐するための力と国際主義的な情熱を喚起するだろう。（③p. 76）

あくまでも核武装解除（「人類の生態学上の緊急課題」）という一点において結集し、二次的な相違は棚上げする、そんな人民戦線の精神こそが必要なのである。

殲滅主義

引用に登場した「殲滅主義《イクスターミニズム》」とは、東西両陣営の間で作動している相互の核軍拡を促す「新しい一つの自律的動力」にトムスンが与えた呼称である。殲滅主義の動力に駆られる核軍拡競争は自動継続プロセスと化して、社会は兵器体系を支える「経済的・科学的・政治的・イデオロギー的なサポート・システムの役割」を担わされることになる。殲滅主義概念が際立たせるのは、自らの保全（と願わくば勝利）のために冷戦の睨みあいを選択した両陣営が、優位を追求するための核軍拡競争に固有に備わることとなった殲滅主義の動力を通じて、望んでもいない結末＝絶滅へと向かう、そもそもは自らが産み出した核兵器がやがてコントロールしがたい存在となって自らを破局に導く、という疎外論的な展開である。「われわれが現在直面している状況は歴史的に形成されており、その限りでは合理的分析の対象である。しかし、それは今、まさに非合理的な爆発を起こそうとしている危機の集積として存在する」（③p. 41）。偶発事や誤算によって、兵器技術の進歩によって、あるいは、イデオロギーの暴走によって、「非合理的な爆発」はいつ起こっても不思議ではない。「これらすべてをあまりにも整然とした論理構成の中に押し込んでしまうと、われわれは事態の非合理性への準備を欠くこととなろう」（③p. 41）。トムスンによれば、帝国主義概念では、両陣営が用いるイデオロギー的外皮こそ異なるものの実質的には同種の戦略、すなわち、相互的な殲滅の恐怖の醸成を通じて両陣営の支配者がその地位に留まることを保証する戦略が捉えられない。

反ファシズム闘争の経験

立論にあたってトムスンが念頭に置いていたのは、自身も当事者だった第二次世界大戦期の反ファシズム闘争の歴史的経験であった。冷戦の「氷結」の起点となるヤルタ会談以前のヨーロッパに広がっていた「一九四四年の精神」を蘇らせることを、彼は呼び掛ける。「私は再度一九四四年のことを、レジスタンスの最盛期のことを想起します。もう一度ヨーロッパにあのような精神を広げなければなりません。しかし今回は、戦争と抑圧の末にではなく、戦争と抑圧が生じる前に精神が立ち上がらなければなりません。五分後ではもう手遅れでしょう」（⑤p. 187）。「一九四四年の精神」とは、反ファシズムのための幅広い結集を実現した人民戦線の精神に他ならない。

「一九四四年の精神」を圧殺したのが冷戦の到来だったわけだが、冷戦もまた今では自動継続的な性格を帯びた「中毒」の症状を呈し、当初の存在理由は無効化していた。「冷戦はその起点にあった根拠から解き放たれ、自身の独立した惰力を獲得しました」（⑤ pp. 168–169）。「独立した惰力」を備えた冷戦によって危機が着々と深刻化する、まさに疎外論的な展開である。

冷戦とは常に進展をつづける自己再生産的な状態であって、敵対しあう双方がその中毒になっています。一方が他方の、他方が一方の成長を促しているのです。両陣営は、国内の結束と規律の手段として相手を敵視するイデオロギー的ポーズの堅持を必要としています。こうした状況はいつの時代でも危険でしょうが、核兵器が存在する今日、それは計り知れぬほど危険です。というのも、そこには常に悪い方向へと傾くロジックがビルト・インされているからです。軍事エスタブリッシュメントがさらに拡大し、敵対的姿勢がますます激昂的かつ非合理的になる、という。

正されることがないなら、このロジックは今後二〇年か三〇年のうちに終末に至るしかありません。（⑤ pp. 175–176）

核戦争の脅威が冷戦に起因している以上、核武装解除を目指すうえでは冷戦構造そのものの打破が課題にならざるをえない。「私たちはミサイルを超えて、冷戦そのものに立ち向かわねばなりません。ヨーロッパを一つに戻すことを始めねばなりません」（⑤ p. 177）。冷戦を終結させる道は二つだけ、「ヨーロッパ文明の破壊か、ヨーロッパの政治文化の再統一か」である。前者の道を辿る危険性が拡大していることは否定できないが、「もう一つの選択肢への小さな突破口」も仄見える。トムスンは危機感と楽観主義を充溢させた鮮烈なレトリックを繰り出して、「もう一つの選択肢」の可能性に賭ける。

現在、そしてこれからの数年間、私たちは危機の真只中で生きることになるかもしれません。年々大規模化する冷戦のロード・ショーは今や急速に終着点に向かいつつあります。しかし、この瞬間に、一年にもならないうちに、私たちの大陸では変化が起こってきました。これは冷戦そのものへの挑戦を意味する変化です。普通の意味での「政治的」変化ではないのです。変化は政治の肉を貫き、人間の骨に達しています。（⑤ p. 186）

核戦争の脅威を覚える人びとが急速に増えている今こそが好機なのである。「冷戦を終焉させるための努力は、……これからの一〇年間、ヨーロッパに暮らす何万もの私たちにとって、なにを措いてもやらねばならぬことです」（⑤ p. 187）。

二　ことばの戦い

「文化の汚染」

核武装解除運動の論客・スポークスマンとして、トムスンは群を抜く影響力を行使したのだが、では、彼の訴えが多くの人々の心に響いたのはなぜだろうか？　一番の理由は、ことばのおざなりな使用を厳しく拒否する姿勢に裏づけられた説得力にあったように思われる。そもそも、トムスンには、「戦争は真っ先にわれわれの文化の中で始まる」、「文化の歪みは言語そのものの中で始まる」（① p. 51）という認識があった。核戦争の脅威は、セキュリティ強化や機密主義、異論の封殺を正当化し、それに伴って、「想像力は麻痺させられ、言語と価値は汚染されてきた」（① p. 56）。詩人でもあったトムスンにとって、核軍拡が不可避であるかのごとき印象を振りまき、「核兵器のホロコースト」を受けいれさせようとするもっともらしい語彙やフレーズが、いかに厳密さを欠いているか、いかに空疎な内実しかもたないかを暴き出すことは、核兵器との戦いの核心であった。

一五〇〇万人の同胞市民の死は「不快な結果」などと記述されるべきではない。ヨーロッパだけを舞台とする戦争に「限定的」とか「戦域的」とかいう遠回しな表現を与えるべきではない。威嚇的な外交姿勢や新しい重大な政治的・戦略的決定（外国人がコントロールするミサイルをわが国の国土に配備する）と結びついたより強力な殺傷兵器の開発は、「現代化」などという毒気のない科学技術用語によって隠蔽されるべきではない。（①p. 52）

このようなことばの使用を許すことによって、「最初のミサイルが発射されるはるか以前からわれわれは互いに殺し合っている」（①p. 51）。恣意的なことばが横行すれば、人々の想像力はこうしたことばを使う者たちにとって都合よく枠づけられ、結果的に、有意な議論そのものが不可能になるからだ、という趣旨だろう。そして、ことばの戦いの先頭に立つことは知識人の責務であった。「政治的・軍事的な決定へのアカデミックな人間の影響力は……彼らが思うより小さい」が、「究極の行動の前提となることばによる文化の汚染に抗うことをこうした人々に求めるのは正しい」（①p. 52）。

民間防衛

いくつか具体例を見てみよう。論客トムスンの存在を知らしめた論考「抗議して生き残れ」は、オクスフォード大学の戦史教授マイケル・ハワードへの反駁であった。ハワードが提言したのは、核ミサイルの配備によってイギリスがソ連の先制核攻撃にさらされる可能性が大きくなるのだから、民間防衛の強化措置が講じられるべきだ、ということであり、これに対応して、一九八〇年五月、退避施設をつくれ、ガスの元栓を切れ、子どもを避難させよ、死体を処理せよ、等々、核攻撃への対処法を国民にこと細かく指南する政府パンフレット『身を守って生き残れ』が刊行された。核戦争の際には自力で難を逃れなさいと呼びかけたのである。直接的にはハワードに対する、実質的にはあまりにも無責任な政府に対するトムスンの反駁は目覚ましい売れ行きを見せ、新しい平和運動の起爆剤となった。

民間防衛の手立てで先制核攻撃の被害を小さくできる可能性を、トムスンは認めないわけではない。しかし、民間防衛が機能した後に出来するのはＮＡＴＯによるより大規模な核攻撃、そして、それへのソ連の反撃に他ならない。こうした状況になれば、もはや民間防衛など意味をもちようがない。ハワードが訴えているのは、民間防衛によって先制核攻撃のダメージを小さくし、ＮＡＴＯが報復攻撃を実施できなくなるほどの混乱を回避して、破局的な核戦争の第二段階を可能にすることなのである。「民間防衛の目的は生命を救うことよりも、核戦争の第二の、より恐るべき段階へと「われわれ」が進めるように、第一撃を生き延びた人々の「政治的騒乱」の潜在的可能性を減少させることにある」（①p. 29）。民間防衛の措置によって、先制核攻撃の犠牲者を三五〇〇万人から二〇〇〇万人に減らせると見積もる保守党議員もいるが、しかし、「死者と致命傷者が二〇〇〇万という小さな数値に収まったとしても、ハワード教授が回避を熱望している「騒乱」状態は引き起こされるだろう」（①p. 34）。ガスの元栓を切って核攻撃から身を守り、平静を保つなどという想定は無意味なのである。民間防衛といえば聞こえがよいかもしれないが、結局のところ、それは二次的な核戦争の準備への協力であって、実質的には防衛を意味しない。

核抑止力

恐るべき破壊力の核兵器が存在するからこそ大規模な戦争の勃発が抑止される、と主張する核抑止力論は、核軍拡を正当化する際に最もよく持ち出される議論であり、トムスンにとって徹底的に叩くべき「もっともらしいことば」であった。第一に指摘されるのは、抑止力論が先送りの議論にすぎないことである。

抑止力論はこう提唱します。核兵器の存在により、それ以外の道は考えられないもの、容認しがたいものとなったので、超大国同士、その同盟国同士の戦争は無期限に先送りされるだろう、と。私は「先送り」という点を重視したいと思います。抑止力論は一方の「側」の他方の「側」に対する勝利を提唱しているわけでも、二つの陣営を戦争に導くかもしれないといわれる両者の違いの解消を提唱しているわけでもありません。それとは逆に、双方の陣営に相手に対する威嚇の姿勢を維持させることによって、抑止力論は緊張状態を無期限に固定化し、違いの解消を難しくしています。……戦争を先送りにしつつ、抑止力論は平和的な解決をも先送りにしているのです。（④ pp. 1–2）

敵対状態の維持による戦争（と戦争以外の手段による平和的な解決）の先送りを想定する抑止力論が導くのは、危機の永続化でしかない。第二に、抑止力論が不可避的に核軍拡競争を招き、人類への脅威をますます深刻化させることが指摘される。「両陣営の軍事・防衛エリートとその政治的な手下」は、戦争準備において相手の陣営が先んじていると煽ることで国民に核軍拡を容認させてきたのであって、結果的に、「現代化」の旗印の下、「われわれは前へ前へと進み、今や五万個の核兵器を擁する」に至ったが、「現在のような過剰殺戮の規模に達する核兵器が「抑止」をより効果的にした」わけでもない（④ pp. 14, 20, 41）。先送りと核兵器の累積のための言い訳でしかない抑止力論は、危機を深刻にするばかりなのである。

トムスンによれば、抑止力論はそもそもの立論において空疎であった。そこでは、敵の攻撃性という本来は論証されねばならない想定が安易に前提とされている。

> 抑止の理論家たちは、まさに研究と分析だけが明らかにできることを前提として設定し、歴史的な検討を締め出します。対立する陣営の軍事力は相手方の弱さが見えたらすぐにでも圧倒してやろうと待ち構えており、MAD《相互確証破壊》〔敵を確実に壊滅させられるだけの報復核戦力を保持して、核戦争を相互に抑止する〕の恐怖がなかったらずっと昔にそうしていただろうということが、あらかじめ想定されているのです。
>
> これが抑止力論の前提Aであり、この前提からB、C、D、といった想定が導かれます。自分たちの兵器は抑止のためのものだ、しかし、相手方の兵器は戦術的・戦略的な優位が明らかになるやいなや使われるだろう、使われるかもしれない。……敵はいつも必ず悪意に充ちており、道徳に反することを厭わず、場当たり的で、絶対的な敵愾心以外の動機をもっていない、と抑止力論は想定します。
>
> このような方法で進められる学問が信頼できるとは考えられません。（④pp. 14–15）

そして、抑止力論の中枢を成すのが最悪事態分析である。「最悪事態分析は、よりよい事態の可能性をいっさい排除し、よりましな展開をもたらすかもしれないなんらかの方法の検討を拒否することで、実際に最悪の事態の発生を誘発します。これが過去二〇年にわたる核兵器の歴史、優位追求の歴史のすべてです。最悪の事態を次々と誘発してきた歴史です」（④p. 15）。トムスンにいわせれば、より強力な核兵器を呼び出す抑止力論は、「イデオロギー的な中毒衝動」だが、こうした「中毒」の蔓延こそ、核戦争勃発の可能性を大きくする一番の力に他ならない。「兵器におけるあれこれの優位でも政治的な偶発性でもなく、これこそ核戦争が私たちの生きているうちに起こりかねない理由です。私たちは戦争の準備をしているだけでなく、戦争をするような社会に向けて自分たちを用意しつつあるのです」（④pp. 22–23）。厳密さを欠くことばの使用、厳密さを欠く立論を通じて蔓延した抑止力中毒による社会と文化の腐食こそが、危機の核心なのである。

「戦域」核戦争

西欧諸国への核ミサイル配備の決定は、核軍拡が抑止の名目で正当化されていた段階から、「戦域」を地理的に限定したかたちであれば、核兵器の使用もありうるとの発想が前面に出る段階へと、危機が深まってきたことを示していた。抑止は必ず機能するという想定が、核戦争は起こるかもしれないが、「戦域」を限れば相対的に小さな被害に留められる、との想定へと移行したのである。抑止力論は実質的に破綻し、今や核戦争は「考えられないもの」ではなく「考えられるもの」となった。

> 現在語られている「戦域的」ないし「戦術的」な核戦争は、「抑止」という古い語彙の洗練された変化形ではない。それはこの語彙とははっきりと齟齬を来す。なぜなら、いずれかの超大国が、自らを利するために、自国領に向けられる報復攻撃が敷居に届かないで済む程度に抑えられる「限定的」な核戦争をするかもしれない、との考え方に立脚しているからである。
>
> ……「戦域」核戦争はヨーロッパに限定できるだろう、もちろん、ＮＡＴＯに属すアメリカの同盟国は壊滅させられるだろうが、ウラル山脈以西のロシアにも大打撃を与えることができるだろう、そして、その一方でアメリカの国土は無傷だろう、とペンタゴンの連中は考えているのである。（①p. 41）

「戦域」核戦争という発想の浮上によって、ヨーロッパにおける核戦争の脅威は一気にリアリティを増した。「より「使いやすい」核兵器が設計され、「限定的」核戦争というアイデアがますますもっともらしく響くようになる。論理的には、この矛盾を孕んだプロセスは核兵器の実際の使用にいよいよ行き着かざるをえない」(②p. 223)。

トムスンは「戦域」の限定ということば使いの欺瞞性を指摘する。「戦域」核戦争では、ターゲットとなる地域（核ミサイルが配備された地域）以外には致命的な打撃を与えないような小型の核爆弾をソ連は使用すると考えられているが、少なく見積もっても広島型に匹敵する破壊力のSS-20が三～四〇は飛来するのであり、被害が小さいなどと述べるのは噴飯ものである。先制核攻撃がもたらすのは「大量殺戮」以外のなにものでもない。さらに、ヨーロッパ限定の核戦争が米ソの全面対決にエスカレートすることはない、という見通しの根拠も薄弱である。「いったん「戦域的」な核戦争が始まれば、ヒステリーとも呼ぶべき巨大な熱情が喚起されるだろう。こうした戦争の最初の一撃によってさえ、……理性的なプランニングはパニックに取って代わられるだろう。イデオロギーは即座に利己主義に引き継がれるだろう」(①p. 38)。結局のところ、いかに「戦域」のことばを弄しようが、核戦争を全面化の危険性から切り離すことなどできないのである。

「予言」する歴史家

ことばのおざなりな使用の拒否と並んで、トムスンの語りにアピール力を与えていたのは「予言」的なレトリックだろう。終末論的にさえ響く破局の「予言」はこれまでの引用にも散見されたが、改めて三つ紹介しておこう。

われわれは人類史上最も危険な一〇年間〔一九八〇年代〕に突入した。第三次世界大戦は単に起こりうるだけでなくますます起こりそうになっている。（②p. 223）

一九八三年に巡航ミサイルが首尾よく西欧諸国に配備されれば、それは引き返し不可能な地点への到達を意味するかもしれない。（③p. 74）

加速度的に強まる推進力は二つの超大国を衝突コースに乗せた。衝突は二〇年以内に起こると予想される。（③p. 69）

良識ある歴史家は安易な「予言」を慎む。トムスン自身も「予言というのは恣意的なものだ」と述べている。ことばの厳格な使用にこだわった彼があえて「予言」を繰り返したのは、もちろん、無責任な煽動や安っぽい劇的効果を意図してのことではない。彼は論理的に破局の到来が近づいていることを確信し、本気でそれを阻もうとしたのである。「もはやわれわれはこの問題を先送りにしてはいられない。……生き残ろうというのであれば、われわれは抗議しなければならない。抗議こそが実効ある民間防衛の唯一のかたちである」（①p. 57）。

そして、自身に「予言」を促したトムスンの危機認識は、歴史家としての知見に裏づけられていた。彼はこう明言している。「私は、全般的で継続的な歴史過程から、歴史研究を通じて精通することになった類のロジックの積み重ねから論じている。個々のエピソードはあちらこちらへ進むとしても、歴史過程の一般的ロジックはたしかに核戦争に向かっている」（①p. 56）。彼のいう歴史のロジックは、過去の類似現象から引き出されるいわゆる「歴史の教訓」に沿って行動するのが賢明だ、と教えているわけではない。「大きなテーマが繰り返し生ずることはあるにせよ、歴史そのものは決して繰り返さない」（⑤ p. 161）からである。「記憶されたイメージの現在への単純な転写」はむしろ有害であり、それこそまさに東西の両陣営で行われていることである。依然として人々の胸に焼きついているナチス・ドイツの記憶、わけても宥和政策がヒトラーの野望を増幅させてしまった経験を「教訓」とし、ドイツをソ連なりアメリカなりに置き換えた結果が、破滅的な核軍拡競争なのである。「教訓」から導かれたのは、デタントは宥和政策の焼き直しにすぎない、という強硬路線を促す認識であった。トムスンは歴史のロジックにまったく違った種類の「教訓」を見出す。

歴史家が常に取り組む長期的な帰結、社会的・政治的・経済的な過程は、歴史の主役たちの期待を繰り返し裏切り、否定します。

歴史は登場人物たちが計画し予想するようには決して展開しません。歴史とは意図されなかった結果の記録です。革命が行なわれ、宣言が発表され、戦いに勝利が収められる。しかし、二〇年、三〇年後の帰結は誰も意図しなかった、誰も予想しなかったものになるのが常です。（⑤ pp. 161–162）

人間の意図は裏切られ、想定外の結果に至る、「教訓」がこういうものだとしたら、冷戦もまた、「一九四七年の登場人物の意図」に沿ってではなく、改めて把握され直す必要がある。冷戦は元々は両陣営の指導者たちなりの合理的な選択であったはずだが、歴史のロジックが教える通り、殲滅主義の動力を得た核軍拡の亢進とともに、今や非合理きわまりない破局へとひた走るに至っている。当初の意図からはかけ離れた現状である。核抑止力の増強によって実際の戦争を回避したまま冷戦に勝利しようなどという意図が都合よく果たされることはない、これが歴史のロジックからトムスンが引き出した「予言」の内実であった。

三　帰結

核軍縮

核武装解除運動の高揚にもかかわらず、西欧諸国への核ミサイル配備は一九八三～四年に実行された。また、一九八三年にレーガン政権が発表したSDI《戦略防衛構想》、いわゆるスター・ウォーズ構想は、殲滅主義に憑りつかれた思考がついに「痴呆症」の様相を呈し、破局を着々と手繰り寄せていることを端的に示した。イギリス国内を見るなら、一九八〇年四月の時点で国民の約四割が一〇年以内に核戦争が起こると危惧していたのだが、サッチャー政権は核武装解除の要求を一蹴した。トムスンは一九八〇年代半ばには運動の第一線から退く。

核兵器をめぐる状況に大きな変化が生じるのは一九八七年、米ソ間で中距離核戦力全廃条約（INF条約）が調印され、核軍縮の歴史的な一歩が踏み出された。核武装解除運動がINF条約の実現をどれほど促したか、正確には測りがたいが、ゴルバチョフによれば、彼の新思考外交は「非同盟運動」や「さまざまな反戦組織」の要求を取り入れていたし、レーガンもまた、条約調印に至る過程で「大西洋の向こうからの圧力」に影響されたことを認めている。INF条約は単に両陣営の指導者の決断によって「上から」達成されたわけではなく、「下から」の動きに促されたものでもあったと捉えるべきだろう。

冷戦の先へ

トムスンと核武装解除運動の最大の成果として広く認められているのは、冷戦の終結に貢献したことである。もちろん、冷戦終結の直接の原因はソ連・東欧諸国の自壊であり、その根底には経済の行き詰まりと圧政的な政治体制への不満の蓄積があった。核武装解除運動がコミュニスト陣営を解体させる主要な力だったわけではないのだが、それでも、一九八九〜九一年の革命の中心的な担い手が、トムスンが人民戦線的連帯を求めたソ連や東欧のインディペンデントな（官製ではない）運動に関与していた人々だったことも確認されるべきである。核武装解除とデモクラシーの要求を結びつけ、西か東かという二者択一を否定して「一つのヨーロッパ」を追求する戦略は、彼らにとって魅力的なものだった。トムスンの同志であった政治学者メアリ・カルドアによれば、ゴルバチョフやハヴェルと並んで、トムスンこそ冷戦の崩壊を決定的に後押しした人物に他ならなかった。平和の大義と人権の大義の結合、東西にまたがる交流・連帯は、一九八九年の重要な前提だったのである。「トムスンの成功の印は、一九八〇年にはあまりにもユートピア的に響いた、平和と人権とを結びつけ、ヨーロッパを再び結束させるという彼の理念が、一〇年後には東欧でも西欧でもほとんどすべての政治家の口に上るようになったことである」（*Independent*, 30 Aug. 1993）。『共同の慣行』（一九九一年）の序文には、トムスンの自負がこう綴られている。

〔核武装解除運動へのコミットメントによって本書の仕上げが予想よりずっと遅れてしまったが〕このことを私は後悔していない。政治的・知的生活のあらゆる領域に汚染された雲のように覆いかぶさった冷戦を追い払ううえで、平和運動が重大な貢献を為したことを私は確信している。（⑥ p. ix）

ただし、冷戦後にいかなるヨーロッパないし世界が招来されたのか、という深刻な問いは残る。トムスンの見通しに反して、冷戦の終焉はＮＡＴＯの勝利によってもたらされ、「民主化」された東欧諸国はグローバル資本の跳梁跋扈の舞台となっているのが実状であって、構想されたような平和的で中立的なヨーロッパは実現からほど遠い。なにより、核武装の解除が未だに果たされていないことは厳然たる事実、ポスト冷戦時代にあっても核時代は終息の兆しを見せず、冷戦時代とはまた違った核の脅威が現出している。「意図されなかった結果の記録」たる歴史は、トムスンの期待をも裏切ったのである。彼が示したポスト核時代への見通し（冷戦解体→核兵器廃絶）は、示唆に富んではいたものの、その本質において冷戦時代の産物であった。ポスト冷戦時代にも継続する核の脅威の只中にある者たちは、トムスンに手がかりを求めつつ、「生き残る」方策を改めて模索する重い課題から逃れることができない。

むすびに代えて――歴史家と実践

そのキャリアを通じて、トムスンの歴史研究と実践とは不可分であった。最初の大著『ウィリアム・モリス』（一九五五年）は、一八八〇年代のイギリス社会主義に色濃かった経済決定論的傾向に反発し、主体のモラルの重要性を説いたモリスの再評価を試みたものだが、そこには、イギリス共産党に巣食うスターリン主義への痛烈な批判が込められていた。産業革命期の民衆がいかにして労働者階級意識を獲得し、主体形成していったか、という「下からの歴史」の古典的名著『イングランド労働者階級の形成』（一九六三年）が取り組んだ問いも、前衛党による指導よりも民衆の自発性に信頼を寄せるニュー・レフトの旗手としての彼にとってきわめて切実であった。

一九八〇年代の精力的な実践活動を支えたのも、間違いなく自身の研究から得た知見である。『モリス』や『形成』の執筆を通じて彼が獲得した民衆のラディカルな能動性への確信こそ、核兵器と冷戦からの解放を唱える際の基礎であり、産業革命期に労働者階級意識を獲得してゆく民衆が貧困と搾取に異議を申し立てたように、東西ヨーロッパの人民が連帯して冷戦体制下の相補的な核軍拡競争に抗議することに期待をかけたのである。さらに、核武装解除を唱える中で、彼の一八世紀研究が掘り起こした「ディセント」の伝統は自身の第二次世界大戦経験に結びつけられた。トムスンによる人民戦線的な運動の提唱は、幅広い立場の人びとが反ファシズムを一致点に結集した闘争の歴史的前例から着想を得ていた。冷戦の到来によって根絶やしにされたかに見える人民戦線の精神を蘇らせ、分断を克服した「一つのヨーロッパ」を再建すること、これが核武装解除のために打ち出された「人民のデタント」の戦略であった。

　歴史家クリストファー・ヒルの表現を借りるなら、トムスンには「現在にとっての歴史の有意さ《レレヴァンス》」（*Guardian*, 30 Aug. 1993）への確信があった。歴史研究のレゾン・デートルが厳しく問われている今、トムスンの核兵器と冷戦への異議申し立てが彼の研究に裏づけられていたことは改めて確認されるに値する。トムスンの歴史研究は「予言」さえ彼に促した。それは安直なアナロジーに依った軽々しい未来予測ではなく、長い歴史的なパースペクティヴの中で現在と未来を捉え、歴史研究だけが教える知見をそこに投企するものであった。あくまでも禁欲的な節度が前提にはなるが、「予言」し「提言」する歴史研究が求められていることを、トムスンの実践は教えているのではないだろうか？

＊本稿執筆中の二〇一八年一〇月、アメリカはＩＮＦ条約の破棄を宣言した。

参考文献

（トムスンの引用には以下の番号を用いた、また、書物や論説は「である」体で、講演は「ですます」体で訳出した）

① ‘Protest and Survive,’ E. P. Thompson & Dan Smith（eds.）, *Protest and Survive*, Harmondsworth : Penguin Books, 1980.

② 'Appeal for European Nuclear Disarmament', launched on 28 April 1980, *Ibid*.
③ 'Notes on Exterminism, The Last Stage of Civilisation', E. P. Thompson, *Zero Option*, London : Merlin Press, 1982.
④ 'Deterrence and Addiction', *Ibid*.
⑤ 'Beyond the Cold War', *Ibid*.
⑥ *Customs in Common*, London : Merlin Press, 1991.

トムスン、E・P・編（一九六三）『新しい左翼——政治的無関心からの脱出』福田歓一・河合秀和・前田康博訳、岩波書店。

トンプソン、E・P・&D・スミス編（一九八三a）『世界の反核理論』円山幹正訳、勁草書房。

トムスン、E・P・（一九八三b）『ゼロ・オプション——核なきヨーロッパをめざして』河合秀和訳、岩波書店。

トンプソン、E・P・編（一九八六）『SDI《スターウォーズ》とは何か——戦略的、経済的意味』小川明雄訳、朝日新聞社。

Bess, Michael（1993）*Realism, Utopia, and the Mushroom Cloud : Four Activist Intellectuals and Their Strategies for Peace, 1945–1989*, Chicago & London : Univ. of Chicago Press.

Efstathiou, Christos（2015）*E. P. Thompson : A Twentieth-Century Romantic*, London : Merlin Press.

Fieldhouse, Roger & Richard Taylor eds.（2013）*E. P. Thompson and English Radicalism*, Manchester : Manchester UP.

Hamilton, Scott（2011）*The Crisis of Theory : E. P. Thompson, the new left and postwar British politics*, Manchester & New York : Manchester UP.

Kaye, Harvey J. & Keith McClelland eds.（1990）*E. P. Thompson : Critical Perspectives*, Cambridge : Polity Press.

Palmer, Bryan D.（1994）*E. P. Thompson : Objections and Oppositions*, London & New York : Verso.

Rule, John & Robert Malcolmson eds.（1993）*Protest and Survival : The Historical Experience*, London : Merlin Press.

Shaw, Martin（1991）*Post-Military Society：Militarism, Demilitarization and War at the End of the Twentieth Century*, Philadelphia：Temple UP.

Wittner, Lawrence S.（2009）*Confronting the Bomb：A Short History of the World Nuclear Disarmament Movement*, Stanford：Stanford UP.

第九章　総力戦がイギリス社会に遺したもの

「国民貯蓄運動」の消長と現代の到来

坂本優一郎

はじめに

「現代」は、いつ始まったのであろうか。「現代」とはふつう、「近代」に続く時代とされる。また、現在の私たちがいる「同時代」でもある。その起点をどこに求めることができるのであろうか。この問いについては、すでに一定の答えがある。それは、第一次世界大戦である。一九一四年から一九一八年にかけての第一次世界大戦を画期とし、その前が「近代」、その後現在に至るまでが「現代」とされる。こうした第一次世界大戦に「現代」の起点を求める考え方は、歴史学だけでなく他の諸分野でもおおむね支持されている。これに従えば、「現代」は現時点でおよそ一〇〇年あまり続いていることになる。

このような現状を踏まえて、次のような問いを立ててみよう。すなわち、一世紀におよぶ年月を一貫して「近代」に続く「同時代」とみなすことは妥当か、と。たしかに戦間期から第二次世界大戦、あるいは第二次世界大戦後の一定のあいだ、近代に続く時代としての「現代」と同時代としての「現代」は、多分に一致した時代とみなすことに問題はなかった。しかし、一九一八年の第一次世界大戦停戦以来、すでに一世紀におよぶ長い年月が経過した。この一世紀を、近代に続く「現代」と「同時代」としての「現代」とが、いまなお一致している時代とみなすことは、はたして妥当であろうか。なかでも「同時代」としての「現代」は第一次世界大戦に端を発する時代であるかどうか、ここで点検する必要があるのではないだろうか。

第一次世界大戦にも時代の画期を見出すという点では、現時点で多くの人びとに支持されている考え方と本章の考え方にかわりはない。しかし、この章では、第一次世界大戦から始まる時代は、じつは一九七〇年代には終焉を告げた、という点を強調したい。われわれが現在生きる同時代は第一次世界大戦に端を発する時代とは区別されるべきで、一九七〇年代から始まる時代こそが「同時代」としての「現代」ではないだろうか。

この第一次世界大戦から一九七〇年代にかけての時代は、ふたつのグローバル化の動きに挟まれた時代でもあることにも留意しなくてはならない。ここでいうふたつのグローバル化とは、一八九〇年代から第一次世界大戦開戦にいたるまでの「第一次グローバル化」と、一九七〇年代から一九八〇年代にかけて始まり現在にいたる「第二のグローバル化」のことを指す。両者に共通する特徴として、ヒト・モノ・カネの動きが地球大に拡大する経済的なグローバル化である、という点を押さえておきたい。

グローバル化の狭間の時代におけるマネーの動きに注目するこの章では、イギリス海外投資の舞台であるロンドン・シティとその担い手である社会の中・上流に位置する投資家を物語の主人公には据えない。こうしたマクロな状況をふまえたうえでミクロな視点をとり、労働者階級を主体とする「庶民」の貯蓄をイギリス社会と国家の関係に位置づける。彼ら彼女らの貯蓄のありかたから、第一次世界大戦から一九七〇年代にいたる、ひとつの時代の特性を描き出してみたい。そこでふたつの総力戦とその後しばらくのあいだ当時のイギリスを席巻した「国民貯蓄運動」の消長を追跡する。ここから、ふたつのグローバル化の動きに挟まれたこの時代の特性を描き出し、その後に続く「同時代」としての現代の起点を見定める。

本章の構成をかんたんに示しておく。第一章では、前史として一九世紀のイギリス人の貯蓄のありかたやその制度化の歴史を整理する。第二章では、ふたつの総力戦の下で、民間の貯蓄に国家が介入し、その貯蓄の試みが組織化され、それがやがて崩壊にいたる様態を追跡する。公債投資と民間の貯蓄を結びつけることで成立した、当時のイギリスの庶民の貯蓄のありようが、大戦の経験と記憶から遠ざかるにつれて組織的な運動が忌避された結果、やがて崩壊してゆく姿を目にするであろう。そのあとに残されたのは、自己責任にもとづく個人の自由な振る舞いが労働者階級にも奨励される思潮と、その原因でもあり結果でもあるサッチャリズムや第二次グローバル化であることが了解されるはずである。同時代としての「現代」は、第一次世界大戦ではなく一九七〇年代に端を発しているのである。

一　貯蓄の制度化

社会の上・中層の人びとが、同じ社会の中・下層の人びと、とりわけ下層に位置する労働者階級に勤倹貯蓄をうながす試みは、社会改良の一環として位置づけられてきた。それは、イギリスのみならず日本を含む近世・近代の諸国家でときに共通して看取できる。

一九世紀のイギリスでは、それ以前から継続されていた地域の慈善活動による実践に加えて、住宅金融組合、協同組合、共済といった各種の組織が設立されることで、勤倹貯蓄をすすめる動きにさらに拍車がかかった。ミドルクラス下層や労働者階級の人びとのなかには、これらの組織や金融機関を利用して貯蓄してゆくものも現れた。金融機関のなかでも注目すべきなのは、貯蓄銀行である。信託貯蓄銀行（ＴＳＢ：Trustee Savings Bank）

や郵便貯蓄銀行（ＰＳＢ：Postal Savings Bank）はその代表例であるが、軍人貯蓄銀行や船員貯蓄銀行、バーミンガムに設立された市民貯蓄銀行なども具体例として挙げることができる。とりわけ、信託貯蓄銀行と郵便貯蓄銀行が、その後一般に普及していくことになる。

信託貯蓄銀行は一八世紀末にイギリス中部のバッキンガムシアではじめて設立された。サンデー・ペニー銀行や、首都ロンドンのトトナム・ベネフィット銀行、あるいはイギリス北部のスコットランドのダンフリーズのルースウェル貯蓄銀行のような原初的な試みがあった。イギリス北部のスコットランドでは、ルースウェル貯蓄銀行が、教区牧師ヘンリ・ダンカンによって設立された。この銀行は、貯蓄希望者からひとりあたり一ポンドから一〇ポンドの金銭を貯蓄として集金し、それをスコットランドの主要銀行のひとつブリティッシュ・リネン銀行に預託したうえで、国債などの運用によりえられる五パーセントの年利を貯金に付利する、というものであった。ルースウェル貯蓄銀行が設立された目的は、教区の末端下層民に勤倹貯蓄の習慣を身につけさせ、彼ら彼女らのモラルを向上させることにあった。定期的・規則的に貯蓄をする下層民には褒賞を与え、貯蓄を怠るものには罰金を徴するという、生活習慣上のモラルを重視するというインセンティヴが設定された結果、一八一〇年の一五一ポンドにすぎなかった貯蓄残高は、一八一四年には一一六四ポンドに急増した。一一〇〇名あまりの教区民のうち、六名にひとりにあたる二〇〇名ほどの住民が同行で貯蓄するようになったという。一八一三年にはスコットランドの中心都市エディンバラで、慈善団体が発展するかたちでエディンバラ貯蓄銀行が設立されたものの、そこではルースウェル銀行のようなモラル重視の動きはみられなかった。その後、スコットランドを中心に貯蓄銀行は増加していく。

イングランドでは一八一五年に西部の都市バースで貯蓄銀行にあたる組織が設立されている。この組織では、貯蓄は額面金利が五パーセントの政府公債に投資され、政府から支払われる利子が分割され、その八割が預金者に、二割が事務手数料として銀行に与えられた。貯蓄者は間接的な国債保有者となったのである。その後、イングランドでも貯蓄組織の設立の動きが急速化し、たとえば一八一六年にロンドンで設立された首都西部プロヴィデント・インスティテューション、のちにウェストミンスタ貯蓄銀行と改称される組織では、貯蓄は政府公債の当時の主要銘柄である三パーセント・コンソル債に投じられた。貯蓄残高が一二シリング三ペンスに達すると、貯蓄者は三パーセント・コンソル債の一ポンド額面分の実質的な保有者となることができた。これらの政府公債では、あくまで公式の保有名義は貯蓄銀行にあったが、貯蓄者は一定の手続きを経ることで、「保有」するコンソル債を自由に売却することもできた。このように一九世紀初めのイングランドでは、庶民の貯蓄が貯蓄銀行を経由して安全資産とみなされた政府公債に投資され、その金利が貯蓄に対する利子として勤倹貯蓄に励む社会下層の人びとに配分されるという動きが起こりつつあったのである。

一二〇年あまりつづいた英仏間の戦争が一八一五年に終わりを告げると、貯蓄銀行の設立や経営のありかたに変化が起こる。それは、議会制定法による貯蓄銀行の制度化の動きであった。一八一七年、貯蓄銀行の設立者でもあった庶民院議員ジョージ・ローズの主導で、信託貯蓄銀行法が議会で制定された。通称「ローズ法」とも呼ばれるこの法により、当時イングランドであいついで設立されていた貯蓄銀行に法制度上の枠組みが与えられたのである。同法によって、イングランドおよびウェールズの貯蓄銀行では、貯蓄者から集金した貯蓄を全額、政府の国債委員会に預託し、それを原資として政府公債が購入されるとともに、イングランド銀行内に設立された貯蓄銀行基金において当該政府公債が保管されることとなった。イングランド銀行は貯蓄銀行に政府公債保有額一〇〇ポンドあたり年四ポンド一一シリング三ペンスを金利として利払いする。ただし、貯蓄銀行の使命が社会の中・下層の人びとによる勤倹貯蓄の促進であることをふまえ、貯蓄者の貯蓄額上限は、初年度にひとりあたり一〇〇ポンド、次年度以降同じく年五〇ポンドに制限された。信託貯蓄銀行にある貯蓄が議会制定法によって安定資産と目された政府公債に投じられ貯蓄と金利の安全性が保証されることで、社会の中・下層の人びとにとって貯蓄という習慣がいっそう身近なものになる土壌が形成されたといえる。ただし、下層民よりも中層民が好んで信託貯蓄銀行を利用したため、その後、年間貯蓄限度額が三〇ポンド以内と水準が引き下げられ、貯蓄総額の限度額も一五〇ポンドとされるとともに、金利も三ポンド一六シリング〇・五ペンスに下げられている。

信託貯蓄銀行はイギリス社会の中・下層の人びとに受け入れられた。一八一八年までに四六五行に増加していた信託貯蓄銀行は、一八三七年には五〇〇行を突破し、一八六一年には六四五行にまで至った。一八二九年に四〇万あまりを数えた口座数は、一八四五年には一〇〇万口座を超え、一八六一年には一五八万口座を記録した。こうした口座数の増加につれて貯金総額も増加し、一八三三年に一二四八万ポンドあまりだったが、一八六一年には三八六九万ポンドにまで上昇した。信託銀行の口座を複数保有することは法によって禁じられていたことから、口座数は利用者数に等しいと考えられる。したがって、一〇〇万名をこえる中・下層の人びとが、信託貯蓄銀行を通じて貯蓄を行っていたと考えられる。

信託貯蓄銀行の設立趣旨は、貯蓄という手段を通じて労働者階級を中心とする人びとの貧困問題を未然に防止することにあった。市中の金利と比較して有利な金利が設定されており、資産も政府公債の信用にもとづき保護されていた。その結果、ミドルクラスの中層を中心とする人びとが、貯蓄額の制限があったものの、有利な金利を求めて信託貯蓄銀行を利用するという事態が起こった。ウィリアム・グラッドストンがそうしたように、自由放任主義を信奉する立場から、国家介入による優遇金利の設定に対して批判が投げかけられたこともあり、信託貯蓄銀行の金利や貯金総額の上限が段階的に引き下げられていったものの、貯金額二〇ポンド未満の口座数には劇的な変化は見らない。一八六〇年代後半に一時八〇万口座近くまで口座数が減少したが、一八七〇年代より上昇に転じ世紀末には再び一〇〇万口座に迫っている。同時に、二〇ポンド未満の口座における平均貯蓄額は一八三〇年代には約七ポンドであったが一八九〇年代には五ポンドを下回った。口座数の増加を念頭に置くと、一九世紀を通じて、社会の下層に向かって貯蓄の習慣が定着していったことがわかる。

一八六一年に世界で初めて設立された郵便貯蓄銀行の事例からも、労働者の勤倹貯蓄の傾向が強まっていくことがわかる。郵便貯蓄銀行の金利は信託貯蓄銀行よりも一パーセントから〇・二五パーセントほど低く設定されていた。また、貯金総額の上限は一五〇ポンド、年間貯蓄額上限は三〇ポンドと、ミドルクラスの人びとにとっては資産形成の点で魅力に乏しいものであった。信託貯蓄銀行と同時に口座を保有することが禁止されていたにもかかわらず、郵便貯蓄銀行の口座数は短期間に急増した。創設後約一〇年で一四二万口座、一八九〇年には約五〇〇万口座と激増しており、貯蓄総額は一八九〇年には七〇〇〇万ポンドに迫った。一八九〇年で信託貯蓄銀行の口座数と郵便貯蓄銀行の口座数の合計は六〇〇万口座を突破し、貯蓄金額は一億ポンドを超えた。

一九世紀のイギリス社会では、信託貯蓄銀行と郵便貯蓄銀行が普及することで、労働者階級を中心とする人びとが貯蓄を進める手段を手にした結果、六〇〇万名もの人びとが貯蓄をするにいたったのである。これらの動きは、近代の先頭を突き進む一九世紀から二〇世紀初めにかけてのイギリス社会において、中層から下層にかけての人びと、とくに下層中産階級や上・中層の労働者階級の一定の人びとに貯蓄の習慣をあらたにもたらし、実際に貯蓄形成においても一定の貢献を果たしたといえる。

こうした動きは、まさに一九世紀のイギリス社会における自発的な個人の行動によるものであった。たしかに信託貯蓄銀行の発展にみられるように、貯蓄銀行の発展の動きは国家による法制化によるものであった。しかし、その法制化は「長い一八世紀」における財政軍事国家体制下での動きのひとつとして位置づけられ、その発展はあくまでヴィクトリア朝イギリスの民間社会における自発的で個別に独立した動きの集合体として理解されるべきである。郵便貯蓄銀行は郵便局という公的機関を通じて実現しものであるが、国家の市場への介入としては、信託貯蓄銀行より抑制されたものであり、貯蓄はあくまでイギリス社会の庶民の意思にゆだねられていた。労働者階級の最大の問題点が貯蓄の欠如であるということは識者やチャリティに積極的なミドルクラスの人びとの共通した認識であった。金融機関の整備による勤倹貯蓄を実現したのは、ヴォランタリな一九世紀イギリス社会の論理であった。

二　国民貯蓄運動の消長

第一次世界大戦と戦争貯蓄組合

一九世紀イギリスにおける民間社会における勤倹貯蓄思想の普及と貯蓄の動きは、二〇世紀初頭に起こった第一次世界大戦によって、その様相を一変させる。信託貯蓄銀行や郵便貯蓄銀行をはじめとする手段をもちいた個人による自発的な貯蓄は、国家に先導された組織的かつ集団的でなかば強制的な貯蓄へと姿を変えていく。第一次世界大戦下のイギリスでは、戦費調達と戦争によるインフレの抑制を目指し、庶民の手にある民間の資金を国家の利用可能な貯蓄へと変えていこうとされたのである。この組織的な貯蓄促進運動は国民貯蓄運動（National Savings Movement）と呼ばれた。

一九一四年に勃発した第一次世界大戦は人類が初めて経験する総力戦となった。前線と銃後の境界はあいまいとなり、ヒト・モノ・カネといったあらゆる資源が戦争の遂行のために総動員された。開戦当初、多くの人びとに早期に終結すると予想されていたこの戦争は、一九一四年の暮れには長期化の様相を濃くしていた。このころ、総力戦という概念はすでに提出されていたものの、実務を担当する政策担当者にとって、それはあくまで未経験のものであった。そのため、規模も期間も見通しがつかず、この戦争の費用を見積もることすら困難な状況となっていた。戦争は現に起こっており、しかも戦線が拡大していったため、事態に苦慮していたイギリス政府は、早急かつ確実な手法による戦争資金の手当てに迫られた。

ロイド゠ジョージは当初、借り入れを回避し増税を基本線としつつ富裕層からの投資を期待した戦時国債による戦費調達を模索する（「平常通りの仕事」）。しかし、長期戦の見込みがはっきりとし、また、戦時の労働需要増による賃金上昇のためにインフレ傾向が強まると、ロイド゠ジョージの政策は世論から批判を浴びるようになる。その典型は、基本的に戦時所得と財政・金融問題を結びつけるような構成をとっていた。すなわち、経済状況は好ましくない状況にある。というのも、軍需による賃金の上昇や女性・子どもの労働機会が増大することで世帯所得が上昇し、その結果として「過剰消費」が発生しているとされる。その一方で、政府が戦費を安定的に調達できない財政上の問題があり、さらには、過剰消費が輸入超過をもたらすため、イギリスの経常収支の均衡が崩れてしまう、とされた。インフレ・戦時財政・経常収支赤字という財政・金融上の問題に対して、イギリス政府はうまく対処できておらず、その「無策」ぶりが批判の対象となった。ロイド゠ジョージが当初目指した第一回戦時公債でみられるような富裕者を対象とする借り入れではなく、対象者を限定しないすべての国民からの借り入れによる戦費調達が模索されていくのである。

その結果、一九一五年に起債された第二回戦時公債では、あらたに組織された議会戦争貯蓄員会のイニシアティヴのもとで、公債へのアクセスを提供するため、全国に張り巡らされた郵便局のネットワークの活用が企図された。さらに、公債額面の少額化やヴァウチャーの導入により、低所得者層からの投資が目論まれた。しかし、その試みは失敗に終わった。各種の新聞などで展開された事前のプロパガンダも功を奏さず、労働者階級をはじめとする人びとからの投資は、事前に想定された金額を満たさなかったのである。当時の大蔵省の内部文書によれば、軍需による雇用増に伴って賃金が上昇した結果、イギリスの労働者階級の家計には、手元資金を戦時公債へ投資する余裕は認められる。しかし、第二回戦時公債によって、イギリス政府は労働者の保有する資金を戦費調達とインフレ抑制のために稼働させることに失敗した。政府の内部では、その原因として、商品としての戦時公債の訴求力の弱さが強調されている。ここで留意しておきたいのは、その大蔵省の文書作成者は、投資をあくまで自発的な行為としてみなしている点では、労働者階級と同じであったという点である。これは、一九世紀の信託貯蓄銀行や郵便貯蓄銀行への貯蓄の際に前提とされていたヴォランタリな経済行動としての投資と変わるところはない。

この失敗を受けてイギリス政府が採用した対処策には、それまでイギリスでまったく試みられたことがない革新的な内容が含まれていた。イギリス政府は、中央統制的な組織化という手段をもちいて、膠着しているこの事態を打開しようとしたのである。

政府内では、労働者階級の投資行動に対する新たな認識が形成された。それは、ミドルクラスの人びとと労働者階級の人びととの投資行動の差異をじゅうぶんにふまえた施策を講じなければならない、という認識であった。すなわち、潤沢な手元資金を動かすことが可能でしかも証券投資にも手慣れたミドルクラスを対象とするのであれば、政府はこれまでと変わらず市場の論理に従えばよい。つまり、ミドルクラスの投資家たちの納得する金利を設定すれば、政府は借り入れを通じて戦費を調達できる。しかし、労働者階級から資金を借り入れるのであれば、ミドルクラスを対象とした手法では不十分である。中央と末端との意思疎通が機能不全に陥っていた議会戦争貯蓄委員会のような組織のもとで、中央で旗を振っているだけでは、労働者階級の人びとは自分たちの資金を政府公債に投じない。もし、彼ら彼女らからの投資を期待するのであれば、労働者階級の人びとがいる現場への働きかけ、たとえば彼ら彼女らの住居の戸口にまで販促活動のために訪れないと、労働者階級は戦時公債への投資には応じない。さらに、労働者階級はミドルクラスの人びとと比較して投資に対する忌避感が強いため、可能なかぎり「投資」色を希薄化し親近感のある「貯蓄」を前面に出して訴求しなくてはならない、というものであった。

イギリス政府はこのような認識にもとづいて全国的な組織による庶民の手元資金の吸収に取り組んでいった。一九一六年一月二六日に提出された『モンタギュ報告書』は、その画期となった。この報告書では、国家規模の組織的な戦争貯蓄制度の創設が提言された。「戦争貯蓄証書」(War Savings Certificate) の導入により、民間資金の吸い上げが企図されたのである。これはまた、貯蓄方法が平明簡潔、政府保証による元本割れリスクの回避、流動性を保証、有利な金利を提供する貯蓄手段が、庶民に提供されることを意味する。戦争貯蓄証書は、六ペンス切手を「積み立て感覚」で三一枚購入して台紙に張り付けてゆくものであった。金額の合計が一五シリング六ペンスに達すると、五年後に一ポンドすなわち二一シリングの償還を受けることができる、とされた。最終的に得られる金利は年五パーセント複利相当であった。ただし、「積み立て」が中途で放棄されると、金利もすべて放棄されてしまうものでもあった。当時の市中金利が単利でおよそ四パーセントであったことを考えると、戦争貯蓄証書の金利は優遇されたものであったといってよい。

戦争貯蓄証書は組織的に売り出されることが企図された。そのためには戦争貯蓄証書の販売を促進する組織が構築されなければならない。イギリス全土にわたる組織化のため、国土空間をいくつかの中小空間に階層的に分割し、各空間内に潜在的な投資家がどの程度存在するのか、推計もまた試みられている。一九一六年二月に提出された報告書によれば、当時のイギリスの総人口三〇〇〇万人弱のうち、「投資と貯蓄」に応じることができるのは約五八二万人と見積もられた。イギリスの国土空間を人口に応じて「区」「地区」「地域」と階層的に分割したうえで、それぞれの「区」「地区」「地域」で「投資と貯蓄」対応可能な人びとの数が推計され、そこから全国値を導き出されることで求められたものであった。それによれば、最小の空間単位である「地域」において、人

国際経済学入門［改訂第２版］―グローバル化と日本経済―
高橋信弘　国際経済学の基本をもとに、経済の仕組みをやさしく解説。TPP や欧州債務危機など最新の情報をもとに分析。　**A５判　3200円**

ソブリン危機の連鎖―ブラジルの財政金融政策―
水上啓吾　政府信用危機に繰り返し直面しながら、ブラジルはいかにして経済成長を達成してきたのか。　**A５判　3800円**

クリエイティブ経済
UNCTAD／明石芳彦他訳　経済社会発展の推進軸として注目されるクリエイティブ経済。国連貿易開発会議による決定版報告書。**A５判　3500円**

エフェクチュアル・アントレプレナーシップ―創業――すでにここにある未来―
リード、サラスバシー他／吉田孟史監訳　持てる手段で事を起こし、偶然を利用し、機会を生み出そう。まったく新しい起業指南書。**A５判　2500円**

制度的企業家―若手からの問題提起―
藤本夕衣・古川雄嗣・渡邉浩一編　今後の大学を担う若手たちが、現状の批判的検討を通じて、より望ましい方向性を模索する。**四六判　2400円**

ダイバーシティ・マネジメント入門―経営戦略としての多様性―
尾﨑俊哉　さまざまな人材の活用をめざすダイバーシティ・マネジメント。その経営戦略上の意義をわかりやすく紹介する。　**A５判　2200円**

創造性教育とモノづくり―工業高校発、製品開発によるイノベーションの方法論―
山田啓次　「足し算型」から「割り算型」イノベーションへ。工業高校における多数の発明の経験から編み出された骨太の方法論。**A５判　3000円**

反「大学改革」論―若手からの問題提起―
藤本夕衣・古川雄嗣・渡邉浩一編　今後の大学を担う若手たちが、現状の批判的検討を通じて、より望ましい方向性を模索する。**四六判　2400円**

お笑い芸人の言語学―テレビから読み解く「ことば」の空間―
吉村誠　たけしやさんまらが引き起こした言語革命と「漫才ブーム」の真相に、「M-1グランプリ」創設プロデューサーが迫る。**四六判　2200円**

診療所の窓辺から―いのちを抱きしめる、四万十川のほとりにて―
小笠原望　ひとのいのちも自然のなかのもの。橋のたもとの小さな診療所の、ドラマだらけの臨床現場から届いた生命のエッセイ。**四六判　1500円**

フランスの生命倫理法 ―生殖医療の用いられ方―

小門穂　生命倫理について包括的な規則を法で定めるフランス方式は有効か。その実態を明らかにし今後の展望をうらなう。　**四六判　3800円**

観光学ガイドブック ―新しい知的領野への旅立ち―

大橋昭一・橋本和也・遠藤英樹・神田孝治編　観光学ってどんな学問？方法論や観光事象をわかりやすくまとめた絶好の入門書。**A5判　2800円**

ドイツの観光学

シュタイネッケ／富川久美子訳　観光経済、観光空間、観光の将来まで体系的に解説。休暇大国ドイツの最新テキストの全訳。**A5判　3000円**

救援物資輸送の地理学 ―被災地へのルートを確保せよ―

荒木一視・岩間信之他　災害が起きたとき、いかにして救援物資輸送を確保すべきか。地理学の知見やGISを駆使した提言。　**四六判　2200円**

メディア文化論 [第2版] ―想像力の現在―

遠藤英樹・松本健太郎・江藤茂博編［シリーズ］メディアの未来　メディアと文化を考える好評テキスト大幅にアップデート。**四六判　2400円**

記録と記憶のメディア論

谷島貫太・松本健太郎編［シリーズ］メディアの未来　何かを記憶し思い出す。その多様な営為の実践に迫る。　**四六判　2600円**

空間とメディア ―場所の記憶・移動・リアリティ―

遠藤英樹・松本健太郎編著［シリーズ］メディアの未来　多様な切り口から空間を読みほぐす最新テキスト！　**四六判　2700円**

音響メディア史

谷口文和・中川克志・福田裕大著［シリーズ］メディアの未来　音のメディアの変遷、そして技術変化と文化の相互作用。　**四六判　2300円**

ポピュラー音楽の社会経済学

高増明編　なぜ日本の音楽はつまらなくなったのか。音楽産業の構造からロックの歴史、Ｊポップの構造までトータルに解説。**A5判　2800円**

日本の社会政策〔改訂版〕

久本憲夫　失業、非正規雇用、年金、介護、少子高齢化など、日本が直面するさまざまな問題と政策動向をトータルに解説。　**A5判　3200円**

旅行のモダニズム —大正昭和前期の社会文化変動—

赤井正二　大正期の登山ブーム、旅行雑誌の役割等、旅行の近代化を巡る諸相を分析。旅行を大衆文化へと変えた原動力を活写。　A５判　3300円

フランクフルト学派と反ユダヤ主義

古松丈周　憎悪からの解放はいかにして可能か。『啓蒙の弁証法』へと結実する「反ユダヤ主義研究プロジェクト」の全貌。　四六判　3500円

保守的自由主義の可能性 —知性史からのアプローチ—

佐藤光・中澤信彦編　バーク、オークショットから新渡戸、柳田まで、偉大なる保守主義者たちの思想を現代に蘇らせる。　A５判　3000円

他者論的転回 —宗教と公共空間—

磯前順一・川村覚文編　排除された者の公共性はいかにして可能か。他者と共存する複数性の領域としての公共性を模索する。　A５判　3800円

ポスト3・11の科学と政治

中村征樹編　東日本大震災が浮き彫りにしたさまざまな問題を、「科学をめぐるポリティクス」という観点から考察する。　四六判　2600円

日本の動物政策

打越綾子　愛玩動物、野生動物、動物園動物から実験動物、畜産動物まで、日本の動物政策・行政のあり方をトータルに解説。　A５判　3500円

食の共同体 —動員から連帯へ—

池上甲一・岩崎正弥・原山浩介・藤原辰史　食の機能が資本と国家によって占拠されたいま、食の連帯の可能性を探る。　四六判　2500円

食と農のいま

池上甲一・原山浩介編　食べることと農業の多様なつながりから世界を読み解く。遺伝子組換えからフードポリティクスまで。　四六判　3000円

ローカル・ガバナンスと地域

佐藤正志・前田洋介編　シリーズ・21世紀の地域⑤　新自由主義的な行財政改革とともに普及した「ローカル・ガバナンス」とは。A５判　2800円

土地所有権の空洞化 —東アジアからの人口論的展望—

國芳明・程明修他編　都市部を中心に深刻化する所有者不明土地問題。人口論と国際比較の観点から問題の起源と特質を解明。　A５判　3600円

昭和天皇をポツダム宣言受諾に導いた哲学者 ―西晋一郎、昭和十八年の御進講とその周辺―

山内廣隆　尊皇の哲学者は、なぜ敗戦を見据えた御進講を行ったのか？新史料を基に、講義の内容と終戦の決断への影響を解明。**四六判　1800円**

虫喰う近代 ―一九一〇年代社会衛生運動とアメリカの政治文化―

松原宏之　反売買春運動における科学者・ソーシャルワーカー・財界人らの主導権争いが、米国の基層に刻んだ痕跡を探る。　**A5判　3800円**

アメリカ先住民ネーションの形成

岩崎佳孝　合衆国に存在する先住民ネーションは独自の憲法と統治構造をもち、連邦政府との政府間関係も有する。その全貌を解明。　**A5判　3500円**

歴史としての社会主義 ―東ドイツの経験―

川越修・河合信晴編　社会主義とは何だったのか。東ドイツを生きた人々の日常生活を掘り起こし、社会主義社会の経験を検証。　**A5判　4200円**

明日に架ける歴史学 ―メゾ社会史のための対話―

川越修・矢野久　近現代ドイツを舞台に、中間領域の歴史＝メゾ社会史の構築を目指す、２人の歴史家の格闘と対話の記録。　**四六判　3200円**

モダン都市の系譜 ―地図から読み解く社会と空間―

水内俊雄・加藤政洋・大城直樹　都市空間を生産する権力の諸相を、地図と景観の中に読み解く。　**A5判　2800円**

モダン京都 ―〈遊楽〉の空間文化誌―

加藤政洋編　漱石や谷崎らが訪れた宿、花街や盛り場の景観。文学作品や地図などをもとに京都における遊楽の風景を再構成。**四六判　2200円**

『サークル村』と森崎和江 ―交流と連帯のヴィジョン―

水溜真由美　横断的連帯のヴィジョンを構想した『サークル村』の現代的意義を、森崎和江や谷川雁、上野英信を中心に問う。**四六判　3800円**

草叢の迷宮 ―泉鏡花の文様的想像力―

三品理絵　鏡花が『草迷宮』において構築した絢爛たる植物的異世界を読み解き、後期の作品群におけるその後の展開を検証。**四六判　3800円**

亡命ユダヤ人の映画音楽 ―20世紀ドイツ音楽からハリウッド、東ドイツへの軌跡―

高岡智子　ワイマールからハリウッド、そして東ドイツへ。コルンゴルトをはじめ、歴史に翻弄されたユダヤ人作曲家達のドラマ。**四六判　3800円**

グローバル・イシュー　都市難民

小泉康一　かつて国連難民高等弁務官事務所に従事した著者が、農村から都市部へ向かう難民の実態と、援助の形を包括的に議論。**A５判　3700円**

交錯する多文化社会―異文化コミュニケーションを捉え直す―

河合優子編　日常の中の複雑なコンテクストと多様なカテゴリーとの交錯をインタビューやメディア分析等を通じて読み解く。**四六判　2600円**

交錯と共生の人類学―オセアニアにおけるマイノリティと主流社会―

風間計博編　オセアニア島嶼部における移民・「混血」、性・障害などの民族誌事例を提示し、現代世界における共生の論理を追究。**A５判　5200円**

響応する身体―スリランカの老人施設ヴァディヒティ・ニヴァーサの民族誌―

中村沙絵　他人でしかない人々の間に老病死を支える関係性は、いかに築かれているのか。スリランカの老人施設が投げかける問いとは何か。**A５判　5600円**

鷲使い《イーグルハンター》の民族誌―モンゴル西部カザフ騎馬鷹狩文化の民族鳥類学―

相馬拓也　モンゴル西部、イヌワシと暮らす鷲使いたちと400日間生活を共にした調査をもとに、その実態を明らかにする。　**A５判　5500円**

遊牧・移牧・定牧―モンゴル、チベット、ヒマラヤ、アンデスのフィールドから―

稲村哲也　アンデス、ヒマラヤ、モンゴルの高所世界、極限の環境で家畜とともに暮らす人々。その知られざる実態に迫る貴重な記録。**A５判　3500円**

グローバル・イスラーム金融論

吉田悦章　グローバル化・高度化を続けるイスラーム金融を実証的に分析。発展史から地域的特性、金融商品の内容など詳細に解説。**A５判　4200円**

イスラミック・ツーリズムの勃興―宗教の観光資源化―

安田慎　「宗教」と「観光」はいかに結びつくのか。イスラミック・ツーリズムを巡る思想的系譜と市場形成を明らかに。　**A５判　3000円**

現代アラブ・メディア―越境するラジオから衛星テレビへ―

千葉悠志　国家主導のラジオ放送に始まり、いま国家の枠を超えた衛星放送時代を迎えたアラブ・メディアの姿を活写する。　**A５判　4200円**

イランにおける宗教と国家―現代シーア派の実相―

黒田賢治　日常の信仰から国政までも指導するイスラーム法学者の実像に迫り、宗教界との関係から現代イランの実態に迫る。**A５判　4200円**

概念分析の社会学２ —実践の社会的論理—

酒井泰斗・浦野茂・前田泰樹・中村和生・小宮友根編　社会生活での多様な実践を編みあげる方法＝概念を分析。　**Ａ５判　3200円**

最強の社会調査入門 —これから質的調査をはじめる人のために—

前田拓也・秋谷直矩・朴沙羅・木下衆編　16人の気鋭の社会学者たちによる、面白くてマネしたくなる社会調査の極意。　**Ａ５判　2300円**

外国人をつくりだす —戦後日本における「密航」と入国管理制度の運用—

朴沙羅　占領期、在日朝鮮人はいかにして「外国人」として登録され、入国管理の対象となったのか。詳細な調査から明らかにする。**四六判　3500円**

エスノメソドロジーへの招待 —言語・社会・相互行為—

フランシス＆ヘスター／中河伸俊他訳　家庭での会話から科学研究の現場まで、エスノメソドロジーの実践方法を平易に紹介。**Ａ５判　3000円**

現代社会論のキーワード —冷戦後世界を読み解く—

佐伯啓思・柴山桂太編　15のキーワードから現代を読み解く。錯綜する現代社会を捉えるための恰好のガイドブック。　**四六判　2500円**

社会を説明する —批判的実在論による社会科学論—

B.ダナーマーク他／佐藤春吉監訳　存在を階層的なものとみる批判的実在論の視角が導く、新しい社会研究の実践への手引。**Ａ５判　3200円**

パネルデータの調査と分析・入門

筒井淳也・水落正明・保田時男編　調査方法からデータハンドリング、そして分析までをカバーしたはじめての包括的な入門書。**Ｂ５判　2800円**

基礎から分かる会話コミュニケーションの分析法

高梨克也　さまざまな会話コミュニケーションを明示的な方法論で観察し理論的かつ体系的に説明しようとする人のための入門。**Ａ５判　2400円**

国際社会学入門

石井香世子編　移民・難民・無国籍・家族・教育・医療……。国境を越えたグローバルな社会現象をさ様々な切り口から捉える。**Ａ５判　2200円**

出来事から学ぶカルチュラル・スタディーズ

田中東子・山本敦久・安藤丈将編　身の回りで起きている出来事から文化と権力の関係を捉えるための視座を学べる入門テキスト。**Ａ５判　2500円**

熟議民主主義の困難—その乗り越え方の政治理論的考察—

田村哲樹　熟議民主主義を阻むものは何か。熟議を阻害する要因を詳細に分析し、熟議民主主義の意義と可能性を擁護する。　**A５判　3500円**

ポスト代表制の政治学—デモクラシーの危機に抗して—

山崎望・山本圭編　代表制はその役割を終えたのか。代表制の機能不全が指摘されるなか、代表制の意義と限界を問い直す。　**四六判　3500円**

デモクラシーの擁護—再帰化する現代社会で—

宇野重規・田村哲樹・山崎望　現代の困難に立ち向かうための選択肢はデモクラシーしかない。新時代のデモクラット宣言。　**四六判　2800円**

模索する政治—代表制民主主義と福祉国家のゆくえ—

田村哲樹・堀江孝司編　様々な挑戦に晒されながら新しいあり方を模索するデモクラシーの姿を多様な事例をもとに考察する。**A５判　4800円**

実践する政治哲学

宇野重規・井上彰・山崎望編　外国人参政権から安全保障まで現代の様々な難問に政治哲学が解答を与える！　実践的入門書。　**四六判　3000円**

講義　政治思想と文学

森川輝一・堀田新五郎編　「政治と文学」の関係を再考し、「政治」の自明性を問う。平野啓一郎と小野紀明による特別講義も収録。**四六判　4000円**

代表制民主主義を再考する—選挙をめぐる三つの問い—

糠塚康江編　議員と有権者をむすびつけるものは何か？　選挙区と選挙の抱える問題を問い直し、〈つながりの回復〉をめざす。**四六判　4600円**

国際政治哲学

小田川大典・五野井郁夫・高橋良輔編　国際的な諸問題を哲学的に考察するための理論と概念装置を網羅した最強のテキスト。**A５判　3200円**

ヨーロッパのデモクラシー［改訂第２版］

網谷龍介・伊藤武・成廣孝編　欧州29ヵ国の最新の政治動向を紹介。欧州諸国は民主主義をめぐる困難にどう立ち向かうのか。**A５判　3600円**

国民再統合の政治—福祉国家とリベラル・ナショナリズムの間—

新川敏光編　移民問題の深刻化と排外主義の台頭の中で、福祉国家は新たな国民再統合の必要に迫られている。各国の事例から分析。**A５判　3600円**

口二万人あまりのなかに「潜在的な投資家」が四五〇〇名弱存在するとされている。

こうした空間把握のもとで、貯蓄を促進する全国的な組織が構築されていく。そこでは、中央からの指令によるトップダウン的な性格をもつ組織ではなく、末端組織の自発的な動きを最大限可能にする組織形態が目指された。たしかに計画当初には、トップダウン的な組織構築が企図されていた。それは国土をいくつかの空間に階層的に分割したうえで、「区」「地区」「地域」にそれぞれ管轄する組織を設立するというものであった。「区」がいくつかの「地区」を統括し、「地区」がさらにいくつかの「地域」を監督することで、「区」は中央の、「地区」は「区」の、そして「地域」は「区」の指示をそれぞれ仰ぐ。つまり、中央の指示と管理にもとづいて最末端である「地域」組織が当該地域の「潜在的な投資家」に直接働きかける、というものであった。しかし、第二回戦時公債で議会戦争貯蓄委員会による組織が中央と末端との有機的な連携を欠いた失敗をふまえ、この計画は修正された。すなわち、労働者階級の日常生活の場である職場・学校・教会・工場・友愛組合であらたに結成された自発結社を最末端の組織「戦争貯蓄組合（War Savings Association）」としたのである。その上位組織として地方中央委員会・州委員会・地方委員会（都市部・農村部などで名称が異なる）がいくつかの戦争貯蓄組合を束ね、さらに「全国戦争貯蓄委員会」が中央の本部として地方中央委員会などを統括するとされた。

労働者の現場がさまざまな単位で集団化されることによって、戦争貯蓄組合は労働者階級の貯蓄を吸収していく手段となった。職場では「給与天引きシステム」が適用されるとともに、学校では子ども経由による貯蓄が教員によって推奨された。教会や友愛組合といった労働者階級の人びとにとって日常生活に欠かすことができない諸制度が、戦争貯蓄組合のかたちで組織化されていった。労働者階級の人びとは、組合を通じてかたちのうえでは自発的な貯蓄をしていたものの、給与天引きや学校での積み立てなど、労働者階級の身辺を取り囲む社会的な圧力によって貯蓄した人びとがいたと考えられる。

集団による貯蓄の試みは、大きな成功を収めた。戦争貯蓄組合は一九一七年にイギリス全国で二万六五八四組合が結成されたが、一九一九年には四万一三〇一組合にまでその数を増加させた。その結果、戦争貯蓄証書の売上合計額は、一九一七年には約八一〇〇万ポンド強であったが、一九一八年には一億四〇〇〇万ポンドにおよび、第一次世界大戦中に労働者たちが「貯蓄」した総額は二億七〇〇〇万ポンド弱に達した。一九世紀末の信託貯蓄銀行と郵便貯蓄銀行の貯金総額を超える金額が、わずか三年ほどで労働者階級をはじめとする庶民によって貯蓄されたのである。

国家が総力戦の遂行を余儀なくされるなかで、中央からの統制による総力戦体制の構築は、地域社会の自律性にもとづいて編成されてきたイギリス社会でどのように実現されたのか。国民貯蓄運動が成功するためには、中央からの統制と地域社会の自律性という相反するふたつの要素を接合させる必要があった。イギリス政府は自発結社である戦争貯蓄組合の自律性を最大限尊重するかたちでイギリス全土を空間的に網羅することに成功し、庶民の資金を戦費として有効に活用することができた。庶民は社会の末端における集団化を通じて貯蓄を進めていったのである。イギリスの近代社会に根付くヴォランタリズムの活力を最大限活用しつつ、それを全国的に組織化するという方針のもとで、庶民の手元にある資金の吸収が試みられたのである。総力戦とはいえ、中央から発した国家の論理が決して、一方通行的にイギリス社会の最末端まで通貫したのではなかった。

ヴィクトリア朝期に個人の自発的な行為として行われていた貯蓄は、第一次世界大戦によって職場や学校、教会などをもとに結成された戦争貯蓄組合を通じた集団的な行為に姿を変えることとなった。第一次世界大戦によってヒト・モノ・カネの総動員を迫られた結果、イギリス社会は貯蓄のありかたを根本的に変化させたのである。

戦間期の国民貯蓄運動と第二次世界大戦

第一次世界大戦は一九一八年に停戦を迎えた。停戦後もしばらくのあいだ、国家は戦後処理のため、広い意味での戦費を必要とした。しかし、イギリス社会が平時の態勢へと戻ってゆくなか、戦争貯蓄委員会を頂点とする組織は、その存続の意義を問われることとなる。戦争貯蓄委員会は国民貯蓄委員会と改称し、国民貯蓄運動を労働者階級の勤倹貯蓄運動として継続することで、戦後財政および戦後のインフレ抑制を目的として組織の存続をはかった。戦争貯蓄組合は「貯蓄グループ」と名称を変更し、貯蓄グループを通じて集められた労働者階級の貯蓄は、近隣自治体に融資されインフラ整備に使用されることもあった。国民貯蓄運動が地域社会への社会的・経済的な貢献を果たしているとアピールすることで、その存在意義が主張されたのである。

第一次世界大戦終結後、貯蓄グループの数は急減した。一九二三年には二万グループの大台を割り込み、停戦からわずか四年でその数を半減させている。しかしその後、戦間期を通じて漸増傾向をみせ、一九二九年に始まる世界恐慌からの影響は受けなかった。その後、第二次世界大戦勃発前夜の一九三八年には約四万グループと、第一次世界大戦期の最高水準時にまで回復をみせた。なかでも、学校単位の貯蓄組合の増加が著しく、一九三八年には約二万五〇〇〇弱と、全体の約六割を占めた。これは、全国教員組合や中等学校教員組合、それに地域の教育委員会などと連携して、若年期からの勤倹貯蓄の習慣づけを主唱して運動が進められたことによる。学校卒業後の勤倹貯蓄運動の継続も説かれ、青年組織との連携が試みられている。一九二九年の世界恐慌時には、民間金融機関の信用リスクを回避したミドルクラスの貯蓄が一時流入したことはあるものの、国民貯蓄運動は基本的に労働者階級を対象とした貯蓄運動であり、恐慌時にも労働者階級の貯蓄性向には影響はみられなかった。

第一次世界大戦後の国民貯蓄運動は、労働者階級の勤倹貯蓄の増進を趣旨としつつ、具体的な目的を平時にあわせて切り替えることで組織の存続に成功した。つまり、イギリスの労働者階級の人びとは、第一次世界大戦時にはじめて経験した集団的で組織的な貯蓄のありかたを平時にもどってもそのまま受け入れたのである。たしかに、第一次世界大戦直後の貯蓄グループの急減はあったものの、貯蓄グループ数が一九二三年を底としてその後一五年で停戦直後の水準にまで回復した事実は、労働者階級の人びとが集団的で組織的な貯蓄スタイルを忌避したのではなく、むしろ支持したことを示唆する。こうして、戦間期における組織存続の試みは、第二次世界大戦期下での国民貯蓄運動の発展を導くことになる。

一九三九年に第二次世界大戦が勃発すると、国民貯蓄運動はただちに「戦争貯蓄作戦」（War Savings Campaign）と再改称され、ふたたび戦時体制に切り替えられた。それは、貯蓄グループ数の動向に如実に現れた。先述したように、一九三九年の開戦時には、貯蓄グループの数は第一次世界大戦停戦時とほぼ同数に達していた。その後、選挙区が進展してゆくにつれてその数は増加してゆき、一九四三年には開戦当初のほぼ七倍、イギリス全土で約二九万グループに達した。一九四〇年時点で四一四万名が貯蓄グループに加盟して貯蓄していたが、一九四三年には一二三一万名を数えるにいたった。つまり、全人口の三〇パーセント弱がいずれかの貯蓄グループに所属していることになったのである。

貯蓄グループの結成単位としては、職場と「地域」が多くを占めた。戦争初期には職場が約一万グループから約九万グループに激増したが、中期から後期にかけては「地域」（street & village）単位の貯蓄グループが急増し、一九四四年には一三万弱と全体の四割強を占めるにいたった。職場単位の貯蓄グループでは、給与からの天引きシステムに加え、労働組合による協力や、職場での貯蓄促進運動の費用が税法上、所得税および戦時利得税の控除対象とされるなど、労使双方が貯蓄促進の担い手と化した。第一次世界大戦時には少数であった地域単位の貯蓄グループは、区および教区の委員会が自発的に立ち上げられ、女性を中心とした組織が協働した点で特徴的である。学校では、児童を対象とした貯蓄の習慣づけが引き続き展開され、クラブ、各種アソシエイション、宗教団体、青年団、防空壕なども貯蓄グループの結成単位となった。

戦争遂行費用の調達および戦争にともなうインフレの抑制という、第一次世界大戦時と同様の目的を掲げたこの運動は、王室からのパトロネイジを加え、信託貯蓄銀行や郵便貯蓄銀行との協働や、イングランド銀行をはじめとする各種銀行、証券取引所は保険会社などの各種金融機関も協力するという、イギリス国民による一大貯蓄キャンペインの様相を呈した。複数の貯蓄グループを連結した「貯蓄連盟」も結成され、一九四四年には一〇〇都市以上で一五〇万人が関与した。BBC（英国放送協会）では、一九四一年二月以降、六時のニュースのちに「週間貯蓄ニュース」が放映されたほか、宣伝映画は一九四六年までに五万六〇〇〇回上映され、そのほか、リーフレットやクリスマスカードなどを用いたプロパガンダも展開された。これらの結果、労働者階級を中心とする人びとは、七億ポンド弱もの資金を貯蓄グループ経由で貯蓄したのである。これは一九世紀の信託貯蓄銀行と郵便貯蓄銀行の貯金総額の七倍に相当する金額である。こうして国民貯蓄運動は、第一次世界大戦の経験を有効に活用することで、全国民の四分の一以上もの人びとに貯蓄を促すまでにいたったのである。

国民貯蓄運動の衰退と消滅

第一次世界大戦によって誕生した国民貯蓄運動は、平時に戻った戦間期にも労働者階級の支持を受けて存続した結果、第二次世界大戦でその絶頂を迎えた。しかし、戦後、その勢いを失ってゆく。

それは、貯蓄グループ数の動向に明瞭に現れている。一九五六年のグループ数は約一四万を数え、構成員は約七〇〇万と、運動はなお相当な規模を誇っていた。しかし、一九六〇年代に入ると構成員数は激減してゆき、一九六六年には約一五五万人にまで落ち込んだ。中央の指示に応じないグループが増加するとともに、教員組合が教員による徴収業務を禁止する通達を出した結果、学校における貯蓄グループは減少していった。一九五六年に約五万三〇〇〇グループを数えていた職場での貯蓄グループもまた減少し、一九七六年には三万一〇〇〇グループ程度にまで落ち込んでいる。「地域」の貯蓄グループの落ち込み方は激しく、一九五六年に六万六二五〇グループで一七五万人の貯蓄者を得ていたものの、一九六六年には一万グループで一〇〇万人の貯蓄者にまで数を減じている。この結果、一九七八年に組織は解散され、六〇年余り継続された国民貯蓄運動はここに終焉したのである。

戦争という大義名分を失った点では、第二次世界大戦後と戦間期とは状況を一にしている。戦間期には、組織的で集団的な貯蓄は一定の支持を得ており、そこに勤倹貯蓄の倫理と平時にあわせた存在意義をあわせて構築することで、国民貯蓄運動が崩壊して一九世紀的な個人主義による貯蓄に完全に回帰するような事態を招くことはなかった。しかし、第二次大戦後は戦間期とは異なった。一九五〇年代には大きな規模を誇っていた国民貯蓄運動は、一九六〇年代後半以降、急速にその地位を失っていった。

その理由として、貯蓄グループによる集団的で組織的な運動が、信託貯蓄銀行やビルディング・ソサエティなどといった競合する金融機関と競合状態に置かれたため、金融の素人が運営する貯蓄グループは後れを取ってしまったことがあげられる。また、こうした競合関係も影響して、労働者階級に「投資家」に変貌した「個人」が現れ、集団的で組織的な貯蓄スタイルがこうした労働者階級の人びとから忌避されたことも大きな要因として挙げられる。一九七〇年代に入ると、固定相場制から変動相場制へと転換し、ブレトン・ウッズ体制の崩壊によって、金融業務が国際化するとともにいっそう専門化してゆく。イギリスの金融センターであるロンドン・シティもまた、こうした潮流に乗り遅れた側面があったが、労働者階級のうち投資を目指してその視線を目前の市場に移してゆく人びとの目には、自発的なイギリス社会と総力戦の要請との間で生命を得た国民貯蓄運動は、その集団性と組織性ゆえに前時代の遺物と映ったのである。崩壊寸前のイギリス福祉国家は、投資をする「個人」を制御する術をもはやもっていなかった。

おわりに

近年、近現代イギリスの金融史といえば、海外投資を基調とするグローバルな中心としてのロンドン・シティに焦点を合わせて語られるのが常となっている。それに対して本章では、ふたつのグローバル化に挟まれた時代における庶民の金融のありかたを通じて、とくに国民貯蓄貯蓄の消長から見えるこの時代の特徴を素描してみた。

労働者階級に勤倹貯蓄を啓蒙する試みは近代当初より見られたが、それを国民規模の運動として実現したのが、本章で取りあげたイギリスの国民貯蓄運動であった。イギリス社会の中・下層の人びとによる貯蓄は、戦費調達と総力戦経済に起因するインフレ傾向に悩む戦争指導者たちの目には、ふたつの大きな課題を解決する手段として非常に魅力的なものに映った。第一次世界大戦の開戦とともに、それは組織的な運動として本格化することとなる。史上初の総力戦を契機として、近代イギリスの特質であるヴォランタリ社会が、中央統制的にゆるやかに組織化されることによって、戦費調達とインフレ抑制を目的とするいわゆる「国民貯蓄運動」が実現した。「ヴォランタリかつ中央統制的」・「投資よりも貯蓄」・「集団化」を特徴とするこの組織的な運動は、一九一四年から一九六〇年代までの「ふたつのグローバル化」の狭間の時代を、戦時と平時の論理を使い分けながら巧みに生きながらえていくものの、一九七〇年代についにその使命を終える。その後、集団ではなく個人が主体となり、運動ではなく個人の選択によって、貯蓄よりはむしろ投資へ向かう動きが基調と化してゆく。つまり、総力戦が遺した集団的な「国民貯蓄運動」の終焉は、一九七〇年代が時代のひとつの転換点となったことを意味している。一九七〇年代は、第二次グローバル化によって彩られる新しい時代、つまりわれわれの同時代としての「現代」

の開始であることを示す、ひとつの画期として位置づけられるべきなのではないだろうか。

第一次世界大戦の勃発により第一次グローバル化の停止した後に始まった時代は、一九七〇年代で終わりを告げたのである。よりふみこんでいえば、一九八〇年代のサッチャリズムが展開する社会・経済的な土壌は一九六〇年代の終わりから一九七〇年代にかけてすでに存在していたともいえる。同時にそれは、マネーが地球大に移動する第二次グローバル化の土壌でもあった。同時代としての現代は、ここに端を発するのではなかろうか。華々しい国際金融の変化だけではなく、庶民の貯蓄のありかたの変化にもまた、その胎動を読み取ることは可能であろう。

参考文献

The National Archives.
NSC 1 National Savings Committee：Minute Books.
NSC 2/ 1-55 National Savings Committee：Annual Reports.（一九一六～一九五二年：三〇巻）
NSC 3 National Savings Committee：Journals.（一九一六～一九七一年：四二巻・号）
NSC 6 National Savings Committee：Leaflets.
NSC 7 National Savings Committee：Organisation and Development Files
NSC 33/1 1948 The Public and National Savings, 1948：report by Social Surveys Ltd., commissioned to investigate the effectiveness of National Savings publicity and to provide guidance for future advertising policy.
A Scheme for Largely Increasing the Sale of War Loan Stock amongst Members of the Industrial Classes and Small Investors

Generally with Notes and Appendices giving the Organisation proposed for All Parts of the British Isles, submitted to the Right Hon. E. S. Montagu, M. P., Chairman of the War Loan Organization Committee, 1915

Burton, K. G.（1999）*A Penknife to a Mountain : The Early Years of the National Savings Committee*, Loughton : C W Print Group.

Wormell, J.（2000）*The Management of the National Debt of the United Kingdom, 1900–1932*, London : Routledge.

坂本優一郎（二〇一〇）「イギリス国債と「投資社会」、１８１８～１８９０年—減債・信託貯蓄銀行・郵便貯蓄銀行」『大阪経大論集』（大阪経大学会編）第六一巻二号、一七九—二〇四頁。

坂本優一郎（二〇一四）「戦債と社会——第一次世界大戦と「公債の民衆化」」山室・岡田・小関・藤原他編『現代の起点　第一次世界大戦　２総力戦』岩波書店。

第Ⅲ部　歴史認識がなぜ問題になるのか

第三部がとりあげるのは、現代世界に著しく特徴的な歴史認識をめぐる紛争である。過去が政治的資源として恣意的に動員され、それが深刻な紛争を惹起する状況は、日本を含む東アジアのみならず、世界各地に存在する。こうした現状がいかに出来し作動しているのかについては、第九章の執筆者である橋本伸也の一連の著作が参照されるべきだが、概略のみを簡潔に述べておこう。

冷戦の終焉と体制の転換、国際秩序の再編に伴い、過去の政治的利用（それ自体は新奇な現象ではない）は新たな段階に入った。多くの国や地域において過去の再審と新たな歴史像の構築が喫緊の課題となったが、この過程には、真相解明や断罪、名誉回復と補償の要求、等、「移行期正義」が孕む厳しい対立の契機が入り込まざるをえず、結果的に国内レヴェルでも国際レヴェルでも熾烈な歴史解釈の抗争（しばしばその内実は犠牲者性の競争）が招かれた。新たな段階をシンボライズするのが歴史・記憶を司る国家機関の設置であり、「国家後援の歴史《ステイト・スポンサード・ヒストリ》」などという概念まで登場している。特定の歴史解釈を国家が「後援」する状況が広がりつつあるのである。

「ポスト真実」の蔓延、自国第一主義を掲げる強権的政治の横行とともに、事態はさらに尖鋭化している。二〇一八年秋に来日したニコライ・コポソフの講演は、複数の記憶が公認の記憶の座を求めて相争う現在進行形の状況を多記憶主義《マルティメモリズム》と捉え、ある種の歴史的見解の表明を禁止するいわゆる記憶法の存在に注目を促した。記憶法の元々の趣旨はホロコースト否定論の禁圧にあったが、二〇一八年二月制定のポーランドの改正国民記憶院法は、ユダヤ人虐殺に加担したとしてポーランド国家ないし国民の「名誉を汚す」言説への刑事罰を規定した（国際的な批判を受け、罰則規定は同年六月に撤回）。ポーランドはあくまでもナチズムの被害者、ナチズムへの勇敢な抵抗者である、という国策的な歴史解釈に強制力を付与したのである。国家が「後援」しがたい解釈を刑事罰をもって排除する（忘却を強いる）、という慄然とすべき動きの顕在化である。往々にしてポピュリスト的性格が強い複数の記憶の抗争に政治的操作が介在し、国際平和への脅威になっている現状に、コポソフは警鐘を鳴らした。ロシアのクリミア併合のような軍事衝突と記憶の抗争とは、決して無関係ではない。

国家が特定の歴史解釈を「後援」し、情動的なばかりで学術的裏づけを欠く過去の語りが政治的意図とともに大量に流布される今日の状況は、過去と真摯に向き合おうとする努力が易々と「歴史戦争」に簒奪されかねない、「歴史の歪曲」などとして一蹴されかねない、という深刻な困難を歴史研究者に突きつけている。こうした中で、専門的知見を多くの人々にいかに届け、彼らの歴史認識にいかに働きかけるのか、さらには歴史学自体の再生をいかに模索するのか、容易ならざる問いが歴史研究者の眼前にはある。

（小関　隆）

第十章　「ジェノサイド」の想起と忘却をめぐる覚書

コスプレ化と犠牲者性ナショナリズムと知的忘却

橋本伸也

二〇世紀は大量殺戮の世紀であった。二つの大戦と以降も途絶えぬ戦争と紛争のなかで、莫大な数の人命が筆舌を絶する残虐さで奪われたからである。二〇世紀は、戦争観の転換とともにこれを違法化し、国際的枠組みのなかで平和構築の努力の重ねられた世紀でもあった。戦争犯罪追及、残虐兵器禁止、軍縮交渉などが多面的に繰り広げられたことは周知の通りである。そうしたなかにあって「ジェノサイド」は、特定集団を故意に標的にした大量殺戮を概念化して可視化し、罪責を負う者を指弾し処罰する言葉として彫琢された。「ジェノサイド」概念は、現代世界に横行する残忍な暴力を適切に捉え、提示し、告発する点で多大の有効性を示してきた。しかしその一方で、とめどない言葉の濫用が敵対を激化させるとともに、何をもって「ジェノサイド」とするのか自体が新たな紛争を惹起したことも否めない。一般に、ある特定の概念の使用／不使用はそれ自体が権力性を帯びるが、もとより「ジェノサイド」も例外ではなく、むしろ世界の秩序化にとって深刻な帰結をもたらしているようにも見える。三つのまったく異なる局面を提示して、こうした事態について考える糸口を得ることが、この小さな覚書のささやかな目的である。

一　「コスプレ」化させられる過去と殺戮の記憶の行方

ヴェステルプラッテ

バルト海に面するポーランドの港市グダンスクの北部に、ヴェステルプラッテと呼ばれる岬がある。旧市街からは数キロ、ポーランドの国土を貫流してきたヴィスワ川の支流がバルト海に注ぐ河口の小さな岬である。グダンスク駅前からバスで市街地を抜けて北上し、海岸近くの鬱蒼とした林のなかに雑然と点在する海運用コンテナ置き場をぬうように進むと、そこは公園になっている。終点のバス停で下車して散策路をたどると、最奥部にある小高い丘の上に、一見して人民共和国（社会主義）期の建立であることが明らかな、壮大なモニュメントが聳えている。台座周辺には花束が多く供えられていて、社会主義時代から今日にいたるまで、重要な「記憶の場」であり続けていることがうかがえる。

実は、第一次世界大戦の終結とともに独立したポーランド共和国にグダンスクは含まれていない。一八世紀末のポーランド分割以来プロイセン領だったこの地域は、ヴェルサイユ条約で周辺地域から分離されて、ダンツィヒ自由市（ダンツィヒは、グダンスクのドイツ語旧称）となった。行政は、主として住民の圧倒的多数を占めるドイツ人の手に握られたが、鉄道、郵便・電信、港湾などの管理権はポーランド国家に委ねられた。一九二五年にはヴェステルプラッテが軍事物資輸送拠点としてポーランドに移譲され、守備隊も配置された。もとより、ダンツィヒをめぐるドイツとポーランドの関係は一筋縄でいくはずはない。一九三三年にドイツでナチ党が政権を獲得し、数カ月後にダンツィヒ市議会選挙でも多数を占めると、事態はますます混沌とした。旧帝国領回復は、東方の生存圏獲得に先だって成しとげるべき悲願だからである。一九三九年九月一日はそうしたなかで到来した。

開戦

ティモシー・スナイダーによれば、「ドイツのテロルは空から始まった」。この日早朝、ドイツ空軍がポーランドの小都市ヴィエルニに突然空爆を加えたのである。だが、ほぼ時を同じくして海からの戦争も始まった。午前四時四七分（四五分説も多い）には、バルト海に停泊する軍艦シュレスヴィヒ＝ホルシュタインが艦砲射撃の猛攻を開始したのだ。満を持した陸軍も、ポンメルン、東プロイセン、シュレジエン、傀儡国スロヴァキアなどから一斉にポーランドに侵攻した。破竹の勢いのドイツ軍は、直前に締結されたモロトフ＝リッベントロップ秘密議定書に定めた境界線まで進攻し、ポーランドの西半分を掌中に収めていったん足取りを止めた。今度はソ連赤軍が国境を越えて東半分を我がものとした。

シュレスヴィヒ＝ホルシュタイン号による最初の一撃を受けたのは、ほかならぬヴェステルプラッテの守備隊である。小規模な守備隊は猛攻にも持ちこたえて、司令官が降伏を決断するのは一週間後のことだ。海岸部の攻防に並行して市内では、ポーランド管轄下の中央郵便局をめぐってポーランド人とナチの武装部隊が衝突し、抵抗する局員の虐殺も発生した。これにはダンツィヒのドイツ人が組織した親衛隊郷土防衛隊も加わっている。『ブリキの太鼓』を書いたギュンター・グラスがこの事件を素材にしたことは周知の通りだが、この事件は、ナチ・ドイツによる一連の殺戮の最初の一歩と言えなくもない。この後延々と繰り返される大量殺戮こそ、「ジェノサイド」概念が編み出される契機である。

コメモレーション

ヴェステルプラッテの守備隊員と郵便局防衛に命を賭した人々はともに、ポーランドの国民的英雄として記憶されるべき存在である。ヴェステルプラッテでは、守備隊兵舎の廃墟と犠牲者の名を刻んだ十字の石碑が戦いの傷跡を伝えるだけでなく、戦闘の様子を事細かに紹介する屋外展示パネルも数多く設置されている。グダンスク中央郵便局にも由来を伝える小ぶりの博物館が設けられ、傍らの広場には命を献じた人々を讃える記念碑がある。

なかでもヴェステルプラッテは、毎年九月一日に第二次世界大戦を想起する国策上重要な場になっている。今では思いもよらないが、二〇〇九年の開戦七〇周年記念式典には、ドイツのメルケル首相らヨーロッパの首脳と並んで、ロシアのプーチン首相（当時）も列席した。彼の演説とポーランドのレフ・カチンスキ大統領のそれとは、開戦原因などで不協和音を奏しており、前日に新聞紙上で公表された「ポーランド人へのプーチンの手紙」も世論から厳しく受け止められていた。とはいえプーチンの参列が、両国が多少とも歩み寄る一歩であったことは間違いない。実際、翌年にはロシアのスモレンスク近郊で「カティンの森」事件、すなわちソ連によるポーランド人将校の大量虐殺（ポーランド人を標的とした「スターリンのジェノサイド」の象徴的事件）の七〇周年記念追悼式典が行われ、その場でプーチンは、ポーランドのトゥスク首相を前にスターリン主義犯罪に踏み込んで言及した。こうした雰囲気を後ろ盾に、二国間歴史対話の成果も編まれていった。だが、この機運は永続化しなかった。直後のカチンスキ大統領搭乗機墜落事故をきっかけに、しだいに両国間関係が緊張の度を加え、とりわけポーランドの国内的な亀裂が助長されたようにも見える。その先に、「法と公正」党による権威主義政治が登場する。

国内政治の変貌を反映した意味づけの転換を伴いながら、ヴェステルプラッテの式典はいまも毎年挙行されている。二〇一八年九月一日の早朝に行われた式典でマテウシュ・モラヴィエツキ首相は、国土と自由を守ろうとしたポーランド兵士がヨーロッパと世界の運命を担ったことを強調して国民的統一を呼びかけた。他方、ドゥダ大統領は、グダンスクから近い鉄道要地トチェフの式典に列席した。開戦初日に空爆で甚大な被害を被った町である。最初に空爆を受けたヴィエルニでも式典は行われた。九月一日は、最初の犠牲者としての自己像とともに、国民的矜持をかけた英雄的な抵抗の日として政治的に想起され続けている。ヴェステルプラッテは、そうした想起の政治にとって不可欠の場なのである。

「コスプレ」

二〇一八年九月一日、ヴェステルプラッテでは早朝の記念式典に続いて戦争記憶をたどる行事が行われ、多数の市民が足を運んでいた。旧東プロイセン地域の史料調査から帰国途上の筆者も会場まで足を延ばして、第二次世界大戦開戦の日を人々がどのように想起しているのか、わが目で確かめることにした。

会場の雰囲気は、最新デジタル技術を駆使して情動の興奮を過剰にかき立てる近年の博物館展示とはまったく違っていた。手作り感溢れる古びた道具立てを用いて、軍事的なるものが再現されていたのである。散策路の左右では、旧軍が使用したと思しき給食車両からスープが振る舞われ、白衣の医療班は野戦天幕に陣取って、いつのものとも訝しいメスや注射器を芝生に並べていた。近くには金属探知機による地雷探索実演コーナーもあって、子どもらが興味深げに操っていた。さらに奥には射撃体験用に軽機関銃が据えられて、もちろん空砲だが、射撃を試すことができた。カタカタいうマシンガンの音が鳴り響くのを耳にしながら、順番待ちで居並ぶ子どもらの姿になんとも複雑な思いがした。もちろん、取り仕切っているのは大戦時の兵服でコスプレを楽しむ大人たちである。学園祭の展示に多少毛が生えた程度のお手軽さで装われた社会の軍事化とでもいうのだろうか、そこには戦争の痛みを想起し、犠牲者を追悼する道具立てはほとんどなかった。

少し離れた駐車場の様子も似たり寄ったりだった。国内各地の博物館からかき集められた戦車や装甲車が脈絡なく無造作に並べられているだけで、なかにはロシア語で「母国のために」と大書したソ連の装甲車も混じっていて、何か一貫した意味を読みとるのは困難だった。ただただ旧式戦車に触れて楽しむ以上のものではなさそうだ。

だが、そこには目を疑うような風体の中年男性が二人いた。未確認だが、おそらくポーランド人だろう。彼らは、ナチ親衛隊将校と兵士の制服と軍帽やヘルメットを着用して首には双眼鏡をかけ、短銃やライフルを手にしてご満悦の様子である。一瞬呆気にとられたものの、すぐに気を取り直して二人に近づき「これはナチ親衛隊の制服だよね」と尋ねたところ、二人は臆するどころか自慢げに袖章を指差した。黒地に白く刺繡されたのはSS-Heimwehr Danzigの文字、いうまでもなく中央郵便局で虐殺に加担した親衛隊郷土防衛隊である。服地も袖章も古びておらず、実物を模して新調したように見える。莫大な数のポーランド市民の命を無造作に奪い、より広域的に数々の大量虐殺、ジェノサイドの主役として名を轟かせた「敵」の衣装をまとって自慢げに振る舞うとは、いったい何の趣向なのだろうか。七九年前の九月一日を忠実に再現するのに不可欠の小道具だと考えたのか、たんにコスプレの悪ふざけが過ぎただけなのか、あるいは、ナチズムに心情的に同一化した結果なのか。彼らの意図とその場に登場した文脈は推し量りようもないが、なんともグロテスクな光景に思われた。それにも増して、周囲の人々がさして気に留めているように見えなかったのも意外だった。

もとより、筆者がその場に居合わせたのは短時間で、前後にどんなやり取りがあったのかはわからない。とはいえ、唯一無二のナチ犯罪という公準を社会契約の中核に据えたヨーロッパ、なかでももっとも悲劇的な経験を国民的アイデンティティの軸に据えてきたはずのポーランドで、ナチ親衛隊を装う人物が公衆の面前に登場したという事実をどのように説明できるのだろうか。しかもポーランドの「記憶法」では、ナチと社会主義という二つの「全体主義の犯罪」を否定する言説や、「全体主義」のシンボルを掲出する行為は刑事罰の対象のはずである。ナチとの英雄的戦いを顕彰する言説と、無邪気にコスプレを楽しむ戦争ごっこの気分と、戦争と殺戮の過去をめぐる記憶の悲痛さを意識の外にかなぐり捨てた人々とが共存したヴェステルプラッテの空間は、現代の歴史記憶の混沌をみごとに示している。過去を無造作に資源化し手段化する国家の政治とともに、過去を享楽的にゲーム化し消費する市民社会ないし大衆社会の欲望のあり方それ自体が問われるべきことを、この事例は示しているのではないか。そして両者の狭間にあって、歴史研究やメモリー・スタディーズは何を問うべきなのか、このこともまたおのずと俎上にのぼせられなければならないはずだ。政治的に使用される「ジェノサイド」概念もまたそうした再審の一環となるべきものである。

二　氾濫する「ジェノサイド」と犠牲者性《ヴィクティムフッド》ナショナリズム

「ジェノサイド」概念の成立と再発見

民族や文化、宗教などを基準とした特定の人間集団の皆殺しを意味する「ジェノサイド」は、第二次世界大戦下にラファエル・レムキンによって案出され、大戦後、一九四八年一二月の国際連合総会で締結されたジェノサイド条約によって国際法上の概念として定式化された。条約のなかで「ジェノサイド」は、「国民的、人種的、民族的又は宗教的集団を、全体又は一部破壊する意図」をもって当該集団構成員を「殺すこと」、「重大な肉体的又は精神的な危害を加えること」を意味する。また、肉体的破壊をもたらすような生活条件に置き、集団内での出生を阻害し、次代を担う児童を強制的に他集団に移すこともこれに該当する（第二条）。大量殺戮や残虐行為に加えて、強制的な追放・移住・収容や民族浄化、あるいは児童の同化などの言葉で表象される非人道的行為や人権侵害が「ジェノサイド」と規定され、責任追及と発生防止が国際的責務として自覚された、というわけである。

だが、条約締結にもかかわらず、その後半世紀にわたってこれを適用して上記のさまざまの行為が法的に裁かれることはなかった。ニュルンベルク裁判や東京裁判の後、実際に裁く国際法廷が不在だったためだと言われている。ジェノサイド条約が国際的な平和と正義の回復を律する法規範として再登場するのは冷戦終結後の一九九〇年代以降のことである。ユーゴスラヴィア解体と新興国家独立のプロセスで生起した大量虐殺や民族浄化、アフリカのルワンダで発生した部族間紛争を背景とした莫大な数の難民虐殺が世界に衝撃を与え、処罰のためのアドホックな国際刑事裁判所が設置されて、審理が進められるようになったことはよく知られている。さらに、常設の国際刑事裁判所の必要性も合意された。一九九八年には「国際刑事裁判所に関するローマ規程」が制定されて、二〇〇二年に発効、翌年には同裁判所が活動を開始した。同規程第五条は裁判所の管轄する犯罪を①ジェノサイド（集団殺害犯罪）、②人道に対する犯罪、③戦争犯罪、④侵略犯罪と明記し、このうちジェノサイドの定義はジェノサイド条約を踏襲した。

設置にこぎつけたとはいえ国際刑事裁判所は多くの難問を抱えている。アメリカ合衆国が主権侵害を理由に同規程に参加せず、今にいたるまで国際刑事裁判所への非難を繰り返していること、それと同時に、裁判所設置を主導したはずのアフリカ諸国が、近年、国際刑事裁判所のポストコロニアルな構図——欧米諸国は訴追対象とはならず、裁かれるのはもっぱらアフリカ諸国であること、しかも、多くはかつて植民地支配を行ったヨーロッパ諸国出身の判事が裁いていること——を批判して脱退の威嚇を繰り返していること、これらの点が後の行論にとって重要だろう。

政治化される「ジェノサイド」

「ジェノサイド」概念は、二〇世紀の戦争と殺戮の経験を踏まえて国際法上のそれとして成立し、再発見されたものであるが、この語の孕む「民族皆殺し」というセンセーショナルな含意は司法の次元に留まらない使われ方をもたらし、相当の効果を発揮してきた。そのことは冷戦後の中東欧や旧ソ連で特に著しい。

そもそもレムキンがこの概念を彫琢するにあたって、ナチによるユダヤ人迫害と並んで、若年時に発生したオスマン帝国におけるアルメニア人大量殺戮が多大のインパクトを与えたことが指摘されている。だが、この殺戮をジェノサイドと認めるかどうかは、今も国際政治上の争点である。アルメニア人移民のアイデンティティ政治の中で追求されたジェノサイド認定の要求は、南北アメリカ諸国からヨーロッパへと拡延して、一九八七年には欧州議会がこれを認める決議を行った。各国でもさまざまの論戦を伴いながら、アルメニア人ジェノサイドの否認を法的に禁止する記憶法の制定が進んだ。他方、トルコ共和国は、アルメニア人殺害をジェノサイドと認めた諸国に外交圧力を加えるとともに、国内では対抗的な記憶立法を展開した。ジェノサイドとして認定するかどうかが、国際司法の域をはるかに超えた政治的駆け引きの材料と化している

「ホロドモル」つまり一九三二〜三三年のウクライナにおける人為的飢餓による大量死（実際はウクライナに限らずより広域で莫大な数の死者が出ている）をめぐる政治的動きも同様である。国際社会がホロドモルをジェノサイドとして認知して告発・弾劾することを求めるウクライナ・ディアスポラの運動は、国際連合や欧州連合などの国際機関を動かしていった。この動きはソ連解体後のウクライナ本国に還流し、とりわけ二〇〇四年に就任したヴィクトル・ユーシチェンコ大統領は、ホロドモルを核とした歴史政策を展開して、スターリン主義によるウクライナ人ジェノサイドであることを内外に喧伝した。反ロシア的主張をまじえながら、その犠牲がホロコーストを凌駕するかのような言説も広まったし、国際的なジェノサイドの認知が自己目的化したかのようだった。アメリカ合衆国など少なくない数の国の政府・議会がこれをジェノサイドと認定する一方、スターリン主義による悲劇的犯罪であることを認めながらも、ジェノサイドと断定するのを避ける例もあった。二〇〇八年の欧州議会決議はホロドモルを「ウクライナ人民、そして人道に対する戦慄をもよおすような犯罪」とし、ジェノサ

イドと呼ぶことには慎重な態度をとった。厳密な法理の上になりたつべき「ジェノサイド」概念が、政治的思惑により恣意的に利用され、それをめぐって国際社会が動揺する様子を確認することができる。

ソ連による「占領」（この語も戦争法上の概念というより政治的に使用されている）のなかで多数の住民のシベリア移住を強いられたバルト諸国も、ソ連による自国民への加害をジェノサイドとして告発し、賠償要求も含めてロシア連邦に責任を負わせることに熱心だった。リトアニアは、独立回復直後の一九九二年にジェノサイド関与者への刑事罰を加える法を制定したし、ソ連の抑圧・迫害を調査・検証する国家機関の名称には「リトアニア住民へのジェノサイド」という言葉が盛り込まれた。二〇〇〇年に前後して相次いで改正された三国の刑法はいずれも、ソ連による抑圧や体制犯罪をジェノサイドと規定する条項を含んでおり、実際、シベリア強制移住や反ソ抵抗運動弾圧に関与した旧ソ連当局者の刑事訴追も進められた。リトアニア検察が、ゲットーを逃れてソ連のパルチザンに加わって戦い、のちにイスラエルに渡ってヤド・ヴァシェムの館長を務めた人物を捜査対象に加えたことが発覚し、国際的憤激を買うという特異な事態さえ発生した。

犠牲者性ナショナリズムと対抗言説

これらの事例に共通して確認されるのは、「犠牲者性《ヴィクティムフッド》ナショナリズム」（イム・ジヒョン）を喚起するために「ジェノサイド」が利用される局面である。中東欧諸国に限らず、外部からの不当な支配や抑圧体制を脱して新たな国家形成に向かった国々ではあまねく、過去の体制犯罪を告発して正義を復旧することが切実に希求されたし、それは実に正当な要求だった。だが、それが同時に、新たな国民的アイデンティティの核心に過去における自己の犠牲者性を据えて、英雄的な抵抗の物語と手を携えてナショナルな欲望へと人々を結集させる可能性を開いたのである。その際、「ジェノサイド」概念が民族や文化や宗教に基づく集団を単位としたことは、ことのほかうってつけだった。国民の物語に殉難の一章を書き加えて集合的記憶を操作し、心情的凝集性を高めるのはいとも容易だろう。

同時に犠牲者性ナショナリズムが、諸国民間で被害の質と量をめぐって競いあう衝動をかき立てていることも見逃せない。ホロコーストを凌駕するジェノサイドとしてのホロドモルというウクライナの主張はその好事例である。上述の事例がいずれも、すでに解体した旧体制の罪責をめぐって、強大で脅威となりうる隣国との穏当ならざる国際関係を想定しながら展開されていることも重要である。自国の犠牲者性にたいする国際的同意の調達が、あたかも安全保障上の担保となるかのような発想である。それはまた、現代的に装いを改めた「勢力圏」をめぐる大国間の地政学的な思惑や鞘当てと不可分であることにも留意したい。アルメニア人虐殺をめぐる動きはトルコのEU加盟問題と深く連動していたし、ウクライナやバルト諸国の態度を、冷戦終結後のアメリカやNATOの影響力拡大と切り離して考えることは難しい。

こうしたなかジェノサイドの罪責を負わされたロシアでは、「ジェノサイド」の対抗的使用が目につくようになってきた。二〇一四年のウクライナ危機を契機にプーチン大統領や政府高官がしばしば、ウクライナではロシア人へのジェノサイドが現在進行形だと発言し、ジャーナリストのなかにもこれに追随する例が散見されるようになった。同年五月にオデッサで発生した労働組合会館の火災によるロシア系住民の「惨殺」（真相は不明）を「西側が沈黙する、ウクライナにおけるロシア人ジェノサイド」（*Андрей Караулов* Геноцид русских в Украине, о чём молчит запад. M., 2015）と呼んだり、公的場面でのロシア語使用を制約するバルト諸国やウクライナの言語法を「文化的ジェノサイド」とみなしたりするのがそれである。民族間対立を「ジェノサイド」の語のもとに回収してスティグマ化し、相互の敵対を煽る話法は、国際法上の概念としてのこの語の本来的な趣旨を大きく逸脱した濫用としか言いようがないが、国家間の敵対的感情が強まるなかでそのような用法が双方で広がっていることは間違いない。ネット空間の粗野で無責任なことばの氾濫が、その種の用法をますます増長させているように見える。

三 「ジェノサイド」の忘却と隠蔽

「ジェノサイド」初見

筆者が初めて「ジェノサイド」の文字を目にしたのは、小学校低学年か中学年の頃、父親の書架にあった『ジェノサイド 民族みなごろし戦争』(青木書店、一九六七年)という小さな書物の背表紙である。同書には「ベトナムにおけるアメリカの戦争犯罪と日本の協力・加担を告発する東京法廷」という副題がついていて、ヴェトナムで「アメリカ帝国主義」が繰り広げる残忍な侵略戦争を指す言葉だと合点がいった。筆者の記憶のなかで「ジェノサイド」は、なによりもアメリカの犯罪として刻み込まれていた。

戦争の残虐性については、やはり父親の書斎に置かれた何冊ものアルバムに貼られた被害者の写真や8ミリ記録映画(日本電波ニュース社『アメリカの戦争犯罪——東京法廷は告発する』一九六八年)、そしていささか衝撃的なことだが、ボール爆弾の実物(もちろん不発弾)を通じて肌身に感じていた。ボール爆弾に埋め込まれたパチンコ玉より小さい無数の金属球が体内を貫通したらどんなに痛いだろう、というわけだ。それにしても、なぜそんな物騒なものが家の中にあったのか。実は、京都の労働者街で町医者をしていた父は、「ベトナムにおける戦争犯罪調査日本委員会」が一九六七年夏に派遣した第二次調査団に加わってヴェトナムを訪れ、ボール爆弾やナパーム弾、化学兵器の被害について医療面から調査・検証するとともに、その結果を同年八月末の東京法廷と呼ばれる民間法廷で口頭報告し、上掲書にも寄稿していたのだ。調べてみたら、英文抄訳が後述のラッセル法廷のプロシーディングス（Duffet ed. 1968）などに掲載されていて、最近ではそれがネット上にもアップされて何度も引用されているようだ。なお、調査団と東京法廷などをめぐる顛末については近年、藤本博氏が精力的な調査を行っておられる。

日本における「ジェノサイド」受容とラッセル法廷

アメリカの犯罪を告発する言葉としての「ジェノサイド」は、むろんそれ以外の場でも確認できる。とりわけ目を引くのは、一九六〇年代の時代精神を代表する雑誌『世界』（第二六七号、一九六八年）と『朝日ジャーナル』（第一〇巻二号、同）がともに、ジャン＝ポール・サルトルの「ジェノサイド」と題する記事を掲載したことである。それぞれ内容は異なり、前者は、哲学者バートランド・ラッセルの呼びかけでストックホルムとコペンハーゲン近郊で開かれた国際民間法廷のためにサルトルが書いた文章の翻訳（ベトナムにおける戦争犯罪調査日本委員会編『続ラッセル法廷』人文書院、一九六八年に再録）、後者は、フランスの雑誌『ヌーベル・オブセルバトール』に掲載されたインタヴューを訳出したものである。前者でサルトルは、植民地戦争の歴史を回顧しながらその文脈でヴェトナム戦争の性格を捉えるとともに、植民地戦争が必然的にジェノサイドたらざるをえないことを指摘して、「実はジェノサイドは抑圧者に対して決起する一民族全体に対する唯一、可能な対抗策なのです」と述べていた。法廷は、「合衆国政府は、ベトナム人民にたいするジェノサイドにつき有罪であるか？」という設問に、「有罪である。全員一致」と表明しており、サルトルの文章は裁判長として記した「判決理由」だった。通念的には「ジェノサイド」の罪は一九九〇年代まで裁かれなかったとされるが（前節では意図してそれを踏襲した）、すでにそれより四半世紀以上も前に「判決」は下されていた。裁かれたのはアメリカ合衆国だった。

ここで「判決」が下されたと言ったのは、もとより道徳的で象徴的な意味においてである。国家間合意で設けられた正統な国際法廷による判決ではなかったし、それゆえ強制力を持ちえない文書にそれ以上を読み取るのは的外れである。しかし、民間法廷とはいえラッセル法廷は、司法手続き上の公正さや厳密さを重んじていた。世界中から多くの専門家の参加を募り、日本を含む各国調査団による現地調査結果を参照し（調査が生命の危険を伴ったことを銘記しておこう。北爆下に赴いた父親が沢田教一と運命を同じくしたならば、私は日本最後の戦争遺児になったかもしれない）、元米兵を含む数多くの証人や被害者による証言を得るための努力も重ねられた。近年公開された夥しい数の秘密報告からは、ＣＩＡがラッセル法廷の動向に神経を尖らせて、各国の関連する運動を監視していたことがわかるが（例えば https://www.cia.gov/library/readingroom/docs/DOC_0005430756.pdf）、冷戦下の思考様式と対立構図が法廷の意識に強く反映していたことは否定できないとはいえ、単なるプロパガンダ的な反米政治集会のごとくに捉えるならば、それは失当だろう。法律家も参加した丁寧な手続きを踏まえて「判決」は下されたのだ。その判断がほぼ同時に日本社会で共有されただけでなく、より主体的な貢献があったことを確認しておきたい。

しかるに問題は、半世紀前のこのできごとが、最近まで（文献一覧に載せた『歴史評論』誌の特集が覚醒を促すまで、ということだ）かなりの程度忘却されてきたということである。忘却がいつどのように進んだのかを丁寧に確認する余裕はないが、実例は容易に示すことができる。二〇一一年に刊行された『ジェノサイドと現代世界』（石田勇治・武内進一編、勉誠出版）と題した書物で、ヴェトナム戦争をジェノサイドと捉える観点は欠落しており、主題的にこれを扱った章もない。研究史や植民地主義問題を扱った諸章でも、上掲の『ジェノサイド民族みなごろし戦争』（同書が、書名にジェノサイドと冠した日本語で最初の書物であることは、CiNii で検索したらすぐにわかる）はおろか、ラッセル法廷とサルトルの「ジェノサイド」さえ一顧だにされていない。一九八〇年代初頭にクーパーが、つねにサルトルを意識しながらみずからのジェノサイド論を構築したのとは対照的である。もとより、法廷の結論に賛同するかどうかは別問題で、深い議論を要する。純粋に法的観点からヴェナム戦争におけるアメリカの犯罪性を厳しく糾問したアメリカ国際法学会の論集でも、ジェノサイドへの言及はごく限定的である（おそらく、アメリカ合衆国のジェノサイド条約批准が冷戦末期で、国際法による責任を問う根拠が乏しかったことと関連する）。しかし、はるかに広い視野を標榜してジェノサイドを論じた後代の書物の研究史がこれを無視するのは不可解きわまりない。他方、日本のサルトル研究はラッセル法廷における彼の活動を忘れていない。二〇世紀最後の年に刊行されたサルトルの論文集には、ラッセル法廷の「開廷の辞」と「ジェノサイド」が掲載されているのだ。この対照は一考に値する。そこからは、ジェノサイド研究者の視野を遮る何がしかの道具立てが見出せるはずである。

「ジェノサイド・スタディーズ」とヴェトナムの隠蔽

『ジェノサイドと現代世界』に関わった方々の名誉のために述べておくならば、近年の欧米の「ジェノサイド・スタディーズ」では、ヴェトナム戦争とラッセル法廷、そしてサルトルの「判決理由」を視野の外に置くのが国際標準である。その好事例は、ジェノサイド研究の主導的研究者であるダーク・モーゼスが編纂した六巻本の選文集に見出すことができる。一般理論と研究史を扱う巻に始まり、巻を追って先史時代からチェチェン戦争にいたる広範囲を扱った分厚い六冊の中に、ヴェトナム戦争とラッセル法廷を主題的に扱う論文は一編も掲載されていないのである。植民地主義問題がシリーズ全体を律する最重要な観点とされているにもかかわらず、サルトルの「ジェノサイド」は収録されなかったのだ。なぜか、「ジンギスカン」と題した論文は含まれているにもかかわらず……。

もとより、編者がサルトルを知らぬはずはない。実際、序言冒頭には「ジャン゠ポール・サルトルの、ヴェトナムにおける合衆国の戦争への痛罵」という言葉がある。一九七〇年代以前に、「持論に注目を引きよせ、反対者を非難し、あるいはたんに目撃した大量殺戮の恐怖を表明するためにジェノサイドを引き合いに出した」民族運動家や知識人やジャーナリストを列挙するなかでの言及である。これら「ためにする」議論とは一線を画して、真面目で本格的な「ジェノサイド・スタディーズ」が開始されたのは、一九七〇年代、アメリカの社会科学者たちの努力によるというのが、そこに描かれた研究史像である。一九七〇年代から八〇年代のアメリカがヴェトナム症候群に苦しんだこととあわせて、「ジェノサイド」概念とホロコーストの深いつながりも想起するならば、この時期に進んだ「ホロコーストのアメリカ化」がこの学問分野の性格を大きく規定したということなのかもしれない。だが、それは別途、本腰入れて論ずべきテーマだろう。

「ジェノサイド・スタディーズ」におけるヴェトナムの忘却ないし隠蔽は、それ以外にも多くのところで確認できる。同じくモーゼスが編者を務めたハンドブックに実存哲学者としてのサルトルは登場するが、裁判長としての姿はない。索引にはバートランド・ラッセルも、その名を冠した法廷も見つからない。ラウトレッジ社のジェノサイド通史も同様だ。この間何点か編まれたジェノサイドに関する英文の百科事典類でも、関連項目を見出すのは困難だ。かろうじて、日本ではソンミ村事件として知られるアメリカ軍兵士による虐殺事件（ミライ事件）について言及したものがあるが、その扱いはごく断片的だ。「強制収容所」の項目にヴェトナム戦争に関するごく短い記述もあって、アメリカ軍が南ヴェトナムに設けた「戦略村」、つまり農村住民を囲い込んだ強制収容施設に言及したのかと思いきや、その「期待」はみごとに裏切られた。共産主義者が反対派を閉じ込めた収容所に言及したもので、米軍の所業は完全に黙殺されていた。いずれの場合も、カンボジアのポル＝ポトによる虐殺におおいに注目しながら、直前に間近で起こった大量殺戮に無関心というのも解せない話だ。扱いにおける非対称性は、あまりに露骨だと言わなければならない。そうしたなかでダン・ストーン編の研究史は、サルトルの

「ジェノサイド」に立ち入った検討を加えた点で例外をなすが、そこでもヴェトナム戦争それ自体への言及は控えめだ。

「ジェノサイド・スタディーズ」に広く見られる忘却と隠蔽の構図は何に起因するものなのか、今の筆者には確定的なことは言えない。ヴェトナム症候群から十余年を隔てて、冷戦の勝者としてユーフォリアに酔いしれたアメリカの気分がそこに反映したのかもしれない。そのなかで隠蔽され合理化された暴力の数々を描き出したのは、ジョン・ダワーの『アメリカ　暴力の世紀――第二次世界大戦以降の戦争とテロ』（岩波書店、二〇一七年）である。ジェノサイド・スタディーズが、冷戦後に息を吹き返した「二つの全体主義」論をプロットとしていることは間違いなく、そのことが全体主義的・権威主義的とみなされる体制以外（つまり西側の「自由民主主義」諸国）への着眼を妨げている可能性もある。これは、植民地主義の過去に鈍感な西欧・アメリカの自己愛的歴史像とも関係していよう。

戦後に統一されたヴェトナム国家が、戦時下のように自国の犠牲者性を喧伝することには自制的になり、むしろ顕在化を回避する方針を取っていることも考慮されなければならないだろう。ヴェトナム戦争下の韓国軍による残虐行為の記憶を扱った伊藤正子の著書がそのことを示唆している。犠牲者が黙する以上、第三者や加害者が同情や慚愧の念から口を開くのを期待するのは難しい。か細い声をあげても見過ごされることもあろう。朝鮮戦争に前後する時期の残虐行為（済州島四・三事件や老斤里の虐殺など）は、韓国や日本で一定の注目を集めてきたが、先の選文集はこれらにもおよそ無関心のようだ。

こうして、さまざまな要因が重なるなかで「ジェノサイド・スタディーズ」にはある種の思考の型と論述の枠が構築され、枠から外れるものは検証と叙述から排除されてきたように思える。言うまでもなくその型とは、まずはレムキンから説き起こし、「二つの全体主義」の蛮行に多くの紙幅を割いた上で、突然、旧ユーゴスラヴィアとルワンダに飛躍するとともに、一方ではアルメニア人虐殺からさらにそれ以前の大量殺戮に遡及的にこの概念を適用し、他方で、アフリカを中心に現在進行形の大量殺戮や人権侵害の事例を列挙するというものである。問われているのは、その型と枠を容認し共有するのかどうかである。近年、アフリカ諸国が国際刑事裁判所に批判的になって、時には拒絶の態度を取り始めていることを先に指摘したが、そこで問題化させられたポストコロニアルな状況と「ジェノサイド・スタディーズ」の語り口とはおそらく無縁ではないだろう。アメリカが一貫して国際刑事裁判所に敵対的であり、同時に、ヴェトナムにおけるアメリカの犯罪が隠蔽されていることとのあいだにも偶然以上の関係がありそうだ。

「ジェノサイド」はいかに語りうるのか

実のところ筆者は、ヴェトナム戦争を「ジェノサイド」と規定してアメリカを裁くことには懐疑的である。子どもの時からアメリカの行う戦争の非道を長く信じて疑わなかったが、国際法上の厳密な意味で「ジェノサイド」と呼ぶことに妥当性があるのかというと、それはたぶん違うように思う。と言って、「ジェノサイド・スタディーズ」がヴェトナム戦争を排除するのを許容するのかと聞かれれば、それも違うだろう。筆者の抱く違和感はもう少し別の次元にある。「ジェノサイド」という言葉にまとわりついたいかがわしさである。

もとより、「ジェノサイド」という言葉が彫琢されて、二〇世紀の悲劇的経験を告発する足場が得られたことの意義は大いに認められるべきものだ。莫大な数の人々の生命が瞬時に抹殺される現場に世界の注意を向けさせる際に、この言葉が発揮する圧倒的な喚起力と訴求力を軽んずることはできない。実際、ＣＩＡ秘密報告も「ジェノサイド」というレッテルを貼られることを気にしていたようだ。

だが、「ジェノサイド」概念が制度化され、司法を超え出て政治の言葉として定着させられた時にどれほど異様な状況が現出したのだろうか。国家は、法的な厳密さを脇にやって、「犠牲者性ナショナリズム」を喚起し国際社会の承認を調達するためにこれを濫用し、そのことが新たな緊張を惹起してしまっていた。人々は、この言葉とともに構築される想像空間を疑似的現実として経験し、ゲーム化して消費することに快楽を見出してしまったかのようでもあった。そこでは、戦争や暴力のもたらす傷の生々しさは希薄化され、実際の犠牲者一人ひとりの痛みや悲しみは置き去りにされたかのようだ。その延長線上に登場したのが、親衛隊のコスプレに興じるポーランド人という倒錯のような気がしてならない。

司法の言葉としての「ジェノサイド」に疑義が提出されていることも重要だ。しばしば「ジェノサイド」は「人道に対する犯罪」や「戦争犯罪」と重なり連続する、相互補完性のあるものとして扱われてきた。だが、「ジェノサイド」と「人道に対する犯罪」は原理的に対立し、ニュルンベルク裁判における法理の構築に際して競合したことが、国際法学者のフィリップ・サンズによって指摘されている。そこで問われたのは、集団を単位とする個別主義的対応と、個人を単位とする普遍主義的対応との選択の問題である。当時すでに、「ジェノサイド」という個別主義的カテゴリーが、「彼ら」と「我ら」という集団的アイデンティティ感情を過剰に亢進させ、集団間対立を惹起し激化させることへの警鐘が鳴らされていた、というのである。これはまさに、今日、私たちが「ジェノサイド」概念の政治的使用において目撃していることへの洞察だったのではないのか。現代世界を記述する言葉に孕まれたこの緊張にどれほど鋭敏でありうるのか、そのことが日々の語りの実践のなかで問われているのだろう。

参考文献（本文中に示したものを除く）

American Society of International Law（1968–76）*The Vietnam War and International Law*, Vol. 1–4, Princeton University

Press.
Bloxham, Donald and A. Dirk Moses eds.（2010）*The Oxford Handbook of Genocide Studies*, Oxford University Press.
Duffet, John ed.（1968）*Against the Crime of Silence : Proceedings of the Russell International War Crimes Tribunal*, O'hare Books.
Carmichael, Cathie et al. eds.（2015）*The Routledge History of Genocide*, Routledge.
Shelton, Dinah L. ed.（2005）*Encyclopedia of Genocide and Crimes against Humanity*, 3 vols., Macmillan Reference.
Stone, Dan ed.（2008）*The Historiography of Genocide*, Palgrave-Mamillan.
Holovitz, Leslie Alan et al. eds.（2011）*Encyclopedia of War Crimes & Genocide*, Revised Edition, 2 vols, Facts on File.
Moses, A. Dirk ed.（2010）*Genocide : Critical Concepts in Historical Studies*, 6 vols, Routledge.
「特集・民衆法廷運動の軌跡と現在――「ラッセル法廷」を中心に」『歴史評論』第八二三号、二〇一八年。
伊藤正子（二〇一三）『戦争記憶の政治学――韓国軍によるベトナム人戦時虐殺問題と和解への道』平凡社。
クーパー、L（一九八六）『ジェノサイド――二〇世紀におけるその現実』高尾利数訳、法政大学出版局、一九八六年。
サルトル、J-P（二〇〇〇）『植民地の問題』鈴木道彦他訳、人文書院。
サンズ、フィリップ（二〇一八）『ニュルンベルク合流――「ジェノサイド」と「人道に対する罪」の起源』園部哲訳、白水社。
スナイダー、ティモシー（二〇一五）『ブラッドランド――ヒトラーとスターリン　大虐殺の真実（上）』布施由紀子訳、筑摩書房。
橋本伸也（二〇一六）『記憶の政治――ヨーロッパの歴史認識紛争』岩波書店。
橋本伸也編（二〇一七）『せめぎあう中東欧・ロシアの歴史認識問題――ナチズムと社会主義の過去をめぐる葛藤』ミネルヴァ書房。

橋本伸也編（二〇一八）『紛争化させられる過去――アジアとヨーロッパにおける歴史の政治化』岩波書店。

ビーヴァー、アントニー（二〇一五）『第二次世界大戦1939―45（上）』平賀秀明訳、白水社。

フォーク、R・A編（一九六八）『ベトナム戦争と国際法』佐藤和男訳、新生社。

藤本博編（二〇一八）『「1968年」再訪――「時代の転換期」の解剖』行路社。

前田朗（二〇〇二）『ジェノサイド論』青木書店。

松井芳郎他編（二〇〇五）『国際人権条約・宣言集（第3版）』東信堂。

第十一章　戦後日本の中国史研究における「近代」

小野寺史郎

日本の中国認識は、日本と中国それぞれのあり方、そしてそれにともなう両国関係のあり方と分かちがたく結びついていた（村田 二〇〇三、二一七頁）。特に近代以降においては、両国間の関係が何度も大きく変化したことで、日本の中国研究者はその都度歴史認識の見直しを余儀なくされてきた。大国化した中国にどのように向き合うかが問われる二一世紀の今日、日本の研究者は再びこの問題をめぐって深刻な選択を迫られている。

この問題を考える前提として、これまで日本の研究者たちが、近代以来の中国の歴史をどのような枠組みで捉えようとしてきたのか、そこで何が問題となり、それを乗り越えるためにどのような試みがなされてきたのかを検討することが不可欠である。ただ対象となる研究の量は膨大であり、論点も多く、紙幅は限られている。そのため本章は、ごく初歩的な作業として、戦後の日本の研究者たちがそもそも「中国の近代」をいかなるものと捉えてきたのかに焦点を絞り、大まかな議論の流れを整理することで、今後の検討の足がかりとしたい。なお、この問題を論じた先行研究も多いが、本書の性質上、直接引用した文献のみ記した。読者のご諒承を請いたい。

一　中国停滞論の否定と時代区分論争における「近代」（一九五〇年代〜）

戦前の中国論の否定

明治以降にできた日本の東洋史学においては、清末以降の同時代史は、学問的な研究対象というより時事問題として論じられる傾向が強かった。ただ、京都帝国大学の矢野仁一（一八七二〜一九七〇年）のように、アカデミズムの領域で、歴史学の手法を用いて清末以降の中国を研究する者がいなかったということではない（久保二〇一二）。

日本の敗戦、そして中国国民党と中国共産党の内戦が次第に後者の有利に傾くという衝撃の中で再開された日本の中国史研究にとって、まず課題となったのは、戦前の研究の否定だった。問題はその際、矢野に代表される戦前の研究の内容を批判的に乗り越えるのではなく、それらを無視することによって戦後の研究が始められたことである。

かわりに、戦前の研究の姿勢の問題性を代表するものとしてしばしば取り上げられたのが、津田左右吉（一八七三〜一九六一年）の日中比較論だった。戦中に広く読まれた津田の『支那思想と日本』（岩波書店、一九三八年）は、文化とはそれぞれの民族の「生活」に基づくものであるため、日本に対する中国文化の歴史的影響は表面的なもので、両者（およびインド）に共通する「東洋文化」なるものは存在しないとする一方で、日本のみはその後生活の「現代化」によって「現代文化、世界文化、即ちいはゆる西洋文化」（一七九頁）と一体化したとした。こうした日本の近代化に対する評価とセットになった中国停滞論が、中国ナショナリズムの高まりを正しく認識することを妨げ、戦前の日本の対中政策を誤らせた、とされたのである。

時代区分論における「近代」

こうした中国停滞論への批判から一九五〇年代に盛んになったのが、中国の歴史を発展段階として把握しようとする研究だった。たとえば東京の歴史学研究会などの研究者の間では、唐代中期の均田制の崩壊と宋代の佃戸制の成立を、封建制、つまり「中世」の始まりと位置づける時代区分が提唱された。これに対し、京都大学を中心とする研究者たちは、同じ均田制の崩壊、佃戸制の成立を土地私有制の開始、つまり「近世」の開始と位置づけ、この二つの立場を軸に、活発な論争が繰り広げられた。

ただ、後世から見たとき、この時期の時代区分論にはいくつかの問題が存在していたように思われる。一つは、当時は「世界史の基本法則」という考え方が非常に強い力をもつ中、いずれの時代区分法にせよ、問題となったのは専らヨーロッパ史の分析から生まれたマルクス主義の発展段階論を、どのように中国の歴史に当てはめるかであったこと（岡本 二〇一八、一四九―一〇五頁）。もう一つは、宋が中世か近世かが論争の焦点となる一方で、そのさらに次の時代がアヘン戦争（一八四〇～四二年）に始まるという点ではいずれの時代区分法も一致しており、そこが全く論点とならなかったことである。

このアヘン戦争を近代の始まりと見る歴史観とうまく適合したのが、毛沢東の「中国革命と中国共産党」（一九三九年）や「新民主主義論」（一九四〇年）だった。これらは、中国では清代まで非常に長い封建社会が続いた後、アヘン戦争によって「半植民地・半封建社会」に陥ったため、ブルジョア民主主義革命（一九一一年の辛亥革命＝「旧民主主義革命」）が不徹底に終わった。そのため五四運動（一九一九年）以降、プロレタリアートと中国共産党（一九二一年成立）の指導の下、諸階級の統一戦線による「反帝国主義・反封建主義」の「新民主主義革命」が展開された、とした。この歴史観に基づき、アヘン戦争以降を「近代」、五四運動以降を「現代」とする時代区分は、現在に至るまで中国共産党の公式見解となっている。「新民主主義論」は日本でも翻訳され、敗戦直後に広く読まれたため、日本の中国研究者たちに頻繁に引用された。一九四九年に中国共産党が内戦に勝利して中華人民共和国を成立させると、毛沢東思想の権威はより高まった。

ただ、こうした歴史観・時代区分がほぼ自明のものとされたことは、「中国の近代」をめぐる議論の深まりをさまたげることにもつながった。

二　日本論としての「中国の近代」（〜一九七〇年代）

竹内好の「中国の近代と日本の近代」

こうした歴史学の分野における議論とは別の方向から「中国の近代」を論じた初期の議論としてよく知られるのが、中国文学研究者竹内好（一九一〇〜七七年）の「中国の近代と日本の近代」である。竹内は近代を困難の克服による自己実現の運動と定義し、ヨーロッパの侵入と東洋（＝中国＝魯迅）の抵抗をともに近代の契機とみなす一方、そうした困難に抵抗する過程を経なかったとして明治以来の日本を強く批判した。

　近代とは、ヨオロッパが封建的なものから自己を解放する過程に〔……〕その封建的なものから区別された自己を自己として、歴史において眺めた自己認識であるから、〔……〕自己を自己たらしめる、そのためその困難と戦う、無限の瞬間がなければ、自己は失われ、歴史も失われるだろう。〔……〕東洋は抵抗を持続することによって、ヨオロッパ的なものに媒介されながら、それを越えた非ヨオロッパ的なものを生み出しつつあるように見える。〔……〕抵抗を通じて、東洋は自己を近代化した。抵抗の歴史は近代化の歴史であり、抵抗をへない近代化の道はなかった。〔……〕抵抗がないのは、日本が東洋的でないことであり、同時に自己保持の欲求がない（自己がない）ことは、日本がヨオロッパ的でないことである。つまり日本は何物でもない。（竹内　一九四八、五、八―一〇、二六頁）

竹内の議論のもう一つの特徴は、「中国文学を後進国文学として映す日本文学の目は、中国文学を正しく映しているだろう。〔……〕それは自分が歴史にはいりこまないで、歴史というコオスを走る競馬を外から眺めている。自分が歴史へはいりこまないから、歴史を充実させる抵抗の契機は見失われるが、そのかわり、どの馬が勝つかはよく見える」（竹内　一九四八、四五頁）として、マルクス主義に代表される客観的な指標を外部から対象にあてはめる「科学的方法」による歴史学を批判したことである。

竹内の議論は以後の日本の中国研究に大きな影響を及ぼした。また、認識自体の「科学性」如何よりも、日本人としての立場性や主体形成の問題を重視する竹内に類する主張も、その後の日本の中国研究においてくりかえし現れてくることになる。その背景として、一九四九年以降も日本政府が台湾に移転した中華民国を承認し、大陸の中華人民共和国との間に長期間正式国交のない状態が続いたという事情がある。中国の近代史に関する史料、同時代の情報がともに断片的にしか得られず、自らの歴史認識を現実に照らし合わせて検証するという一般的な方法をとることが難しい状況の下で、議論が観念的な、内向きの自己分析に向かいがちだったとも言える。

一九六〇年代の日本の中国史研究をめぐる状況

一九六〇年に広まった日米安全保障条約改定反対運動は、研究者の間に、日本において中国近代史を研究する意味は何か、日本人としてどのように中国に関わるべきか、といった問題意識を高めることになった。その問題意識が具体的に表れたのが、近代化論に対する批判と、ＡＦ財団資金問題である。

安保問題後にアメリカ駐日大使として着任したE・O・ライシャワーは著名な日本研究者でもあった。そのライシャワーの議論は、日本の近代化（＝経済成長）の速度と、中国の近代化の緩慢さを対置し、その原因は日中の社会構造の違いにあるとするものだった（ライシャワー 一九六三）。こうした戦前の津田左右吉のそれとも通じる議論に対し、中国近代史研究者の多くは批判的な態度をとった。

後者は、一九六二年、アメリカのアジア財団・フォード財団が、日本の研究機関である東洋文庫を受け入れ窓口として、現代中国研究を目的とする多額の資金を提供することとなったのに対し、研究の自律性・主体性への懸念という視点から批判が高まったものである。各地の研究者の間で連絡会議が作られ、東京でシンポジウムが開かれるなど、この問題は当時幅広い関心を集めた（中国研究者研究団体連絡会議 一九六二）。ただ市古宙三（一九一三〜二〇一四年）のように、早い段階からアメリカの研究手法の導入に積極的だった研究者もおり、その下で東洋文庫近代中国研究委員会は一九五〇年代からロックフェラー財団の資金援助を得ていた。そのためAF財団資金の件が特に大きな問題となったのは、前述のような社会状況の変化とともに、当時の日本の研究者側の意識の変化によるところも大きい。最終的には東洋文庫は受け入れを決めたが、結局AF財団の資金援助は短期間で中断されることになった（東洋文庫近代中国研究班 二〇一六）。

「近代主義」批判と主体的な研究の模索

またこの時期には、中国史研究者の間で一九五〇年代の研究に対する不満も表明され始めていた。この背景には、一九五〇年代半ばに展開された「国民的歴史学運動」が失敗に終わったこと、遠山茂樹らの『昭和史』（岩波書店、一九五五年）が「人間不在」と批判されたことなど、日本の歴史学界全体をめぐる状況も関係していた。

この時期に中国史の分野で取り上げられた話題は大きく二つあった。一つ目は、前述のように現実の問題と学問の関係をどのように位置づけるかをめぐる葛藤であり、日本で中国を研究する目的は何かという立場性への問いだった。二つ目は、ヨーロッパを基準とした「近代主義」的な歴史観への批判であり、それはマルクス主義の発展段階論を機械的にアジアに適用することへの疑問にもつながっていた。この二つの課題を乗り越えることが、日本の主体的な中国研究を作り上げるために必要だとされたのである。

代表的な議論を挙げると、たとえば中国史・朝鮮史研究者の旗田巍（一九〇八～九四年）は、戦前の東洋史研究に対し、学問を現実・思想と切り離そうとしたことが逆に時局への追随を招いた、ヨーロッパ文明を基準とした「近代主義」がアジアへの蔑視感・優越感をもたらし、アジアの変革を認識できなかったと批判し、「現実への注視、思想と学問との統一、歴史の体系的認識」を主張した（旗田 一九六二、三四頁）。

中国古代史を専門とする増淵龍夫（一九一六～八三年）も、明治以来の日本のアカデミズム史学の「過去を過去として、いわば現実からきりはなされた「客観的」存在として、そこにおける因果関係を解明することを任務とする、狭い専門としての史学方法」、津田左右吉に代表される、西洋由来の「近代主義」に基づいて中国を遅れたものと見なす視角を否定し、「日本のそして自己の主体的な姿勢の樹立への努力なくしては、他国史の理解は不可能なのではないだろうか」（増淵 一九六三、一六二、一六五頁）と問いかけた。

こうした当時の議論が、現実と学問の関係、明治以来の日本の「近代主義」への批判、西洋に対する抵抗の欠如や日本人としての主体性を重視する点で、竹内好のような議論と共通する問題意識をもっていたことは否めない。

ただ、これらの文章はあくまで研究姿勢の問題、日本の過去の研究に対する批判的検討の必要性、研究の方法論について論じたものであって、実際に「中国の近代」に対する歴史記述を行ったものではない。

当時試みられた、このような問題意識に基づく歴史記述の例として田中正俊（一九二二～二〇〇二年）の研究が挙げられる。田中は、一九世紀のイギリスによる資本主義世界市場の形成によって「人類の歴史は、はじめて、諸国史・諸地域史が全体世界のなかで相互規定的に連関しあうひとつの世界史＝近代世界史を構成してゆく」としつつ、「しからば、中国の「近代」は、近代西欧列強の衝撃《イムパクト》といわれる国外的条件によって、まったく他律的＝外因的に成立したのであろうか？」という問いを発し、「ミッチェル報告書」から中国の農民経営の「解体と抵抗」を読み取ろうとした。

中国史において「近代」と呼ばれるものは、アヘン戦争＝南京条約以前にすでに自生的・内発的に発展＝解体過程を歩みつつあった旧中国社会が、アヘン戦争以後、西欧近代資本主義の侵入による解体という近代世界史的な国際的契機との同時進行的な連関のなかにおいて、みずからの発展＝解体を媒介としつつこれに抵抗し、またこの抵抗を媒介としつつ、さらにみずからを変革＝解体し、したがってその成果として、主体形成――新たな主体の自己創出――を推進する過程にほかならないであろう。（田中　一九七一、一九―二一頁。傍点は原文による）

アヘン戦争以前の「資本主義の萌芽」の有無は、中国でも一九五〇年代以来論じられてきたテーマだが（田中一九五七）、一方で列強と資本主義の侵入への抵抗による主体形成の過程が近代だという主張は、ここまでに見たような一九六〇年代の日本における議論の帰結でもあった。ただこのように変革主体の形成という問題を重視する一方で、同時期の田中が市古宙三らとともに非常に実証的な歴史学の方法についても論じていたことは、以後の研究史の展開を考える上で重要である（田中　一九七四）。

中国の変容と科学的研究の再提起

前述のように当時は、大陸との往来が途絶える中で、日本のいわゆる進歩的知識人の間に、中華人民共和国を理想化し、過度に高く評価する傾向が見られた時期だった。一九六五年のベトナム戦争激化から、反戦運動や、アメリカへの批判もさらに高まっていた。そのため一九六六年に中国で文化大革命が始まると、日本の中国研究者の多くはこれを支持する立場をとり、文革に懐疑的な見方をもつ研究者が排除を受けるという状況も生じた（代田 二〇一八）。

ただ、やはり主体性の問題から出発して、中国共産党の歴史観の無批判な受容に疑問を呈する研究者もあった（前述の増淵の文章も、過去の中国に対する蔑視と、現在の中国に対する礼賛はともに主体欠如の表れだと指摘していた）。野沢豊（一九二二〜二〇一〇年）は、東京教育大学中国近代史研究会における議論を次のようにまとめ、戦前以来の学説史の批判的整理、「日本における中国近・現代史研究の内部批判」の必要性を主張した。

> 一般的にいって、日本の歴史学が、昭和初期に導入されたマルクス史学により構造的把握という点でも数歩の前進をとげたことは否定しえないであろうが、東洋史学の場合には、国際的な〝アジア的生産様式論争〟にまきこまれる中でスコラ的な空論が支配的となり、かえって〝停滞性理論〟を固定化することで近・現代中国における発展的素因を見失なわしめる結果ともなった。戦後、この点の十分な検討が行われることとなしに、たちまち教条主義的に毛沢東理論にとびついていったことが、かえって戦後日本の中国近・現代史研究を実り少ないものとさせたように思われる。一種の清算主義的傾向がその間にうまれ、自己の足場を見失って、状況に対する〝ベッタリ主義〟がもたらされたということができよう。（東京教育大学中国近代史研究会 一九六二、四頁）

現実の中国と日中関係は、この後、一九七一年を境に大きく変動することとなる。この年、中華人民共和国とアメリカの関係改善が突如発表された。このことは、欧米への抵抗が中国の近代だと主張してきた日本の研究者たちに大きな衝撃をもたらした。同年に林彪事件が起こり、翌一九七二年に日中の国交が正常化したことで、文化大革命の実態が次第に知られるようになると、それまでにかけた期待の大きさに比例して幻滅が広まった。一九七六年の毛沢東の死と文革の終結、一九七八年の改革開放政策の開始、一九七九年の中越戦争は、中国を近代化論と国家主権で説明可能な「普通の国」に変えてしまった。「文革の時にみられたような「中国とは何か」とか、「中国研究と自己のかかわり如何」とかいう問題が次第に表には出てこなくなった」（セルデンほか 一九七八、二二二頁）所以である。社会科学分野からは、実践に資するような歴史でなければならないとする考え方こそが中国認識を歪めてきたとする批判すら向けられた（中兼 一九七六）。一九八〇年代に入ってソ連や東欧の行き詰まりが明らかになると、マルクス主義という議論の共通の土台自体が力を失う中、時代区分論争も消滅に向かった。

こうした中、日本における中国研究の姿勢を再び問い直す動きも生れた。野沢豊は個人誌『近きに在りて』の創刊号で「中国研究、ないしは中国近現代史研究が、本来的に時代の動きと密接にかかわりあう形でおこなわれてきたことは否定しえないが、「文革」を経過するなかで、冷静に、客観的に中国問題を分析する必要が多くの人に感じられるようになったことは、大いに歓迎すべきことであり、ここにいたって初めて科学的な中国研究が、その出発点にたったともいえるほどである」（野沢 一九八一、一頁）と述べ、かつては否定的に言及されていた客観的・科学的な中国研究こそが必要なのだという立場を改めて明確にした。結果的には以後の日本の中国研究は（かつての文革支持派の大部分も含めて）この方向に展開していくこととなる。

三　脱「革命中心史観」後の「中国の近代」（一九八〇年代〜）

溝口雄三の「中国の近代」

こうした状況の下、「中国の近代」の見方にも変化が生じ始めた。むしろ、それまで総じて自明視されてきた「中国の近代」に初めて根本的な疑問が呈され、議論の対象となったと言ってもよいかもしれない。

溝口雄三（一九三二〜二〇一〇年）の「中国の近代」論は、その中でも特異であり、また影響の大きかったものと言える。溝口は当時の中国の変動を背景に、戦後日本の中国観を竹内好に代表させ、これを強く批判した。

その場合その〔津田左右吉らの近代主義的中国観を批判する〕有力なよりどころの一つが、たとえば竹内好氏の「魯迅」や「中国の近代と日本の近代」にみられる中国観であったろう。それは日本のいわゆる脱亜的な近代主義を自己批判し、その反面それの対極におしやられていた中国に、かえってあるべきアジアの未来を憧憬したものであり、端的にいうならばわたくしたちの中国研究の起点には基本的にこの憧憬が、まずあった。この憧憬なるものは、さまざまの日本内的自己意識、すなわち日本の近代百年にかかわるさまざまの反あるいは非日本意識の対極に、いわば反自己意識の投影像として自己内に結ばれたそれにむけられたもので、だからそれはあらかじめ主観的なものであった。憧憬は客観的な中国に対してではなく、主観的に自己内に結像された「わが内なる中国」にむけられたものであった。（溝口　一九八〇 a、三頁）

つまり、「わが内なる中国」という問題意識は、むしろ現実の中国の不在をもたらし、それが文革の礼賛という誤った中国観を招いたとしたのである。その上で溝口は、ヨーロッパへの抵抗を「中国の近代」とする竹内の議論を批判し、中国の近代とヨーロッパの近代はそもそも別個のものだとして、前近代からの連続性、内発的発展の要素を重視すべきとした。

事実はといえば、もともと中国の近代はヨーロッパを超えてもいなければ、とり残されてもたちおくれてもいない。それはヨーロッパとも日本とも異る歴史的に独自の道を、最初から辿ったのであるし、今でもそうなのである。〔……〕中国の近代はほかならぬそれ自身の前近代をあらかじめ母胎としており、したがってそれは中国の前近代の歴史的独自性をみずからの内に継承するものである。〔……〕いいかえれば、もともと中国はヨーロッパ的近代への趨向をはなからもたなかったのであり、それは〔西欧型に追随する条件の〕「欠如」や「虚無空白」というよりは、やむにやまれぬ中国的近代の充実であり、その充実の継承のゆえに彼らはまたその前近代の母斑の制約をうけざるをえない。そしてついでにいえば、その制約との葛藤のあらわれの一つがたとえば文化大革命の「十年の動乱」でもあろうというのである。（溝口 一九八〇b、八・一〇頁）

ヨーロッパ近代の視点から中国を見ることへの批判という点ではそれまでの議論と共通しつつも、中国の近代をヨーロッパの近代と完全に切り離し、専ら前近代との連続性を強調する（その意味では津田左右吉とも共通する）点に溝口の議論の特徴がある。そしてそこから帰結されるのが、アヘン戦争と「西洋の衝撃」（J・K・フェアバンク）を近代の開始とする時代区分、そして「革命」を最初から到達点として設定し、そこから遡及的に中国近代史の展開を描く歴史観（後に「革命中心史観」と呼ばれるようになる）に対する激しい批判である。

戦後日本の中国近代史研究を全面的に批判する溝口の議論には当然ながら様々な反論が寄せられたが、批判側の論点が主に溝口の実証面での粗さに向けられたこともあり、議論はかみ合わなかった。また、あまりに独自性の強い内容と、後述する一九九〇年代以降の中国近代史研究のさらなる変化から、溝口の議論を直接継承した日本の研究者はいない。ただ、「革命中心史観」への批判という点は、その後の研究に基本的に受け入れられ、現在に至っている。

中国の独自性、伝統との連続性の強調

同じく一九八〇年代から一九九〇年代にかけて大きな影響力をもったのが濱下武志（一九四三年〜）の「中国の近代」論である。濱下もやはり西欧を基準とした発展段階をアジアに当てはめること、アジアの近代史を「西洋の衝撃」に対する反応として描くことを批判し、アジアの独自性や内発的要因を重視すべきとした。「伝統は本来近代と対比されるべきものではなく、むしろ近代を生んだ土壌として捉えられるべきであり、近代の性格自体が伝統によって制約されているという関係を見る必要がある」（濱下 一九八六a、一一九―一二〇頁）。「本稿は、アジアを一つの歴史的システムとして捉えようとする試みである。そこに存在した朝貢システムの変容に対して如何に係わったかという点が、近代を検討する不可欠の要締〔諦〕であるとするならば、近代は西洋の衝撃とそれへの対応の程度で測られるのではなく、それをも手段として伝統的システムに還元させ、そのより基底的な特質を如何に顕在化させていったのか、その展開のあり方こそが吟味されなければならない」（濱下 一九八六b、五四頁）。

アジアに、中国との朝貢を媒介にした独自の広域地域秩序が存在し、それが近代以降にまで影響を及ぼしているとする濱下の「朝貢貿易システム論」は当時一世を風靡した。現在では実証的な面から様々な反論が寄せられ

ているものの、そうした朝貢やアジアの域内関係をめぐる議論の高まり自体が、濱下の影響を受けたものでもあった。

このように、一九八〇年代にはヨーロッパに対するアジアの独自性を強調する議論が高まった。これは日本に限らず欧米の学界にも類似した傾向であり（P・コーエンの提起した“China-centered approach”など）、その背景には同時代のアジアの経済発展への関心の高まりや、西洋中心主義への批判があった。

中華民国の近代化への評価（一九九〇年代～）

現実の中国との関係で言えば、一九八九年の六四天安門事件は、ふたたび日本の研究者の中国認識に深刻な衝撃を与えた。中国共産党に自らの理想を投影するような中国論は以後ほとんど見られなくなった。ただ「中国の近代」への視点との関連で言えば、大きな問題は、日本社会が中国政府批判一色に染まる中、民主化運動の弾圧を、中国の伝統からの連続性で説明する傾向が強まったことである。こうしたかつての停滞論にも通じる議論と、ヨーロッパと中国の異質性を強調する溝口らの主張との間に、一種の親和性があったことは否めない。

ただ伝統からの連続性を過度に強調することに反対し、中国近代史上の民主や憲政の試みに着目し、それらと同時代の民主化運動のつながりを重視する研究者もあった（六四中国近現代史研究者声明有志連絡会 一九八九）。これは、「革命中心史観」を否定しつつも、特に中華民国の大陸統治期（一九一二～四九年）に、中国が欧米や日本と共通する価値観や制度を取り入れようとしたことを重視するものだった（この見方に立つと、中華人民共和国の成立から文革までの社会主義時代が中国近現代史上むしろ特殊な時期だったことになる）。山田辰雄（一九三八年～）はこれを「民国史観」と名づけたが、こうした議論の前提にあったのは、やはり「運動の論理」と学問を直接結びつけた戦後の中国研究への批判だった。

多くの研究者は、正義の民主化運動と悪の権化としての政府・党の対立というマス・メディアのつくり出した構図にのって天安門事件をとらえようとした。〔……〕しかし、このような運動の論理をもち込むことによって、多様な学問的認識の可能性を塞ぐことにならないか、ということを私は憂慮している。つまり、民主化運動に同調する観点から今回の事件を見ないことが、すべて反民主化として葬り去られる危険性があるということである。〔……〕これは、かって日中友好運動や文革の中で支配的であった論法と同じものであるといわなくてはならない。（山田　一九九〇、八六―八七頁）

近代の負の面の普遍性

一方で、一九八〇年代以降、中国史研究自体は中国内外で急速な発展を遂げていた。改革開放政策の下で大量の史料が公刊されたこと、それまで不可能だった大陸での調査や学術交流が次第に可能となったこと、前述のように客観的・科学的な中国史が主張される中で実証研究の水準が飛躍的に高まったことがその背景にある。西洋史や日本史の研究手法や理論を積極的に取り込もうとする動きも広まった。

一九九〇年代の中国史研究に特に影響を与えた理論として、国民国家論やジェンダー研究が挙げられる。こうした立場から新たな「中国の近代」の見方を提起した代表的な研究者が坂元ひろ子（一九五〇年～）である。坂元は、竹内好も溝口雄三も、西洋と東洋の二元論を前提としている点では同じだと批判し、近代における世界の共時性、近代の問題としての普遍性を重視し、「一国内発史観」「中国特殊論」を否定した。

中国でそうだというばかりでなく、戦後の日本の近現代中国研究でも中国のナショナリズムにはなべて肯定的だったといっていい。侵略戦争を仕かけてはかりしれない危害を加えたものの、中国の抗日民族統一戦

> 線に最終的には敗北した日本人の側としては、良心的な研究者ほどそれへの反省から中国の抵抗を支えたナショナリズムの意義を認め、高く評価しがちであった。そこに竹内好に典型的な「ヨオロッパを越えて非ヨオロッパ」的中国近代像が成立する基盤があった。
> 　ところでその竹内好的な「非」という考え方に表れた対ヨーロッパという意識を、溝口雄三はヨーロッパ回路のまなざしとして批判した。つまり、よりナショナリスティックな立場を求めるのであろう。「もともと中国はヨーロッパ的近代への趨向をはなからもたなかった」〔……〕という。〔……〕欧米各国にしても東洋の場合同様、それぞれ異なる内因性をもつ。だとして、なおかつ近代の重要な特色として、でこぼこはあってもネイション・ビルディングという課題にからんだある普遍性を見出せるのではないだろうか。つまり、アジアもまたその普遍性をかなり共有した、またせざるをえないほどの怪力を近代はもったのではないか。「非」や「超」や「異」といった、なるほど格好のよい見方をもねじ伏せてしまわんばかりの怪力を。
> （坂元　一九九五、六一―六二頁）

坂元は以後の研究で、中国近代史上進歩的とされてきた知識人たちの議論が内包する人種主義、優生学的発想、性差別などの問題を鋭くえぐり出していった。つまり、それまで専ら問題とされてきた中国の伝統ではなく、近代がもたらした問題に焦点を当てたのである。そしてそれは中国近代史上の様々な論点を、中国の特殊性や個別性ではなく、同時期の、さらには現在の欧米や日本と共通する問題と捉える視座を提供した。にもかかわらず、当時においてはこうした議論は同じ中国研究者から「反中国」のレッテルを貼られたという（坂元　二〇〇四、二六六頁）。

「中国」というネイションの自明性を国民国家論の視点から解体し、また国家の別なくナショナリズムは相似した問題をはらむとした坂元の議論は、やはり戦後日本の中国近代史の見方に根本的な批判を突きつけるものだった。こうした議論の背景には、中国の市場経済化の進展によって、中国社会の特殊性よりも、欧米や日本と共通する問題が目立つようになったこと、冷戦終結後の世界的なエスニック・ナショナリズムの高まりの中、中国国内でもモンゴル、ウイグル、チベットなど「少数民族」の問題が注目されるようになったことがあった。歴史を構成主義的に捉える傾向が強まったこともあり、かつては非常に重視された歴史における主体といった問題は以後あまり論じられなくなっていく。

前述の「民国史観」が近代の正の面の普遍性に注目したものだとすれば、坂元に代表される議論は近代の負の面の普遍性に着目したものだった。いずれにせよ、この時期には「中国の近代」の特殊性よりも、他地域との共通性を強調する研究が増加する。

四　日本における「中国の近代」の現在と未来

一九九〇年代以降の、中華民国期の近代化を評価する研究の背景に、長期的には中国も資本主義化と経済発展にともなって、議会制民主主義や基本的人権といった、西側と共通する体制・価値観を受容していくという予想があったことは否めない。

しかし、中国がその後予想を超えた経済発展を遂げ大国化する一方で、政治体制に全く変化が現れないという現状、そして西側の価値観自体のゆらぎの中で、「中国の近代」に対する見方を再び問い直す声も現れている。つまり、中国の特殊性、現在の中国と伝統社会との連続性をやはり重視すべきだという主張である。また、それとも関連して、中国史における「近世」をめぐっても重要な議論がなされているが、本章では触れることができなかった。こうした現在の議論の研究史上の位置づけは、今後の課題としたい。
ただ、今後も日本と中国、そして両者の関係が何らかの形で変化し続けることは間違いないし、日本の中国認識、中国史研究がそこから強い影響を受けていくこともまた確かだろう。そもそも中国史研究の分野では日中の学術交流が当たり前のものとなっており、多数の中国人留学生が日本の大学院で中国史を学んでいるという現在の状況からすると、「日本の中国史研究」なるもの自体がすでに自明ではなくなりつつある。
ただいずれにせよ最も重要なのは、歴史認識の変遷を単なるその時々の「モード」の揺り戻しや反復と見なすのではなく、試行錯誤と位置づけ、積み重ねていくことで、より永続性のある歴史観の構築を目指すことだろう。それには過去の議論を一過性のものとして看過するのではなく、研究史として整理することで、同じ誤りを犯したり、同じ議論を繰り返したりすることを避けなければならない。また一方で、ある時点で非常に重視された論点が、その後全く取り上げられなくなっている場合は、その背景にどういった文脈があるのかを問わなければならない。平凡と言えば平凡に過ぎるが、歴史学が進歩する学問であり得るとすれば、他に方法はないのだから。小文がもしそのために何らかの役に立つことがあれば、これに過ぎる幸いはない。

参考文献

岡本隆司（二〇一八）『近代日本の中国観――石橋湛山・内藤湖南から谷川道雄まで』講談社。

久保亨（二〇一一）「同時代日本の中華民国認識――矢野仁一の中国論を中心に」久保亨・嵯峨隆編『中華民国の憲政と独裁一九一二―一九四九』慶應義塾大学出版会、二一五―二三六頁。

坂元ひろ子（一九九五）「中国民族主義の神話――進化論・人種観・博覧会事件」『思想』第八四九号、六一―八四頁（坂元ひろ子（二〇〇四）にも収録）。

坂元ひろ子（二〇〇四）『中国民族主義の神話――人種・身体・ジェンダー』岩波書店。

代田智明（二〇一八）「戦後近現代中国文学研究管窺――モダニティ・中国・文学」代田智明監修、谷垣真理子・伊藤徳也・岩月純一編『戦後日本の中国研究と中国認識――東大駒場と内外の視点』風響社、一二七―一四六頁。

セルデン、M、J・W・エシェリック、中村義、山極晃（一九七八）「座談会中国認識の再検討――近代史研究の視点から」『世界』第三九五号、二一三―二二八頁。

竹内好（一九四八）「中国の近代と日本の近代――魯迅を手がかりとして」竹内好・吉川幸次郎・野原四郎・仁井田陞『東京大学東洋文化研究所東洋文化講座三――東洋的社会倫理の性格』白日書院、一―六〇頁〔竹内好『竹内好評論集三――日本とアジア』筑摩書房、一九六六年、などにも収録〕。

田中正俊（一九五七）「中国歴史学界における「資本主義の萌芽」研究」鈴木俊・西嶋定生編『中国史の時代区分』東京大学出版会、二一九―二五二頁〔田中正俊『中国近代経済史研究序説』東京大学出版会、一九七三年、にも収録〕。

田中正俊（一九七一）「中国社会の解体とアヘン戦争」『岩波講座世界歴史二一――近代世界の展開Ｖ』岩波書店、一九―八〇頁〔同前〕。

田中正俊（一九七四）「社会経済史――論文の出来るまで・一つの実験」坂野正高・田中正俊・衛藤瀋吉編『近代中国研究入門』東京大学出版会、九七―一六五頁〔田中正俊『東アジア近代史の方法――歴史に学ぶ』名著刊行会、一九九九年、にも収録〕。

中国研究者研究団体連絡会議（一九六二）『アジア・フォード財団資金問題に関する全中国研究者シンポジウムの記録』。

東京教育大学中国近代史研究会（一九六三）「二十世紀中国研究の視点」『歴史教育』第一一巻第一号、一―四頁。

東洋文庫近代中国研究班（二〇一六）『近代中国研究と市古宙三』汲古書院。

中兼和津次（一九七六）「現代中国と社会科学的認識」『経済評論』第二五巻第八号、六―一八頁。

野沢豊（一九八一）「発刊の辞」『近きに在りて――近現代中国をめぐる討論のひろば』第一号、一―二頁。

旗田巍（一九六二）「日本における東洋史学の伝統」『歴史学研究』第二七〇号、二八―三五頁〔幼方直吉・遠山茂樹・田中正俊編『歴史像再構成の課題――歴史学の方法とアジア』御茶の水書房、一九六六年、野沢豊編集・解説『歴史科学大系一四――アジアの変革（下）』校倉書房、一九八〇年、にも収録〕。

濱下武志（一九八六ａ）「伝統経済と現代化問題」『日中京都シンポジウム――アジア・太平洋地域の発展と地域間交流』総合研究開発機構、一一七―一二三頁〔濱下武志『近代中国の国際的契機――朝貢貿易システムと近代アジア』東京大学出版会、一九九〇年、にも収録〕。

濱下武志（一九八六ｂ）「朝貢貿易システムと近代アジア」『国際政治』第八二号、四二―五五頁〔同前〕。

増淵龍夫（一九六三）「歴史意識と国際感覚――日本の近代史学史における中国と日本（Ｉ）」『思想』第四六四号、一六一―一七八頁〔増淵龍夫『歴史家の同時代史的考察について』岩波書店、一九八三年、にも収録〕。

溝口雄三（一九八〇ａ）「「中国の近代」をみる視点（一）」『ＵＰ』第九六号、一―五頁〔溝口雄三『方法としての中国』東京大学出版会、一九八九年、にも収録〕。

溝口雄三（一九八〇ｂ）「「中国の近代」をみる視点（二）」『ＵＰ』第九七号、六―一〇頁〔同前〕。

村田雄二郎（二〇〇三）「現代日本のアジア研究とナショナル・アイデンティティ」佐々木毅・山脇直司・村田雄二郎編『東アジアにおける公共知の創出――過去・現在・未来』東京大学出版会、二一三―二三〇頁。

山田辰雄（一九九〇）「今こそ民国史観を」『近きに在りて――近現代中国をめぐる討論のひろば』第一七号、八六―九〇頁。

ライシャワー、エドウィン・Ｏ（一九六三）「日本と中国の近代化」『中央公論』第九〇五号、六〇―七〇頁。

六四中国近現代史研究者声明有志連絡会（一九八九）『中国――民主と自由の軌跡』青木書店。

第十二章　韓国「歴史戦争」と大韓民国臨時政府

小野容照

大韓民国（以下、韓国）の歴史認識問題といえば、まず思い浮かぶのは日本や中国との歴史認識の対立であろう。日本とは植民地支配の責任や評価をめぐって、中国とは高句麗史が朝鮮史なのか中国史なのかという帰属をめぐって、歴史認識が対立してきた。また、同じ民族であっても、朝鮮民主主義人民共和国（以下、北朝鮮）における歴史叙述や歴史認識は、韓国のそれとは全く異なる。

さらに韓国内では、近年、保守・右派と進歩派・左派のあいだでも、朝鮮近現代史、とくに韓国の「建国」をめぐって、歴史認識が深刻なまでに対立している。本章では、この問題を独立運動の記憶、とくに大韓民国臨時政府に着目しながら論じていく。

一　韓国「歴史戦争」の勃発

韓国の「建国」？

一九四五年八月一五日の日本の敗戦により、朝鮮半島は植民地支配から解放された。その三年後の一九四八年、南では八月一五日に韓国が、北では九月九日に北朝鮮がそれぞれ「建国」され、今日まで続く分断体制が確立する。

韓国と北朝鮮の樹立に関して、ここでカッコつきの「建国」としたのには理由がある。九月九日を建国記念日（人民政権創建日）として祝日にしている北朝鮮とは異なり、韓国では八月一五日は祝日だが、「光復節」、すなわち日本の植民地支配からの解放記念日であり、建国記念日ではない。また、一九四八年八月一五日に執り行われたのも正確には「大韓民国政府樹立宣布式」であり、これを「建国」とみなすかをめぐっては、韓国内で認識の対立がある。

二〇一五年八月一五日、当時の大統領の朴槿恵は光復節の慶祝辞で「本日は光復七〇周年であると同時に、建国六七周年を迎える歴史的な日であります」と述べた。しかし、一九四八年を韓国の「建国」とみなす朴の発言は、憲法違反や歴史歪曲にあたるという批判を浴びることとなった。朴は翌年の慶祝辞でも同様の発言をしたが、これに対し、当時、野党の共に民主党の代表だった文在寅は自身のFacebookで「これまで大韓民国の歴代政府は一九四八年八月一五日を建国日ではなく、政府樹立日として公式に表記してき」たので、これを「建国」とすることは、「歴史を歪曲し、憲法を否定する反歴史的、反憲法的主張であり、大韓民国の正当性を自ら否定する間抜けな主張」だと激しく批判した（『한겨레新聞』二〇一六年八月一五日付）。

一般的に朴槿恵は保守派・右派、文在寅は進歩派・左派に分類される政治家である。端的にいえば、朴政権の与党だったセヌリ党（現・自由韓国党）を中心とする保守派の政治家が一九四八年の「建国」を唱え、共に民主党を中心とする進歩派の政治家が、これを憲法違反、歴史歪曲だと批判する構図である。この構図は二〇一七年の政権交代によって、文が大統領、共に民主党が与党となった現在も変わっていない。

それでは、一九四八年の「大韓民国政府樹立」を「建国」とみなすことが、なぜ憲法違反の疑いや歴史歪曲にあたるのだろうか。

歴史戦争

本題に入る前に、一九四八年の「建国」をめぐる問題が、韓国内における歴史認識の対立にとどまらず、「歴史戦争」ともいい得る状況になっていることに触れておきたい。

歴史戦争はエノラ・ゲイの展示をめぐる論争の際にアメリカで生まれた用語であり、日本では右派・保守系のメディアが好んで使う。山室信一によれば、現在の日本における歴史戦争は「相互の論戦・論争というよりは、相手を歴史歪曲として一方的に攻撃するもの」であり、政治的勢力の介入を背景とする「記憶をめぐる戦争」として展開されているという（山室 二〇一八、二七〇―二七一頁）。

後述するように、韓国では二〇一六年に歴史教科書の国定化をめぐって保守派と進歩派で激しく対立した。そのため歴史教科書問題を扱った論文や著書が多数発表されたが、そのなかに金正仁『歴史戦争、過去を解釈する戦い』がある。金正仁は歴史戦争の定義を明確にしていないが、「過去と記憶の問題」が政争の要因になり下がり、歴史認識の溝を埋めるための「歴史対話」が困難になった状況を歴史戦争と表現している（金正仁 二〇一六、九―一〇頁）。

韓国の場合、保守派の朴槿恵が提示する一九四八年「建国」という歴史認識を、進歩派の文在寅が歴史歪曲として批判しており、主に右派が相手を歴史歪曲として攻撃することの多い日本とはやや異なる面もある。しかし、過去や記憶の政治化、論争・対話が困難な状況などは日本も韓国もさほど変わらないであろう。それでは、韓国ではどのようにして歴史戦争が幕を開けたのだろうか。

ニューライトの登場

歴史認識の対立はいつの時代もある。しかし金正仁によれば、二〇〇八年の李明博政権の発足以降、歴史をめぐる論争の性格が学術から政争にシフトし、論争が困難になったという（金正仁 二〇一六、八頁）。そしてその背景には、ニューライトの登場があった。

ニューライトとは従来の右派・保守（オールドライト）とは異なる、新しい右派・保守を志向する運動やその勢力を指す。ソウル大学校名誉教授の安秉直らが代表的である。

保守派の知識人にとって、一九九八年から二〇〇八年までの金大中・盧武鉉の進歩派政権の時代は「失われた一〇年」であった。とりわけ盧武鉉が親日派（植民地時代に日本の支配に協力した人物）などの「過去事精算」事業や、国家保安法（主に反共産主義の維持を目的とする治安立法）の廃止を目指すなど各種の改革に着手した二〇〇四年頃に保守派の危機感が高まった。これに北朝鮮のミサイル開発による南北関係の悪化が重なり、ニューライト運動が本格化した。従来のオールドライトは反共（および共産主義体制の反北朝鮮）を理念とし、解放後の韓国で長らく続いた軍部の独裁や権威主義体制を支持してきた。一方、ニューライトは自由市場経済を最も重要な理念として掲げ、「新自由主義の韓国的変形」を目指した。そのため、軍部独裁や権威主義についてはオールドライトの限界として批判している。また、安秉直はマルクス経済学の立場から朝鮮経済史に関する実証的研究を積み重ねてきた経済学者であり、そのほか左派から転向した知識人も多数参加するなど、担い手もオールドライトとは異なる（尹海東 二〇一二、二二九、二三二頁）。

とはいえ、当然ながら新自由主義は共産主義とは相容れない。新自由主義を志向するニューライトは、反共・反北を通してオールドライトと結びつき、勢力を拡大することとなった（金正仁 二〇一六、一七四―一七五頁）。そして二〇〇八年、約一〇年振りの保守政権となる李明博政権が誕生して以降、ニューライト系の知識人は政権の支持を得ながら歴史認識問題に介入し、朝鮮近現代の「記憶をめぐる戦争」が幕を開けることになる。

二　ニューライトと「建国節」

ニューライトが自身の歴史観や理念を浸透させるために着目したのは、ひとつは歴史教科書であり、もうひとつは記念日の創造であった。まずは前者の歴史教科書問題をニューライトの基本的な歴史観とともに概観しておこう。

ニューライトの歴史観

ニューライトを代表する経済学者である李栄薫は、二〇〇五年に「教科書フォーラム」を結成し、同団体は〇八年に『代案教科書　韓国近・現代史』を刊行した。

序文によれば、同書は「民族中心の歴史観を鎮める」ことを目指しており、そのために「われわれの民族」の代わりに「韓国人を歴史的行為の主体として設定」した。そして近現代史のなかでも、とくに「大韓民国という国が生まれる歴史的過程」を重視するとしているのだが、その理由は韓国が「人間の生活を自由で豊かにするのに適切な」制度である「自由民主主義と自由市場主義経済に基礎を置いている」からであった。ところが「既存の教科書」は「この国が去る六〇年間の建国史で何を成し遂げてきたのかを真摯に扱っていない」。こうした状況を正すための「代案」を示すのが同書の刊行目的だという（教科書포럼 二〇〇八、五―八頁）。

ニューライトが批判する「民族中心の歴史観」とは、国際関係を軽視するといったような、いわゆる一国史的な歴史観の意味合いも含まれる。しかし、「韓国人を歴史的行為の主体として設定」していることが示すように、韓国と北朝鮮の両方を扱う朝鮮民族の歴史ではなく、韓国のみの歴史を提示することに重きが置かれている。では、ニューライトのいう「既存の教科書」において、韓国と北朝鮮の歴史はどのように描かれているのだろうか。

韓国の歴史学界では、一九八七年の民主化以前から、南北の統一志向の歴史学が目指されてきた。こうした傾向を代表する著作が、七八年に刊行されて以降、学界を超えて広く読まれた姜万吉『分断時代の歴史認識』である。

> 分断体制は、民族史上においては明らかに否定的な体制であり、克服されなければならない体制である。国史〔朝鮮史〕学が分断体制を克服するのに貢献する道は〔……〕分断体制から顔を背けるのではなく、分断体制を現実として直視して、それと対決することであり〔……〕分断体制を克服するための史論を樹立することである。（姜万吉　一九七八、五頁）

韓国の歴史教科書はこうした「分断時代の歴史認識」にもとづいて、南北の統一を志向する「民族史」を前提として編まれてきおり、ニューライトが提示する「代案」はこれを実質的に否定するものであった（이기훈　二〇一三、一八四頁）。

もちろん、『代案教科書』に南北統一を明確に否定するような文言が挿入されているわけではないし、北朝鮮の歴史についても補論という形で言及自体はある。ただしそれは、「この国が去る六〇年間の建国史」で「成し遂げてきた」もの、すなわち韓国が「自由民主主義と市場経済に立脚して自由で平等で豊かな社会を建設してきた」ことを強調するためであった。たとえば『代案教科書』の冒頭では、自由市場経済を導入して豊かになった韓国と、飢餓や貧困、国際的孤立に喘ぐ北朝鮮を対比させ、どちらの体制が正しいのか考えるように促している。

また、韓国が「内外の共産主義勢力の挑戦を追い払い、理念と基礎制度を自由民主主義で確固たるものにし」て

きたことを高く評価する叙述もある（教科書포럼 二〇〇八、一七、二七五頁）。

このように『代案教科書』は南北統一を明確に否定するわけではないが、北朝鮮の脅威や貧困を強調するなど否定的に描くことにより、新自由主義とその体制をとる韓国の正当性を強調している。反共ありきではなく、新自由主義を絶対視する立場から反共・反北の立場をとるニューライトの歴史観をよく示しているといえるだろう。

「韓国史」教科書の国定化問題

ニューライトは「代案」を示すだけでなく、高等学校の「韓国史」教科書への介入を深めていった。韓国の歴史教科書は朴正煕政権時代の一九七四年以来、国定制だったが、進歩派の盧武鉉政権時代に検定制に移行することが決定し、二〇一一年に完了した。朴槿恵政権が発足した一三年、李栄薫らニューライト系学者が執筆した高校の「韓国史」教科書が教学社から出版され（以下、教学社版）、検定に合格した。『代案教科書』とは違い、教学社版は古代から現代までの通史だが、近現代史に関する叙述の傾向はほぼ同じである。

教学社版には、朴正煕による民主化運動弾圧を正当化する記述もあったため、朴槿恵政権にとっても都合の良いものであった。そして二〇一五年、朴槿恵政権は二〇一七年度からの歴史教科書（中学校、高等学校）の国定化を発表した（池享 二〇一七、三三頁）。

国定化の発表以降、市民による反対デモが相次いだが、政権側が受け入れることはなく、二〇一七年一月に国定「高等学校韓国史」教科書が公開された。しかし、同年五月に朴槿恵から文在寅に政権が交代したため、結局、「韓国史」教科書の国定化は撤廃となった。

一方、現在でも議論が続いているのが記念日の創造をめぐる問題である。ニューライトは教科書の執筆と並行して、八月一五日を「建国節」として記念することを目指していた。

光復節から建国節へ

教科書フォーラムを立ち上げた翌年、二〇〇六年七月三一日付『東亜日報』に李栄薫は「われわれも建国節を創ろう」という一文を寄せた。この一文で李は、既存の歴史教科書が一九四八年八月一五日を「南韓〔韓国〕だけの単独政府の樹立という不幸な事件」として描いてきたため、韓国の若い世代の多くが八月一五日に韓国が建てられたことを知っておらず、「大韓民国の建国を称える国民的記憶がない」と嘆いている。そして、一九四八年から六〇周年を迎える二〇〇八年に「大韓民国の六〇年の建国史を尊重する」政権が発足することを願いつつ、光復節を建国節に変えようと主張した。

二〇〇八年に発足した李明博政権は、まさに「大韓民国の六〇年の建国史を尊重する」政権であった。同年八月一五日、李明博は「第六三周年光復節および大韓民国建国六〇年慶祝辞」を朗読し、「大韓民国建国六〇年」が「成功の歴史」、「発展の歴史」であり、「自由の価値を守るために自由を脅かすあらゆるものと堂々と戦ってきた」ことを強調した。解放から二〇〇七年まで、政権の性格とは関係なく韓国政府は八月一五日を光復節として記念してきており、李明博の祝辞は一九四五年よりも四八年を重視する新たな政府解釈を示すものであった（하상복 二〇一二、一一〇―一一一頁）。

また、李明博の前任の盧武鉉大統領は、光復節に加えて、八月一五日にもうひとつの意味を見出していた。二〇〇七年の慶祝辞で盧は解放を祝うと同時に、「六二年前、われわれは分断を自分たちの手で防ぐことができませんでした。しかし、南北が共に協力し、共同繁栄の道に進むことは、いま、われわれの意思にかかっています」と述べた。つまり、一九四五年の八月一五日を現在まで続く分断の起点と捉え、毎年の八月一五日を統一への決意を新たにする日と位置付けているのである（하상복 二〇一二、一一〇頁）。その場合、一九四八年の八月一五日は分断が固定化してしまう歴史の一コマに過ぎない。他方、「大韓民国建国六〇年」を「成功の歴史」と表

現する李明博の慶祝辞は、朝鮮半島が南北に分断し、韓国だけが繁栄している現状を実質的に肯定するものである。結局、一九四八年八月一五日を韓国の「建国」とみなすか否かという問題は、南北統一を志向するか否かという問題に帰結する。おそらく、李明博の慶祝辞にある「自由を脅かすあらゆるもの」には、共産主義や北朝鮮が含まれているのだろう。

ともあれ、こうした認識にもとづき、八月一五日を正式な建国節にする動きが進んでいく。最初の動きは盧武鉉政権下の二〇〇七年で、当時野党だったハンナラ党（現・自由韓国党）の議員が、光復節を建国節に改称することを骨子とする「国慶日〔祝日〕に関する法律改定案」を国会に提出した。これは撤回に追い込まれたが、翌年には李明博政権が国務総理室の傘下に「建国六〇年記念事業推進企画団」を設置して、建国節制定に向けて準備を進めた（하상복 二〇一二、二二三頁）。この試みも実現しなかったが、本章の冒頭で触れたように、朴槿恵政権下においても八月一五日を建国節とみなす立場は堅持された。

建国史観と自虐史観

では、ニューライトはどのような論理で建国節の意義を主張したのだろうか。ニューライト系の学者のなかで建国節を主張する代表的な論者が政治学者の金暎浩である。

金によれば、韓国の歴史認識は「建国史観」と「分断史観」で対立している。「世界で最も貧しい国のひとつとして出発した大韓民国が世界一〇位圏の経済大国へと成長」したのは、韓国が自由民主主義と市場経済に立脚したからであり、建国史観とは「大韓民国の誕生と発展と試練を中心に韓国現代史を証明する歴史認識」だという。しかし、従来の歴史観の主流は分断史観であった。これは南北統一による分断体制の克服を重視する歴史観であり、分断国家であるという理由で韓国を「不具性」を備えた「未完成」国家とみなす。金は建国以来「発展を繰り返してきた」韓国の誕生に自ら否定的評価を下す分断史観に対して、「自虐史観」にほかならないと激しく批判している（金暎浩 二〇〇八、七七―八三頁）。

そして金は、アメリカでは七月四日、フランスでは七月一四日が「それぞれ建国節」として記念されたことが「国民統合の契機」になったことを強調する（金暎浩 二〇〇八、七九頁）。つまり、金は自由民主主義と市場経済の理念を共有する政治共同体として韓国民を統合するために建国節という記念日の創造を主張しているのである。それゆえ、一九四五年八月一五日の解放は、日本の敗戦によって与えられたものであるため、四八年の建国に比べるとはるかに歴史的意義が劣るものの、直接的な批判対象とはならない。金が何よりも問題視するのは、韓国民の統合を阻害する分断史観＝自虐史観にあった。

こうしたニューライト、あるいは保守政権による建国節の提唱に対しては、当然ながら反対の声も大きかった。その主な批判の方向はふたつに分けることができる。

ひとつは、新たな記念日を設けること自体が「韓国民の分裂」や葛藤を促すという批判である。その場合も、金暎浩と同様にアメリカの七月四日や、フランスの七月一四日が引き合いにだされるが、七月四日が実際はアメリカの建国記念日ではなく独立記念日であることや、フランス革命の記念日が七月一四日に決定する過程で、国民的葛藤が生じたことなどが強調される（최혜성 二〇一七、二七九頁）。

そしてもうひとつが、文在寅が主張したように、建国節が憲法違反や歴史歪曲にあたるという批判であり、それは独立運動の過去や記憶と深く関わっている。

三　紛争化する大韓民国臨時政府

独立運動の過去と現行の憲法

一九一〇年の韓国併合以降、植民地下の朝鮮半島のみならず、世界の各地で独立運動が展開された。独立運動の過去や記憶は、解放後の韓国で民族アイデンティティーを回復させたり、維持したりするのに必要不可欠なものとして重要な役割を果たしてきた。植民地期最大の独立運動である一九一九年の三・一独立運動が勃発した三月一日が、四九年から「三・一節」として国慶日になっていることは、このことを端的に物語る。独立運動に関する研究蓄積は膨大であり、歴史教科書の植民地期に関する叙述も独立運動が軸になっている。

朝鮮が解放された直接的なきっかけは日本の敗戦であった。しかし、高等学校の「韓国史」教科書に「長い歳月わが民族が国内外各地で展開してきた民族運動の重要な結実」とあるように（金星出版社版、二〇一三年度。なお、ニューライトの教学社版にこうした叙述はない）、解放を独立運動の成果と捉える認識は広く持たれている。したがって、光復節は単純に日本の支配からの解放を祝うだけでなく、独立運動の過去を称える日でもある。

先述したように、ニューライトにとって光復節は、その評価こそ低いものの、直接的な批判対象だったわけではない。しかし、光復節を建国節に変えるということは、一九四五年までの独立運動よりも、四八年以降の韓国の歴史を重視することにほかならず、独立運動という国民的記憶の自発的忘却につながりかねない。建国節問題は、こうした危機感を韓国の独立運動史研究者にもたらした。

そのなかで、建国節批判の中心を担ったのが、大韓民国臨時政府の研究者であった。それは、現行の大韓民国憲法の前文で「悠久な歴史と伝統に輝くわれわれ大韓国民は、三・一運動で建立された大韓民国臨時政府の法統」を「継承」することが規定されているからであり、大韓民国臨時政府は、その歴史的位相をめぐって紛争化していくことになる。

大韓民国臨時政府

大韓民国臨時政府は、一九一九年の三・一運動で朝鮮の民衆たちが独立を叫んだことを受けて、諸外国と独立交渉を進めるためには朝鮮民族を代表する組織が必要であるという認識のもと、同年四月に上海のフランス租界で樹立された。韓国併合以前、朝鮮は王制国家だったが（朝鮮王朝。一八九七年に国号を大韓帝国に変更して以降は帝政）、大韓民国臨時政府はこれを廃止し、共和制を採択した。また、議会も設けていた。とはいえ、大韓民国臨時政府はどの国からも承認を得られず、実態としては独立運動団体のひとつである。

大韓民国臨時政府は民族主義者からソ連とつながりのある共産主義者までを網羅する独立運動家の集合体であったが、内部対立が激しく、初代大統領（韓国の初代大統領でもある）に就いた李承晩が弾劾されて以降、有名無実化していく。その後は、独立運動家の金九が大韓民国臨時政府を率い、日本の中国大陸への進出を受けて一九四〇年に重慶に移転、同年九月に軍隊である光復軍を組織したが、日本と交戦することなく解放を迎えた。

解放後、三八度線以南で軍政を敷くアメリカは大韓民国臨時政府を正当な政府として認めなかったため、大韓民国臨時政府がそのまま一九四八年に韓国になったわけではない。しかし、「大韓民国」という名称や共和制の採択など、憲法前文にあるように、現在の韓国は大韓民国臨時政府を「継承」する国家として明確に位置づけられている。それゆえ、建国節は憲法違反や、（大韓民国臨時政府から韓国への歴史的流れを断ち切る）歴史歪曲であると批判されるのである。

「一九一九年建国」史観の登場

こうした状況のなかで、大韓民国臨時政府の研究者が積極的に建国節に対抗した。たとえば、大韓民国臨時政府研究の第一人者である金喜坤は、二〇一五年に『臨時政府時期の大韓民国研究』を刊行し、次のように述べている。

大韓民国はいつ建てられたのか？　大韓民国という言葉自体が初めて生まれたのはいつなのか？　そのときが、まさしく一九一九年四月一一日だ〔……〕国家の構成三要素である領土・主権・国民がないまま、亡命地で生まれたため、不完全ではあった。しかし、不完全とはいえ亡命地で政府（臨時政府）と議会（臨時議政院）の組織を備えていて、国家（大韓民国）を運営していた事実だけは明らかだ〔……〕大韓民国は不完全だったとはいえ一九一九年に建てられたという事実だけは確かだ。ところが、一九四八年八月に初めて大韓民国が建てられたと主張する場合もある〔……〕南北に分かれた韓〔朝鮮〕半島で、南だけに狭められた領土と主権、国民だけの大韓民国が、彼らのいう大韓民国だ。（金喜坤 二〇一五、五～六頁）

金喜坤は「国家を運営していた」大韓民国臨時政府が一九一九年に「建てられた」と述べている。「建国」という言葉こそ避けているが、これは実質的に韓国が一九一九年に「建国」されたという主張である。金によれば、書名を『臨時政府時期の大韓民国研究』としたのは、大韓民国臨時政府は「臨政」と略されることが多く、それだと臨時政府が大韓民国という国家を運営していたという事実が伝わりにくいからだという。

ニューライト系学者の金暎浩は二〇一五年に発表した著書で、大韓民国臨時政府とのつながりを根拠に、韓国が一九一九年に建国されたとする歴史観は最近になって登場したものであるとして、これを「臨政史観」と名付けている（金暎浩 二〇一五、四五頁）。事実、建国節が提唱される以前の二〇〇四年に金喜坤が発表した著書は『大韓民国臨時政府研究』であり、同書で「〔一九一九年から四五年の〕二六年に及んで独立運動に力を傾けた臨時政府の努力は、世界のどの団体や組織の活動をみても、類例を探すのが難しい」と述べるように、この時点では独立運動に対する貢献に力点を置いていた（金喜坤 二〇〇四、六頁）。

このように、韓国が一九一九年に「建国」されたとする新たな歴史観は、独立運動の過去の否定や忘却につながる建国節への対抗措置として生まれたのである。

国家の三要素

それでは、果たして大韓民国臨時政府を国家と呼び得るのだろうか。この点について批判しているのが、ニューライト系政治学者の梁東安である。

梁東安は政治学における国家の定義について、①特定の地域を排他的に支配しており、②その地域に居住する人民に対し政府が望む秩序を強制することができ、③その地域の統治や諸外国との関係において、諸外国からの干渉を受けない、という領土・国民・主権の「国家の三要素」を満たした政治結社が国家であり、これらの要素を欠く場合、その政治結社は国際社会から国家として待遇されないと説明している（梁東安 二〇一六、一七頁）。それゆえ大韓民国臨時政府は、この国家の三要素をひとつも満たさない、たんなる政治結社（独立運動団体）でしかなかったと批判される。また、金暎浩は国民の語源であるnationが、言語や文化を共有するエスニック集団ではなく、特定の理念を共有する政治的集団を指す概念であるとして、「自由民主主義体制」を共有する国民は一九四八年に初めて誕生したと述べている（金暎浩 二〇一五、三一頁）。一九四八年八月一五日に執り行われたのは「大韓民国政府樹立宣布式」であり、「建国」を宣布したわけではなかったにもかかわらず、ニューライトがこれを「建国」とみなす根拠こそ、国家の三要素であった。

これに対し、大韓民国臨時政府研究者の金喜坤は、先の引用文で国家の三要素がなかったことは認めつつも、「政府（臨時政府）と議会（臨時議政院）の組織を備えてい」たことを根拠に、「国家（大韓民国）を運営していた」と主張している。他方、国家の三要素にもう少し踏み込んでいるのが、白凡（大韓民国臨時政府を率いた金九の雅号）思想研究所副所長のチェ・ヘソンで、①植民地期の朝鮮人が朝鮮を日本の領土と認めていたわけではなく、②自分たちを日本人と考えていたわけでもない、という事実を踏まえて国家を定義する必要があり、③三要素のうち主権については、議会を持つ政府に代えるべきだと反駁する（최혜성 二〇一七、二八三―二八七頁）。

つまり、国際関係（国家主権）や欧米由来の政治学を根拠に一九四八年の「建国」を主張するニューライトに対して、「一九一九年建国」史観は国際関係を度外視して、韓国独自の国家概念を設定することで理論武装する構図になっているのである。

「継承」をめぐる解釈紛争

ニューライトは大韓民国臨時政府を国家として認めない。しかし、韓国が「大韓民国臨時政府の法統」を「継承」していることを批判しているわけでもない。それどころか、梁東安は「ほぼ完全に継承した」とまで述べている。

先に引用したように、金喜坤は「南だけに狭められた領土と主権、国民だけの大韓民国が、彼らのいう大韓民国だ」とニューライトを批判している。換言すれば、金は大韓民国臨時政府を南北統一の観点から捉えているということであり、「継承」をめぐる解釈も、大韓民国臨時政府が統一国家を志向していたか否かで対立する。

梁東安と金喜坤の両者が共通して注目するのが、大韓民国臨時政府が一九四一年一一月に発表した「大韓民国建国綱領」である。韓国の憲法は四八年八月一五日に先立つ七月一七日に制定された（制憲憲法）。大韓民国建国綱領は解放後に設立する国家のビジョンを示したものだが、制憲憲法と一致する部分がかなり多い。そのため、「大韓民国臨時政府の法統」の「継承」を示すものとして注目を集めてきた。

大韓民国建国綱領は、民主主義に根差し、国民の権利（参政権、労働権、休息権など）、自由（居住や言論、出版、集会など）、平等を保障する国家像を提示している。とりわけ特徴的なのが経済的平等を徹底するために生産手段、すなわち土地と企業を国有化するとしている点である。制憲憲法と大韓民国建国綱領で大きく異なるのがこの点であり、前者は自然エネルギーに関する資源は国有にするとしているが、一方で土地と企業の私的所有を認めている。

梁東安は大韓民国建国綱領に「社会民主主義（社会主義ではない！）」の要素が含まれることを認めている。しかし、大韓民国建国綱領の国家ビジョンはあくまでも「未来の希望」に過ぎず（つまり必ずしも実行すべきという性格のものではなく）、実際に国民経済が脆弱ななかで自由民主主義体制をとる韓国が土地と企業を国有化することは現実的でなかった。こうした困難な状況のなかで、制憲憲法と大韓民国建国綱領の内容が国有化の問題を除いてほとんど一致するという事実は、前者が後者を最大限反映させたことを示しており、その意味で、韓国が「大韓民国臨時政府の法統」を「ほぼ完全に継承した」と主張する（梁東安 二〇一六、八二―八五頁）。

一方、金喜坤は大韓民国建国綱領を当時の独立運動の状況で理解する。金によれば、大韓民国建国綱領は、左派の独立運動団体である民族革命党の綱領とほぼ一致し、同団体は一九四二年に右派の金九が率いる大韓民国臨時政府に合流する。つまり、大韓民国建国綱領は独立運動の左右合作の産物であり、「資本主義や社会主義国家ではない〔……〕全民的国家」という理念を示すものであった。そのため、制憲憲法は字面ではたしかに大韓民国建国綱領とほぼ一致するが、肝心な理念が抜け落ちたため、「不完全な継承」であったと主張している（金喜

坤 二〇〇四、二七四頁：同 二〇一五、二五七―二五八頁）。

このように、現行の憲法を根拠にニューライトを批判する独立運動史研究者側が大韓民国臨時政府の「不完全な継承」を主張する一方、憲法違反、歴史歪曲と批判されるニューライト側が「ほぼ完全」な「継承」を主張するという逆転現象が起こっている。建国節は、大韓民国臨時政府の歴史的位相や性格の解釈をめぐる紛争をも引き起こしているのである。

四　韓国「歴史戦争」の行方

両者の主張から学ぶもの

大韓民国臨時政府をめぐる両者の主張に対する筆者の立場は中立である。ニューライトが保守政権と結託して歴史教科書の国定化を一方的に推し進め、「民主主義の手続きと合意を破壊」するような状況を作ったことには賛同し得ないにせよ（金正仁 二〇一六、八頁）、彼らの主張、とくに国際関係を重視する姿勢からは学ぶべきものがある。

先述したように、ニューライトの批判する「民族中心の歴史観」には、北朝鮮を含めた朝鮮民族という意味だけでなく、朝鮮民族だけで歴史的事象を説明しようとするような一国史的な歴史観も含まれる。ニューライトが主権や国際社会の待遇を重視して一九四八年を「建国」とするのはその現われでもあり、金暎浩はアメリカの影響に着目しながら、朝鮮における nation の形成過程を分析してもいる（金暎浩 二〇一五、七五―八七頁）。従来の独立運動史研究はこうした国際的な背景や影響を十分に検討せず、朝鮮の独自性を強調する傾向があるが（小野二〇一三年、五頁）、各々の民族・国家が影響を与えあったり、相互に活動を規定したりする現代世界において大韓民国臨時政府や韓国が成立したことを鑑みれば、ニューライトの主張にも耳を傾ける必要があるだろう。

他方、ニューライトが歴史（学）を軽視していることは否めない。梁東安は一九四一年一一月の大韓民国建国綱領が「未来の希望」を示したものに過ぎないと述べるが、これは史料的根拠のある主張ではない。その反面、独立運動左派の史料と対照させることで、大韓民国建国綱領が独立運動の左右合作の産物だったとする金喜坤の主張には説得力がある。梁東安がこのことに触れないのは、市場経済に立脚して発展した韓国という物語に不都合な史実だからであろう。

もっとも、左右合作はアジア・太平洋戦争の勃発を目前に控えた状況で、独立運動を有利に展開するための戦略であり、それを「資本主義や社会主義国家ではない〔……〕全民的国家」の理念とまでいいきれるのかは疑わしい。当時の独立運動家には想像できなかった解放後の分断状況やその克服という課題が、大韓民国建国綱領の解釈に過剰に投影されているように思えてならない。

朝鮮独立運動史研究の課題

二〇一七年に文在寅政権が誕生したこと、そして、二〇一九年に三・一運動と大韓民国臨時政府樹立の一〇〇周年を迎えることから、現在韓国では「一九一九年建国」史観が勢いを増している。新聞報道をみるかぎり、大韓民国臨時政府が樹立された四月一一日を建国記念日にする動きはあまりないが、一〇月一日の「国軍の日」を九月一七日の「〔臨時政府の〕光復軍創設日」に変更する計画を政府が進めているようである（『文化日報』二〇一八年九月二七日付）。また、国会では野党になった自由韓国党の議員が国家の三要素を根拠に「一九一九年建国」史観を批判し、政府が進める大韓民国臨時政府一〇〇周年記念事業が「国論分裂を惹起」するものだと主張している（『아시아経済』二〇一八年九月一三日付）。記念日の創造に対する「分裂」の批判が、立場を変えて展開

されているのである。

歴史教科書の国定化が廃止になったことで、二〇一六年に比べれば、歴史戦争は落ち着きをみせている。しかし、金大中・盧武鉉政権の一〇年間がニューライトを産んだように、進歩派政権の逆襲ともいえる今日の状況は、将来的に歴史戦争が再活性化する養分にもなり得る。また、問題は左右の歴史観の対立だけではない。文在寅政権は北朝鮮との宥和を進めているが、九月九日を建国記念日にしているように、北朝鮮は早々に「民族史」から離脱しているし、大韓民国臨時政府に対する評価も低い。

朝鮮独立運動史研究には、南北と、韓国内の左右の歴史観の溝を埋めていく課題が課せられている。そうしたなかで研究者に求められているのは、歴史資料にもとづいて、国際的背景に十分に留意しながら、現在の価値観にこだわるのではなく当時の歴史の現場に立ち返ること。こうした単純でありながらも困難な作業を積み重ねることで、政権の変化に左右されない独立運動史像を描いていくことに尽きるのではないだろうか。

参考文献

池享（二〇一七）「「韓国史」教科書国定化問題をめぐって」『歴史学研究』第九五六号、三〇―三三頁。

小野容照（二〇一三）『朝鮮独立運動と東アジア　一九一〇―一九二五』思文閣出版。

山室信一（二〇一八）「歴史戦争と歴史和解の間で――戦士と調停者の二重性をめぐって」橋本伸也編『紛争化させられる過去――アジアとヨーロッパにおける歴史の政治化』岩波書店、二六九―二九四頁。

姜万吉（一九七八）『分断時代의　歴史認識』創作과批評社（宮嶋博史訳『分断時代の歴史認識』学生社、一九八四年）。

教科書포럼（二〇〇八）『代案教科書　韓国近・現代史』기파랑。

金暎浩編（二〇〇八）『建国六〇年의　再認識』기파랑。

金暎浩（二〇一五）『大韓民国의 建国革命』誠信女子大学校出版部。
金正仁（二〇一六）『歴史戦争、過去를 解釈하는 싸움』책세상。
金喜坤（二〇〇四）『大韓民国臨時政府研究』知識産業社。
金喜坤（二〇一五）『臨時政府時期의 大韓民国研究』知識産業社。
梁東安（二〇一六）『大韓民国「建国日」과「光復節」考察』백년동안。
尹海東（二〇一二）「뉴라이트運動과 歴史認識」『民族文化論叢』第五一号、二三七—二六三頁。
이기훈（二〇一三）「그들의 大韓民国歴史—教学社「韓国史」教科書의 歴史認識」『進歩評論』第五八号、一七五—一八六頁。
최혜성（二〇一七）「과연 우리나라에 建国節이 필요한가?」『哲学과 現実』第一一二号、二六八—二九二頁。
하상복（二〇一二）「李明博政府와「八・一五」記念日의 解釈」『現代政治研究』第五巻二号、一〇九—一三二頁。

第十三章　抹消記号を付されたユートピア

イエズス会パラグアイ布教区の廃墟から「啓蒙の未来」へ

王寺賢太

一　「大西洋革命」の手前へ

「グローバルな思想史」と「大西洋革命」の時代

一九九〇年代以来の資本主義の「グローバル化」の荒波に洟われ、歴史家たちは今日、一国史の枠を離れ、自分の研究対象を世界的なコンテクストのなかで再考するよう求められている。この点、近世ヨーロッパ政治思想史研究も例外ではない。すでに一九七〇年代以来、J・G・A・ポーコック、Q・スキナー、J・タリー、R・タックといった英米圏の政治思想史家たちは、政治言説の意味論的変遷をその発話のコンテクストに置き直して把握しようとする「コンテクスト主義」的アプローチと、汎西欧的ないし汎大西洋的展望に拠って立つ思想史研究のパイオニアとなってきた。こうした先駆的業績を承けて、近年の近世ヨーロッパ政治思想史研究では、「帝国」概念が特権的主題とされている。そこで注目を浴びたのは、「帝国＝支配 *imperium*」概念が、一方で「教会」や「帝国」と競合しながら実現した「主権」概念の形成において、他方で新大陸発見以来、次第に商業的利害に深く侵されていったヨーロッパ列強の植民地帝国の変貌において果たした役割だった。

この展望の許で、一八世紀後半の七年戦争はヨーロッパ史の決定的転換点として現れる。実際この戦争は、ルネッサンス期以来のハプスブルグ家・フランス王家間の帝国の首座をめぐる抗争に終止符を打った一七五六年の「外交革命」によって口火を切られ、ただちにアジア・アフリカ・アメリカにおける商業・植民地利害をめぐる英仏間の軍事衝突をもたらした。一七六三年、この戦争に圧倒的勝利を収めたイギリスは、インド・ベンガルの征服やフランス領カナダの獲得によって、一九・二〇世紀の帝国主義の時代に向けて大きな一歩を踏み出す。しかしそれ以前に、七年戦争直後の英仏両国は、長期にわたる世界規模の戦争遂行と通商の停滞の結果、いずれも深刻な財政難に直面しなければならなかった。ドーヴァー海峡両岸で、ほぼ同時に「経済自由主義」が勃興し（ケネーとアダム・スミスを想起せよ）、「商業の自由」を旗印に、「重商主義」的と呼ばれる国家による経済管理体制、管理貿易体制に異義申し立てを始めたのも、この機運のなかでのことだ。こうした状況のなか、宗主国イギリスによる北米植民地に対する課税をめぐって勃発した紛争は、早くも一七七六年にはアメリカ合衆国独立宣言に至る。一方フランス王国は、一七六〇年代後半以来、断続的に試みられた自由主義的政治経済改革から思うような成果を得ることのできないまま、先の大敗北のリベンジを期して合衆国側に立って独立戦争に参加し、この戦争遂行のためにさらに国家財政の負債を深刻化させた挙げ句、「アンシャン・レジーム」最後の一〇年の政治的危機に突入することになった。

二〇世紀初頭、帝国主義論の先駆者J・A・ホブスンが「最初の世界戦争」と評した一八世紀後半の戦争は、「経済自由主義」と「国民主権」という近代国家の二つの指導理念を、ほぼ同時に生み出した出来事だったのである。すでに第二次世界大戦直後のフランスと合衆国では、合衆国独立とフランス革命という二つの革命の並行性を強調しながら、一八世紀末を「大西洋革命」の時代（J・ゴドショ）ないし「民主主義革命の時代」（R・

パーマー）として位置づける歴史叙述が生まれていた。今日、圧倒的に英米圏の歴史家たちが多数を占める潮流において、この「大西洋革命」の時代はあらためて一八世紀末の植民地帝国の激動のなかに据え直されている。もちろん二一世紀初頭の世界では、かつて冷戦下にゴドショやパーマーの歴史叙述が示した、「西側」資本主義圏の統一を強化しようとするイデオロギー的意志も、素朴なまでの「ヨーロッパ中心主義」的傾向も影を潜めている。「西洋」の帝国主義の文化的遺産に対する「ポストコロニアル」な批判に配慮するのは、いまやアカデミックな文芸共和国における最低限のエチケットとさえ言える。この風潮にしたがって、一八世紀に隆盛を極めた黒人奴隷貿易の実態や、奴隷貿易にかんする同時代の議論も周到に再検討され、一八〇四年のハイチ革命が大西洋両岸に及ぼした甚大な――しかし長いあいだ忘れられてきた――衝撃も、活発な議論の対象となってきた。それればかりか、一九世紀初頭に陸続として生起するラテン・アメリカ諸国の独立もまた、あくまで懐深いこの「大西洋革命」の展望のなかに包摂されつつある――ただし、この大西洋的展望とそれを支える「長い一八世紀」のヴィジョンのなかで、「人民主権」や「国民主権」の理念を全世界に波及させたフランス革命は周縁化され、むしろ強調点は、合衆国独立に端を発する近代主権国家の簇生と、複数の主権国家に共存を許す国際関係の政治的・法的体系の形成に置かれることになるのだが。一八世紀末以降、大西洋両岸の住民たちは、この主権国家分立体制のもとで、自身の安全と所有物を保証させ、世界的規模で経済関係を取り結んできた。二〇世紀において、まずはアジア・アフリカの「脱植民地化」を介して、続いて一層規模を拡大しながら、ソ連・東欧の「現存の社会主義」の崩壊を経て「グローバル化」することになったのも、他ならぬ「大西洋革命」が打ち建てた、この政治＝経済的複合体――世界資本主義とその政治的保障者としての主権国家分立体制――だったというわけである。

かつて一世を風靡した「ポストモダン」的、「ポスト歴史」的な一連の御託宣はどこ吹く風、現在流行の「グローバルな思想史」の担い手たちは、あられもなく大きな物語を語り直しているように見える――もっとも、その新たな物語自体が、Ｆ・フクヤマの語った「歴史の終わり」を追認するものであることもまた確かである。今日の「グローバル・ヒストリー」はもっぱら、資本主義と主権国家分立体制が世界を覆い尽くした私たちの現在の起源を求めて過去に遡り、そこから因果関係を跡づけることによって、現在の世界における既成秩序を再確認することに終始しているからだ。その「グローバル・ヒストリー」で、地球が揺るぎない一つの舞台であり、そこで世界規模の一つの歴史が展開することは不問の前提となっている。こうした時間・空間の統一的枠組みを承認した上で、その内部でどれほど「文明」の多極性や歴史のリズムの多様性が強調されようと、それはけっして「グローバル・ヒストリー」そのものの統一を損なうことはないし、したがってまた、資本主義と主権国家分立体制の端緒としての西欧なり、合衆国なりの特権的地位が疑問に付されることもないのだ。

なるほど、今般流行のこの大きな物語は、「啓蒙」を主権国家が地球上に一般化する際の決定的転機に位置づけ、その一般化が、商人資本主義の勃興を承けてすでに多少なりとも「グローバル化」し、一体化した世界において生起したことを思い起こさせてくれる。だが、この物語は同時に、「啓蒙」を現在「成り行くままの世界」（ヴォルテール）を基礎づけ、正統化する、一つのイデオロギーへと還元してしまうように思われる。その「成り行くままの世界」とは、世界資本主義の圧倒的優位と対をなすリベラル・デモクラシーの世界であるだろうが、まさにこの資本主義とリベラル・デモクラシーの結婚こそが、今日、それ自身が内部に抱え込んだ経済的・社会的凝集力の崩壊によって、あるいはその外部で勃興する「権威主義的」諸勢力によって、日々異義申し立てされている当のものではないのか。この状況に際して、一八世紀研究者はもはや、現在目に見えて衰退しつつある既成秩序の、いかにも弱々しく、つまるところ根本的に保守的な擁護論程度しか、「啓蒙の世紀」から読みとることはできないのだろうか。

パラグアイの方へ

いささか迂遠に映ることを厭わず、私はここで「大西洋革命」の手前にまで遡り、啓蒙期の哲学者たちが、自分たちの政治経済的な理想の条件と限界を思考する慎重さと大胆さをそなえていたことを示したいと思う。そのために私がとりあげるのは、レナル／ディドロの『両インド史』、すなわち、大航海時代からアメリカ合衆国独立までの「ヨーロッパの拡大」の過程を辿り、七年戦争後の大西洋両岸でベストセラーとなった、一八世紀末の「グローバル・ヒストリー」である。なかでも、この著作の三つの異本（一七七〇年初版、七四年第二版、八〇年第三版）に見られるイエズス会パラグアイ布教区叙述とその変遷が、本章の焦点となる。

一六〇九年に設立されたイエズス会パラグアイ布教区は、非定住生活を営む「野生人」を定住化・集住化させ、彼らに農業や技術を教え、行政制度を整え、教育を施したうえでキリスト教化を図るという、ホセ・デ・アコスタ以来のイエズス会宣教論に基づいて設立された。最盛期の一七三〇年代には、パラナ川とウルグアイ側の流域（現在のパラグアイ東南部・アルゼンチン東北部・ブラジル南部）に散在する三〇もの「布教区 reducciónes」に、グァラニ人を中心とする一四万人もの「新信徒」を数え、近世カトリック世界宣教のもっとも華々しい成果と目された共同体である。けれども、まさにこの華々しい成功と、布教区がスペイン王から認められた一定の独立性ゆえに――そのなかには、外来者の訪問禁止、人頭税の軽減、さらには自衛と国境防備のための新信徒の武装が含まれる――、布教区は設立以来、スペイン人・ポルトガル人植民者や地方聖俗権力の攻撃に、そして一八世紀初頭以来は、外国商人や哲学者からの攻撃にさらされた。『法の精神』（第四篇第六章）（一七四八年）のモンテスキューが、イエズス会士による「野生人の文明化」をスペイン人によるアメリカ征服と先住民の隷属化と対比して賞賛を惜しまなかった一方、『習俗史論』（第一五四章）（一七六一年）のヴォルテールが、そこに精神的権威に基づいて不可謬の圧制を正当化する宣教師たちの欺瞞を認めて布教区を断罪したのは、その一端である。

　こうした激しい毀誉褒貶にもかかわらず、スペイン王は植民地帝国の辺境の領土と人口の統治をイエズス会宣教師に委ね続けたが、布教区の運命は、七年戦争にわずかに先立って起こった「グァラニ戦争」（一七五三〜一七五六年）を期に一変する。「グァラニ戦争」とは、ポルトガル・スペイン両国が双方の植民地帝国内の飛び地を交換しようとした際に、交換対象とされた七布教区をはじめする一部の布教区が武装蜂起し、ポルトガル・スペイン両国軍と衝突した事件である。イエズス会はこの戦争直後の一七五九年にはポルトガルから、次いで一七六七年にはスペインからも追放され、布教区はここに突如として廃止されてしまう。それは、イエズス会のフランスからの追放（一七六三年）と教皇による会自体の廃止（一七七四年）とともに、カトリック対抗改革の旗手であり、世界宣教の主要な担い手であったこの修道会のひとまずの終焉を告知し、ついに南米の植民地帝国の辺境にまでヨーロッパ列強の国家権力が直接及ぶようになったことを示す出来事だった。

　布教区廃止後まもなく書かれた『両インド史』のパラグアイ布教区叙述は、一八世紀にこの布教区をめぐって戦わされた哲学的・政治的議論の逢着点とも言える様相を呈する。その議論の焦点となったのは、パラグアイ布教区に託された「神権政」と「共有財産制」のユートピアのイメージだった。まさにこのユートピア的イメージこそ、一七世紀後半以来、イエズス会士をはじめとする布教区擁護論者たちが、宣教師たちの偉大な達成を顕揚するために流布したものだったからである。言うまでもなく、「神権政」と「共有財産制」はいずれも、聖俗権力の峻別を説き、資本主義経済の先駆的分析を示したことで知られる「啓蒙思想」の観点からすれば、スキャンダルとも言うべき体制である。ところが、『両インド史』の少なくとも最初の二つの版では、この「神権政」と「共有財産制」のユートピアとしてのパラグアイ布教区に極めて高い評価が与えられていた。ただしその評価は最終第三版で、ディドロの介入によって否定的なものへと一八〇度の転換を見せる。G・インブルーリアはこの叙述の変遷にレナルによる理想化とディドロによる否定のコントラストを読みとり、そこに「文明化」概念の理解そのものにかかわる転換を認めている。この布教区描写の変遷を通じて、「文明化」のアクションは、古典古代以来の政治共同体の創設としての「立法」のモデルから離脱し、スコットランド啓蒙が素描した「市民社会の進歩の歴史」の歴史過程としての概念に接近するというのである（Imbruglia 1983/2017, chap. 7）。しかし私の考えでは、インブルーリアの読解は、間違っているわけではないにせよ、件の布教区叙述の一面を捉えたものにすぎない。なにより、インブルーリアの研究は、「啓蒙」を「革命」を要求する政治的ユートピア主義においてではなく、現実主義的で漸進的な社会の「改革」の思考に求めようとするF・ヴェントゥーリの啓蒙観に依拠するもので、このバイアスゆえに、『両インド史』のテクストの重層性を見落としてしまっているように思われるのだ。

その意味で、私が以下に示す読解はさしあたって、文献学的手法に忠実に、現代の歴史家のバイアスが読み落とさせた件のテクストの重層性を示そうとするものと言える。しかしこの読解は、単なる過去のテクストの歴史的意味の確定にとどまらず、むしろ過去の死文をいかにして現在において賦活して読むことができるかを示したいという意志に導かれている。そもそも一八世紀のコンテクストを超えて、過去のテクストが現在に対してダイレクトに語りかけるような契機をつかめないようでは、これまで長い間、われわれの生きる「近代」の端緒とみなされてきた「啓蒙」にも、その過去の産物を再現前化しようとする思想史研究にも、もはや「未来」などありえないように思われるからだ。では、「啓蒙」と現在が出会うその契機をいったいどこに求めるべきか。私はそれを、「大西洋革命」の一歩手前で、啓蒙期の哲学者たちが「経済自由主義」や「国民主権」といった理想を掲げ、その追求の途に着こうとするまさにそのときに、自分自身の理想を可能にする歴史的前提を見据え、この理想の条件と限界を思考していたことに見出したいと考えている。近代的な政治経済組織を導く指導的な理念を条件づけ、限界づけてきたその前提こそ、現在ふたたび私たちの視界におぼろげに再浮上しているものであるように思われるからだ。

二　インカ帝国とパラグアイ布教区のアイロニカルな対比論

神権政と共有財産制のユートピア？

一七七〇年代の三つの異本を通じて、『両インド史』のパラグアイ布教区叙述で一貫して読者を驚かすのは、レナルがそこでパラグアイ布教区に施す過剰なまでのユートピア的理想化であり、しかもそれがインカ帝国との対比論を介して提示されていることだ。レナルによれば、イエズス会宣教師たちは布教区設立にあたってインカ皇帝が自らの帝国設立の際に採用した「プラン」に従った、宣教師たちが華々しい成功を収めたのもそのせいだった、というのである。この「プラン」の筆頭に挙げられるのが、イエズス会宣教論の二大原則、すなわち第一に、「説教」ないし「説得」を重視し、暴力行使を控えること、そして第二に、布教対象となる「野蛮」な諸民族の習俗に適応すべきこと、特にその民族が非定住生活を営み、その名に値するような政治共同体の組織も理性の行使も知らない場合には、「野生人を文明化してからキリスト教化すること」――つまり、彼らを集住させ、農業や技芸を教え、行政組織を整え、教育を施した上でキリスト教化することだった（H80, t. II, pp. 277–278）。これらいずれの原則においても、イエズス会士たちはインカ皇帝に範をとりつつ、インカ皇帝よりも徹底していたとされる。宣教師たちは武器携行を許されていなかったし、キリスト教の神秘はアメリカ先住民にとってはまったく理解不能だったからである。

続いて「プラン」の叙述は「共有財産制」に基づく社会組織に及ぶ。ここで「共有財産制」というのは、「寺院と公と私人たちのあいだでの土地の三分割」――私人たちは、共同体に属する土地を分割の上で貸与され、その土地の耕作を一家の扶養に宛てる――と、「孤児や老人や兵士のための労働」、すなわち共有地における布教区民の協業の組織を意味している。この体制は、貨幣使用の排除と相俟って、布教区における新信徒たちの極度に規律化された共同生活の基礎となり、良俗の維持に貢献した。「共有財産制」のもとでは、「第一の善である自由」を犠牲にしてまでも布教区民の「平等」が維持され、「民事」の次元（財の所有・交換・相続を規制する「民法」の領域）と「政治」の次元（「刑法」とその法秩序を実現する強制力の領域）が区別なく同一の秩序に服したからだ。経済的かつ道徳的なこの秩序を統括するのが「宗教」であり、そこに成立するのが「神権政」にほかならない。レナルによれば、この「神権政」においても、パラグアイ布教区はインカ帝国に対して優位を保った。キリスト教特有の制度である「告解」が、布教区民を内面に至るまで管理することを許したからだ。レナルはこの「神権政」が純粋なままに維持され、「宗教が社会の義務を吹き込むことしかしない」かぎり、これこそが「あらゆる政体のなかで最良のもの」であるはずだとまで断言する（H80, t. II, pp. 278–279）。

この「神権政」への讃辞は、今日『両インド史』を啓蒙期フランスのもっとも戦闘的な哲学的政治批判の書として知る者にとっては、驚くべきものかもしれない。なるほど、レナルはすでにインカ帝国にかんして同様の賛美論を展開し、初代皇帝マンコ・カパックとその妻オチェロをアメリカ大陸で最初に文明化を実現した者として賞賛していた（H80, liv. VII, chap. 6）。パラグアイ布教区についても、『教化と好奇心のための書簡集』やムラトーリの『パラグアイ・ミッションの報告』（一七五四年）といったイエズス会側の布教区擁護論は少なくない。ただし一八世紀の擁護論者たちは一般に、敵対勢力の批判をかわすため、布教区の政体を「神権政」と呼ぼうとはしなかった。たしかに、啓蒙期においては宗教と政治の関係は解決済みの問題ではなく、両者の統一を求める主張は広く存在した（たとえばヴォルテール、ウォーバートン、ルソーなど）。レナルがそうした先行する議論を踏まえていたのは間違いない。とはいえ、インカ帝国とパラグアイ布教区の対比論はどうやらレナル自身の創案によるものであり、その射程を正確に把握するには、インカ帝国とパラグアイ布教区という「神権政」と「共有財産制」に基づく二つの理想郷のイメージが、同時代の哲学的・政治的論争のなかでどのように用いられていたかを考慮せずに済ませることはできない。

三つの参照項——ケネー、マブリ、モンテスキュー

まず思い起こしておかねばならないのは、一七六七年、『市民日誌』に発表された「ペルーにおけるインカ皇帝の統治の分析」で、ケネーがフィジオクラシーの政治経済学理論に基づく農業王国の理想像を提示していた事実である。インカ帝国ではフィジオクラットが絶対不可侵の自然権とみなす私有財産権が不在であったにもかかわらず、ケネーはそこでこの帝国における土地の三分割のイメージを用いて、自身が『経済表』で示そうとした農業による「財」の生産と王国内の諸「階級」における分配をできる限り簡潔に図示しようとしていた。「アコスタ・ガルシラソ（ママ）」——イエズス会宣教論の創始者アコスタと『インカ皇統記』の著者ガルシラソ・デ・ベガはともに、インカ帝国の最高神崇拝を、自然の統一と摂理を司る唯一神を信仰する「自然宗教」とみなしていた——に典拠を求めつつ、ケネーはインカ帝国を「自然法」の「専制」国家、「自然宗教」に基づく「神権政」に服する帝国として顕揚したのだ。フィジオクラットにとって、インカ帝国は同じくケネーが賞賛した「中国の専制」、宗教・法律・習俗・作法のすべてを「礼」の体系的秩序のなかで統一し、家父長的な皇帝の権威の許に、国民の総体を農業生産の最大化へと駆り立てる帝国と並んで、理想的な農業王国の秩序を体現する理想郷だったのである。『両インド史』初版・第二版で、初代インカ皇帝が孔子にも比すべき賢明な立法者と位置づけられているのは、レナルがこのケネーの議論をよく知っていたことを示している（H70, t. III, p. 110 ; H74, t. III, p. 169）。

これに対してパラグアイ布教区は、むしろフィジオクラシーの批判者たちから支持されていた。ここでとりわけ重視すべきは、ケネーの「中国の専制」論とルメルシエ・ド・ラ・リヴィエールの「合法的専制」論に対して激しい反論を行った『経済哲学者に呈する疑問』（一七六八年）のマブリである。マブリにとって、フィジオクラットが掲げた自然法の専制の理想は、フランス王国に現存する市民間の身分と財産の不平等を「自然」なものとして合理化し、忌むべき専制を肯定する悪しき政治哲学にほかならなかった。そのとき、マブリがモンテスキューを踏まえつつ、フィジオクラット的理想に対置したのが、プラトン『国家』篇の「共有財産制」の構想を実現し、土地均等分割によって市民間の平等を実現した古代スパルタの民主政を再生するという、パラグアイ布教区だったのである。「共有財産制」下の平等な民主政というマブリの理想に呼応するように、レナルも自身の叙述のなかで、布教区の新信徒のあいだでは官職者の選挙制が存在していたことを慎重に付け加えている。

だとすれば、レナルが示すインカ帝国とパラグアイ布教区の対比論は、思いもかけぬアイロニカルな次元を隠し持っていたことになるだろう。フィジオクラットの理想と反フィジオクラットの理想を重ね合わせ、両者をともに口を極めて賞賛することは、一方の理想を他方の理想によって打ち消し、双方の理想の非現実性をきわだてる効果を持つからだ。この手法において、レナルはモンテスキューが示していたもう一つ別の対比論から着想を得ていたと思われる（『法の精神』第一九篇第一六章）。インカ帝国とパラグアイ布教区ではなく、中国と古代スパルタの対比論である。モンテスキューにおいて、中国とスパルタはそれぞれ、専制と民主政という対極的な政体の典型だった。しかしモンテスキューはまた、この両者が法律と習俗と作法とを「混同」する点で一致しているとも語っていた。帝国の公的空間のすべてが皇帝の私的意志に従属する中国においても、あらゆる市民に対し私的利害を犠牲にして共和国の公共善のための献身を求めるスパルタにおいても、政体内部に公的領域と私的領域の区別は存在せず、政治権力から逃れる自由の余地は存在しないからだ。『法の精神』の著者にとって、法律・

習俗・作法の「混同」は、個人の自由と私人間の関係の自律性を排除する政体の症状だったのである。にもかかわらず、モンテスキューがリュクルゴスのスパルタと、それに対比されるパラグアイ布教区の両者に惜しみない讃辞を送ったのは、あくまでも歴史的例外として、そしていずれにせよ、商業の発展に深く浸透され、富裕化した近世のヨーロッパではもはや存立しえないものとしてのことだった。

レナルはこのモンテスキューによる中国とスパルタの対比論を、インカ帝国とパラグアイ布教区の対比論に移動させ、両者をあえて賞賛していたのである。だとすれば、この二つの共産主義的神権政に対する誇張的なまでの礼賛は、当初から背後に褒め殺し的なアイロニーを潜ませ、両者が体現するような種類の政治共同体に対するモンテスキュー的な懐疑に裏打ちされていたと考えねばならない。完全に自律的かつ自足的で、内部の隅々まで均質化され、統一された政治秩序に対する懐疑、ユートピア的理想化が描き出す当の政治秩序の「完璧さ」そのものに対する懐疑である。こうして、レナルによるインカ帝国とパラグアイ布教区の対比論は、一七七〇年初版の段階から、書かれることそのものによって打ち消される、抹消符号を付されたユートピアとして立ち現れることになる。

三　グァラニ人の沈黙と哲学者の審判

グァラニ人独立の展望とその消滅

とはいえ、このひそかに両義的な対比論にもかかわらず、レナルは三版を通じてさらに布教区批判論者の論点を一つ一つ退けつつ、パラグアイ布教区擁護論を展開している。そこでレナルは、フィジオクラットによるマブリ批判に一定の譲歩を見せ、私的所有権の不在がパラグアイにおける農業と人口の発展にとって障碍となり得たことを認めはするが、それは当の私的所有権があらゆる社会的・政治的無秩序の源泉であることを思い起こさせ、布教区民が「共有財産制」によってその無秩序から守られていたことを強調するためにほかならない。同様に、宣教師に対する「圧制」の告発が退けられ、パラグアイにおける「迷信」の政治的効用が評価され、布教区に見られる精神的権威と世俗的権威の統一は、キリスト教世界を長く苛んできた両者の相克に終止符を打つ根本的な解決策として賞賛さえされる（H80, liv. VIII, chap. 15–16）。とはいえ、こうした布教区擁護論への肩入れにもかかわらず、レナルが一七七四年第二版までは、布教区の統治の是非について最終判断を下すことを慎重に差し控えていたことに注意しておかねばならない。実際、以上すべての叙述は、次のような疑問文によって締めくくられる。すなわち、布教区における精神的権威と世俗的権威の統一は、「いったい、彼ら〔宣教師たち〕自身のためのものだったのか、それとも彼らの臣下のためのものだったのか」（H70, t. III, p. 264；H74, t. III, p. 366）。

この懐疑主義的な判断停止は、布教区統治の是非について最終判断を下すのは、かつての布教区民自身であるべきだというレナルの考えに根差していた。実はレナルは一七七四年まで、イエズス会宣教師に代わって布教区の行政権力を掌握しようとするスペイン植民地当局に対して、グァラニ人が武装蜂起する可能性を視野に入れていたのである。「もし、武装し規律化されたあの諸民族が自分たちの祖国の野蛮な抑圧者たちを撥ねのけるなら」、そのとき、キリスト教は「正義の根本概念」をグァラニ人たちにもたらしたということになるだろうし、宣教師たちは、いかなる政府であれ、社会を構成する人間たちから「自分たち自身の運命を定める自由を奪うことはできない」という、「正統で持続可能なあらゆる社会のあの原則」を教えた真の立法者と言われて然るべきだ、というのである（H70, t. III, pp. 264–265；H74, t. III, pp. 367–368）。パラグアイにおける「野生人の文明化」の成否は、グァラニ人たちが新たな独立国家を打ち建て、政治的主体として自らを構成しうるか否かにかかっているのだ。

このレナルの考察は、ルソーが『社会契約論』（第二篇第六章）で示した独特の立法者論を思い起こさせずにはいない。ルソーにおいて、その立法者は、政治体の外から現れ、一切の官職も公的権威もなしに、社会契約によって生成した人民に「一般意志」＝法律を表明させ、その法律に自ら従うことを意志させて、人民を自分たちが構成する政治体の「主権者」として創設する「奇跡的」存在だった。まただからこそ、立法者は、ひとたび「人民主権」に基づく政治的自律の回路が政治体内に成立した暁には、当の政治体の外へと消え去るべきであるとされる。ルソーによれば、モーゼやマホメットのように立法者が往々にして超越神に訴え、預言者として振舞ったのも、そのような並外れた事業を成し遂げるための政治的狡知だった。レナルはおそらくこのルソーの議論を念頭に置きながら、宣教師による「野生人の文明化」が、真に正統な政治共同体の創設とみなされるべきか否かを、グァラニ人自身による独立国家建設によって判断しようとしていたのである。いずれにせよ、アメリカ合衆国独立宣言にわずかに先立つ一七七〇年代前半、レナルは、イエズス会宣教師によって「文明化」されたアメリカの先住民に、もう一つの革命、もう一つの独立国家建設の主体となる可能性を認めていたのだ。

しかし、グァラニ独立戦争は起こらなかった。それとともに、一八世紀後半における「神権政」と「共有財産制」の共同体の独立と拡大、そしてわれわれが知るグローバル化とはまったく異なるもう一つの歴史のつかのまの展望も掻き消される。レナルは早くも一七八〇年の第三版で、先行する諸版ではグァラニ人の蜂起の展望が示されていたパラグアイ布教区叙述末尾の一節を全面的に改稿するのだ。レナルによれば、蜂起の不在はグァラニ人たちの宣教師に対する「尋常ならざる〔……〕無関心」によるものであり、その「無関心」は、「政治的」というより「宗教的」と呼ばれて然るべき共同体のなかで、グァラニ人たちが感じていた深い「倦怠」に由来する。このレナルの一節を承けて、ディドロはさらに、厳格に規律化された共同生活と私的所有権の排除に強いられた平等の許で、布教区のグァラニ人たちには、一切の過剰と一切の競合の精神が禁じられていた、と主張するだろう。この共有財産制の共同体では、ひとは善行を行うこともできず、自分自身にとってかけがえのない身近な人間たち――たとえば女＝妻・子供・親・友人・同朋――に対して愛情を表現することさえままならなかった。なぜなら、所有権なしには贈与がありえず、贈与のやりとり――「交換」――の相互性に基づく、個別的な人間関係の発展もありえないからだ。ディドロはこうして所有権を、各人が取り替え不可能な個体性を持ち、かけがえのない他の個体との関係を維持して生きてゆくために不可欠なものとみなすのである。いずれにせよ、いかなる共同体であれ、統治者と被統治者のあいだに存在する非対称的な支配関係を無視することはできない。「あらゆる権威は多かれ少なかれおぞましいものだ。そしてこれが、あらゆる主人が、例外なく、恩知らずしか生み出さない理由である」(H80, t. II, pp. 288–289)。

哲学者の審判の射程

この哲学者の審判とともに、先行するパラグアイ布教区についてのユートピア的叙述は最終的に打ち消され、明示的に抹消符号を付されることになる――同時にそのユートピア的叙述自体は、第三版までほぼ無傷で保存され続けるのだが。この最終審判において、レナルとディドロの出発点となったのは、イエズス会宣教師退去後、グァラニ人たちが速やかにスペイン植民地帝国の権威に服した事実に、私有財産の不在の許に置かれた布教区民たちの「倦怠」をみてとった、ブーガンヴィルとエルヴェシウスの考察だった。ただしその際、ディドロは先行者たちの考察を、宗教的共同体に対する自身の長年の批判に結びつける。性的欲望を抑圧する聖職者独身制に対する批判と、私有財産の禁止によってあらゆる個性を犠牲にしてまで集団の統一と秩序を強化する共同体に対する批判である。哲学者の考察には、支配関係を中和化する一切のユートピア主義の拒否も読みとれるし、特定の普遍的「プラン」を特権的主体（宣教師、立法者 etc.）の介入によって実現しようとする、イエズス会的な「文明化」の構想に対する批判も含意されていると言ってよい。

けれどもディドロがその最終審判によって露わにするのは、なによりレナルが提示していたインカ帝国とパラグアイ布教区の対比論にあらかじめ潜んでいたアイロニーであり、そのとき『両インド史』の著者たちは、フィジオクラットの自然法の専制と反フィジオクラット的な平等な民主政という、相反する二つの理想に対する敵対を明示するのである。この点で注目に値するのは、『両インド史』において、パラグアイのユートピア的叙述の抹消が、インカ帝国と中国という二つのフィジオクラットのユートピアの抹消と並行して起こっていることだ。インカ帝国にかんしては、レナルは一七七四年第二版の段階から、都市や建築物について初版で提示されていた礼賛的叙述を逐一「作り話」として退けている。たしかにディドロは、第三版に至るまで、インカ帝国に対する「行き過ぎたピュロン主義〔＝懐疑論〕」を排し、この帝国には「一一人の賢明な君主の連続」が見られたと主張し続けた（Cf. H70, t. III, pp. 110–118 ; H74, t. III, pp. 160–186 ; H80, t. II, pp. 138–150）。とはいえこの主張は、インカ帝国の専制の「賢明さ」に対する懐疑を増幅させるものでしかない。この第三版で、ディドロは他方フィジオクラット流の中国の理想化論に激烈な批判を加えており、おおよそ初版・第二版の中国礼賛論を再録する「賛美者による中国の状態」と題された一章に続けて、新たに「論駁者による中国の状態」と題された一章を書き加え、先行する章の礼賛論を逐条的に批判しているからだ。しかもそこでは、マブリに即して、中国の専制を良好なものに保つための唯一の保証は賢明な君主の連続でしかありえないが、そんな僥倖が中国で常に見込まれるなどという前提は馬鹿げている、とまで断定されているのである（H80, liv. I, chap. 20–21）。

パラグアイ布教区、インカ帝国、中国――懐疑に付され、これ見よがしに鋏を入れられ、抹消記号を付されたこれら一連のユートピア的叙述の変遷は、したがって、レナル／ディドロにおける専制批判の深化に根差したものと言える。レナル／ディドロは、個人の自然権（その筆頭が人格・動産・不動産の三種の所有権である）の論理的展開から理想の政治経済的秩序を導き出し、そこに個人の諸権利の全面的開化ともっとも完成された自然法の専制の合致を認めようとするフィジオクラシー理論に対して、もはや留保なく敵対するのである。とはいえ彼らが、マブリが奉ずる平等な民主政の理想に合流するわけでもない。フィジオクラットにせよ、マブリにせよ、構成員のすべてを逃れる余地なくある統一的で均質な政治経済秩序に服従させようとする点で異ならず、いずれの場合も、レナル／ディドロの肯定するものではあり得ないのだ。この点でレナル／ディドロがモンテスキューの反専制論を継承しているのはたしかだが、彼らにはもはや、身分制秩序（聖職者・貴族の存在）に君主の権力を制限するために不可欠な制度的障壁を認めるモンテスキュー的態度は希薄であり、この点ではむしろ、経済的生産のサイクルから身分制秩序を機能的に再解釈したフィジオクラット後の地平に立っている。だからこそ、レナル／ディドロにとっては、政治権力に対して、各人格の個体性と個体間の「社会的」関係の自律性を擁護することが喫緊の課題になる。そしてこの新たな専制批判にあって、民事上・政治上の自由の必要不可欠な支えとされるのが、所有権なのである。

このように考えるとき、パラグアイ布教区の抹消されたユートピアは、疑いもなく、『両インド史』における「文明化」概念の方向転換に加担するものと言える。以下で見るように、その方向転換は、たしかに「大西洋革命」の時代の到来を告げ、世界資本主義の地の上で、主権国家分立体制の一般化を強力に後押ししようとするものだった。とはいえ『両インド史』には、現今のグローバルな政治思想史において支配的なグローバル化の大きな物語には収まりきれない次元もまた潜んでいる。私見では、そのことを示すものこそ、パラグアイ布教区以下一連の抹消記号を付されたユートピアの形象なのだ。この点を明らかにするには、問題の抹消記号を付されたユートピアを『両インド史』総体のなかに置き直し、いましばらく読解を続けねばならない。

四　「文明化」の方向転換とその裏面

所有権・労働・解放

まず注意しておかねばならないのは、パラグアイ布教区に対して下された否定的判断にもかかわらず、レナル／ディドロがイエズス会宣教師の「野生人の文明化」の手法を参照するのを止めなかったことだ。ただしギュイヤーヌやマダガスカルにおける植民地建設の計画に見られるように、非暴力の原則に基づく先住民の定住化と農業の導入は、いまや七年戦争後のフランス植民地帝国の再建のため、より具体的には、新植民地の土地を開墾し、農業生産を発展させるために必要な労働力の形成のために提唱されることになる。そこで私的所有権の設立が中心的位置を占めることは、マダガスカルの文明化のプロジェクトにはっきりと見てとれる。レナルはこの提言のなかで、政府に対して、植民地設立にあたってはまず島の無主地を先住民の合意の上で買い取り、そうして正統に獲得された土地をフランス人植民者に分与するところから始めるべきであると説く。そうすれば、「時とともに、マダガスカルのすべての村落は自らこの革新を採用することになるだろう。いかなる偏見も、この革新の利点を見せずにおくことはできないのだから」。こうして私的所有権が自然に拡大すると目されるのは、それが早晩、商品の生産と交換の増加、さらには植民者たちの富裕化をもたらし、次世代のマダガスカル人たちは自らその先例に倣って土地所有者となり、土地を耕作する労働者となって、富の蓄積を目指すと考えられているからだ。レナルはこの見地から、「文明化」されたマダガスカル人たちは――フランス人植民者とマダガスカル人女性の混血にも助けられながら――、ゆくゆくは「政府の信奉者」を増やすことに献身する「政治的宣教師」となるだろうとまで予言している（H80, t. I, pp. 414-416）。

同様の「文明化」の図式を、ディドロはすでに「ロシアの文明化」論のなかで素描していた。この議論の主眼は、エカチェリーナⅡ世が計画したヴォルガ川流域における西欧自由農民の植民地建設計画を、ロシアの農奴「解放 affranchissement」に結びつけることにあった。この企図の実現のため、ディドロは一七七二年以来、住居と農機具と「一定の土地」を植民者に譲与し、そのまったき「所有権」を承認することから始めるべきことを説いていた。ひとたびこの方策が採用され、宗教的に寛容で経済的に寛大な政府の許に植民者が置かれるなら、「自由の酵母は次第に帝国の全体に拡大する」というのである。「奴隷状態の人民に対しては、野生状態の人民に対するのと同じように振る舞わねばならない。そこで回心をもたらすのは実例なのだ」。ただし、ここで「実例」とされるのは「自由の利得」、すなわち、土地を所有し勤労に励む西欧出身の自由な植民者たちが享受する生活上の便宜にほかならない。そしてこの「実例」がロシア人農奴を導くべき目標は、もはやキリスト教共同体における彼らの魂の救済ではなく、むしろ農奴たち自身が所有者となり、農業労働に勤しみ、蓄財に励んだ果てに、「三、四世代後に」、自ら民事上・政治上の自由を獲得することにあった（FP, pp. 164–170）。

ディドロにおいて、植民地建設と「解放」の展望の結びつきはコンスタントなもので、七年戦争後のインドにおけるフランス植民地建設の仮想的な計画を述べる際にも、この植民地の宗主国からの「解放」が数世紀後には不可避な「革命」として予見されている（H80, t. I, p. 547）。しかしいずれにせよ、まずは野生状態ないし奴隷状態にある住民たちを経済的主体として、つまり所有と生産の主体として構成するところから始めねばならない。そのような主体だけが、相互に商業的で「社会的」な関係を取り結ぶことができるからであり、またそのようにして結ばれた人間関係の自律性こそが、国家内部で固有の権力を行使しうる政治的主体として「人民」や「国民」を形成し、個々の所有権者＝労働者を「市民」として構成するために必要不可欠であるからだ。このような概念の布置には、一九世紀にヘーゲルやコンスタンによって定式化される、国家と「市民社会」のあいだの弁証法的分節が、萌芽的なかたちで素描されていると言ってよい。

だとすれば、レナル／ディドロにおいて、なぜ「文明化」という政治的アクションが長期持続のなかに位置づけられ、その実現が自発的に展開する漸進的な歴史過程の帰結とみなされることになるかも理解できるだろう。この点でディドロは、初版以来『両インド史』序文で示されていた中世末期のヨーロッパの「文明化」の歴史的概観を参照していたはずである。レナルはそこで、封建制の無政府状態とローマ・カトリック教会の「普遍君主政」が対をなす中世盛期から、国際通商の発展と各国王権の伸張が並行して進んだ結果、各君主政内部で富を蓄積した農奴が解放され、聖職者・貴族と並ぶ第三身分としてとりたてられ、最終的に「国民の議会」に参入するに至るという、「文明化」の歴史過程を素描していたのだから。この観点からすると、「文明化」という政治的アクションは、かつてヨーロッパ中世において実現した「文明化」の歴史過程を、人為的に再起動することを目指す政治的技巧となる。それは、さしあたって国家とは区別される「市民社会」の自律性を最大限に尊重し、その自律的発展を「人民」ないし「国民」の自由の拡大に結びつけようとする構想ではあっただろう。しかしその「文明化」のアクションが、国際通商の発展とともに近世初頭のヨーロッパに出現した主権国家分立体制を、一八世紀における通商ネットワークのグローバル化に伴って、地球規模にまで拡大しようとするものとして立ち現れることもまた疑いを容れない。

「文明化」の射程――黒人奴隷解放と合衆国独立

なるほど「ロシアの文明化」のプロジェクトは、エカチェリーナの帝国の特殊状況に即して提起されたものにすぎないが、とはいえ彼がそこで開いた展望は、『両インド史』の多様な政治的提言を、所有権の確立を人民の民事上・政治上の自由の拡大につなげようとする努力の様々に異なる現れとみなすことを許す。合衆国独立後、

『両インド史』で前景化するロック流の自然権論への依拠も、そこから派生するのである。

この点でまず注意を惹くのは、『両インド史』においてあまりにも有名な黒人奴隷制批判である。レナル／ディドロはそこで、人格的所有（自己の所有）に基づく「自然的自由」の譲渡不可能性を根拠に、黒人奴隷たちの主人に対する武装蜂起を正当化しているだけではない。実際のところ、この蜂起の呼びかけはむしろヨーロッパ人に対して発せられた警告であり、その警告はなにより、ヨーロッパ列強に対してより穏健な奴隷解放のプロジェクトを採用するよう強いるためのものだった。二〇年間の奴隷労働と五年間の賃金労働の末に、奴隷たちに財産を保証し、労働と秩序への服従の習慣を付けた上で解放すべしという、当時フランス植民地行政当局内部で流通していたプロジェクトである。ただしその際、レナル／ディドロは、一定の土地の所有権の譲渡と、この所有地を無際限に拡大する自由を解放奴隷に認めるべきであるという補足的方策を、「ロシアの文明化」論をなぞるようにして付加している――あたかも、この一見微温的な奴隷解放策が、植民者と奴隷の利害を植民地帝国の既成秩序のなかで和解させることだけを狙うものではなく、むしろ人民の民事上・政治上の自由の数世代にわたる拡大をもたらす「文明化」の過程を発動させることこそが肝要である、と言わんばかりに（H80, t. III, p. 194 et pp. 201–202）。

だから他方で、ディドロが労働によって取得された無主地に限定しつつ、アメリカにおける植民地建設を正当化しても驚くにも当たらないし（H80, t. II, p. 250）、それは哲学者による「アメリカの叛逆者たち」に対する熱烈な支持表明とも一切矛盾しない――『両インド史』の著者たちにとって、来るときが来れば、植民地の宗主国からの「解放」は不可避と考えられていた以上なおさらである。だからこそディドロは、合衆国独立の大義を擁護する際には、トマス・ペインに即して、躊躇することなくロック流の「社会」と「政府」の区別を説き、「社会」の構成員には政府の形態を変更する譲渡不可能な権利があると主張することもできた（H80, t. IV, p. 391）。そもそも、レナル／ディドロが北米イギリス植民地に見ていたのは、宗主国に対する政治的・経済的独立性を比較的よく保ち、中小土地所有者が質素で勤勉な生活を営む点で、奢侈の蔓延によって腐敗しきった――今風に言えば、癒しがたく「格差」が拡大した――同時代のヨーロッパとは対照的な共同体だった。この条件下に、植民者たちが宗主国による強制的課税に反対し、その反対運動のなかで共和主義的世論が勃興するに至ったとき、もはやディドロの目には、加速する「アメリカの革命」のリズムを押しとどめるいかなる論拠もありえない。七年戦争後の一時、パラグアイのグァラニ人によって担われた新大陸における新国家建設の希望は、こうしてただちに北アメリカの白人植民者によって引き継がれることになったのである。

たしかに、レナル／ディドロが合衆国に認めたのは、けっしてその後の世界資本主義と主権国家分立体制のグローバル化の尖兵などではなかった。合衆国はむしろ、近世ヨーロッパの重商主義体制のもとで見られた経済的不均衡――政治と商業の癒着、商業特権化による農業や手工業の生産の軽視――とは縁を切り、土地に根差した調和のとれた経済生活を営む、新たな市民たちの構成する相対的に平等な共和国としてイメージされていたのだから。とはいえ、交換・流通に対して生産を重視し、フィジオクラットとは袂を分かって、農業のみならず手工業にも富の源泉を認める『両インド史』の政治経済学は、所有と労働の主体を市民という政治的主体として押し上げようとする「文明化」の構想とともに、まぎれもなく「近代ブルジョワ社会」の秩序の到来を告げている。イエスの口吻を真似るマルクスの台詞に倣うなら、「彼らは自分たちが何をやっているか知らないのだ」と言うべきところかもしれない。

抹消記号を付されたユートピアの諸機能

レナルとディドロは結局のところ、「大西洋革命」の先駆者、世界資本主義と主権国家分立体制の結婚のイデオローグに過ぎなかったのか。だが、私にはやはり『両インド史』にはまったく別の次元があるように思われる。まさにこの地点で、われわれはいま一度、『両インド史』第三版に繰り返し回帰する一連の抹消記号を付されたユートピアの形象に立ち返る必要がある。というのも、パラグアイ布教区、インカ帝国、中国といった一連のユートピアならざるユートピアが含意するのは、単に政治的ユートピア主義や異郷の理想化の拒否だけではないからだ。そこには同時に、『両インド史』自体が語る歴史過程、新大陸発見から合衆国独立までの「ヨーロッパの拡大」の過程自体が排除する「他なるもの」を認めねばならない。一連の（反）ユートピア的形象がつねに、閉じられた自足的共同体、単純再生産よろしく現在の状態をたえず反復し続ける共同体として描き出されているのは偶然ではない。そのような自足的共同体こそ、ヨーロッパの拡大によって商業ネットワークが覆い尽くそうとしていた一八世紀末の世界で、存立条件をもはや取り返し不可能なかたちで損なわれ、すでに失われたものとしてしかイメージできなくなった共同体だったからだ。このことは、現にスペイン人によって征服され崩壊したインカ帝国と、イエズス会士追放によって廃絶されたパラグアイ布教区については言うまでもないことだろう。しかし同様のことは、当時、東洋に冠たる帝国であった中国についても言える。賛美論と批判論を並列させる『両インド史』の叙述そのものが、中国イメージがもはやヨーロッパ人の甲論乙駁の対象とされ、それによって鋳を入れられ、引き裂かれてあるほかないことを明示しているからである。

この点で抹消記号を付された一連のユートピアは、ディドロが『ブーガンヴィル航海記補遺』で描いたタヒチのユートピア的形象と類縁性をもっている。所有権も一夫一婦制も知らないタヒチのユートピア、しかしまさにそれゆえに、外部から訪れた旅行者＝語り手によって外部に向かって物語られるというユートピア的フィクションの論理そのものによって自壊を運命づけられた、タヒチの（反）ユートピアと。ディドロのその（反）ユートピア的フィクションでは、タヒチの共同体はヨーロッパからの来訪者たちを歓待したがゆえに、フリーセックスのユートピアの構成原理に従って、梅毒を共同体内に蔓延させ、瓦解してしまうのだった。だとすれば、ディドロが『航海記補遺』の一節を『両インド史』第三版で自ら変奏してみせることになんの不思議もない。『航海記補遺』では、ブーガンヴィル一行のタヒチからの出立にあたって島の長老が述べる訣別の辞の冒頭が（「泣くがよい、不幸なタヒチ人たちよ、泣くがよい」）、『両インド史』では、一六五〇年のオランダ人の喜望峰への到着を語るレナルによる叙述を中断し、当の歴史家その人から、オランダ人によって征服されようとしているホッテントット人に向けられた呼びかけに書き換えられているのである。「逃げろ、不幸なホッテントット人たちよ、逃げろ！」歴史家＝ディドロはさらに言葉を継いで、アフリカの野生人たちに、もし逃げおおせることができなければ、弓矢をもってヨーロッパ人に立ち向かえ、とまで叫ぶ。しかし、ディドロは啓蒙の世紀の暮れ方にフランス語で書かれた自分の叫びが、一世紀以上も前にすでに征服されてしまったホッテントット人たちに届くべくもないことをよく承知していた。「残酷なヨーロッパ人たちよ。私の弁舌に苛立たないで欲しい。ホッテントット人も、あなた方がこれから荒らそうとしている国々の住民も、それを耳にすることなどないのだから。私の語りがあなた方の気に障るとしたら、あなた方が自分たちの先行者たちよりも人間的であるわけではないというだけのことだ。私が彼らに向ける憎悪に、あなた方は自分に向けられた憎悪を見てとるというだけのことだ」（H 80, t. I, p. 205 ; Cf. DPV, t. XII, p. 589）。

　この一節に、『両インド史』の著者たちがヨーロッパ人による非ヨーロッパ世界の征服に対して表明した敵意を見て満足してはならない。ここでディドロが示唆しているのは、歴史上、実際に生起した征服の暴力の存在だけでなく、むしろその暴力を跡づけ、語り伝える歴史叙述そのものにそなわった根源的な暴力性であるからだ。ヨーロッパ人との接触以前には、自足し、永遠に自己自身を反復していたかもしれない非ヨーロッパ人の共同体は、まさにヨーロッパ人との接触そのものによって損なわれ、もはや失われたものとしてしか存在しえない。自足した共同体を対象化し、外部に向かって語り伝えるという行為そのものが、対象化された当の自足した共同体を破壊せずにはいないのだ。だとすれば、オランダ人の到着以前、数ある野生人のなかでももっとも原始的な生活を営み、過去も未来も両者のあいだでの分裂も知ることなく、永遠の現在のなかで放浪生活を続けていたというホッテントット人の共同体は、「そうでありえたかもしれない aurait pu être」もの、「過去の反実仮想」の可能態で示唆される、虚実のさだかならぬフィクションとしてしか提示されえない。同様のことが、パラグアイ布教区や、インカ帝国や、中国といった一連の抹消記号を付されたユートピアについても言える。これら一連の形象が抹消記号の彼方から示唆するのは、ヨーロッパ発の世界資本主義と主権国家分立体制のネットワークに組み込まれる以前のヨーロッパの外の自足的な人民と共同体が「そうでありえたかもしれない」姿にほかならないからである。レナルとディドロが一連のユートピア的叙述に容赦のない批判を加え、実質的にその内容をほぼ完全に空無化しながらもなお、打ち消される当のユートピア的叙述を最後まで維持し続けたのもそのせいなのだ。

たしかに、一連の抹消記号を付されたユートピアは、『両インド史』のなかで喚起されるやいなや抹消されることによって、まさに「他なるもの」を自らの埒外に放逐し、主体ならざるものとして排除しながら展開し続けてきた歴史過程の特異性と不可逆性をきわだてる――地球規模で世界を統一し、われわれがいまだそのなかに住んでいる「他ならぬ」この歴史過程の特異性と不可逆性を。そのとき抹消記号を付されたユートピアは、現実に生起する「他ならぬ」この世界、「他ならぬ」この歴史が非現実的なものとして排除する「他なるもの」、「他なる」可能世界の指標として現れると言ってもよいかもしれない。レナル／ディドロは、こうして成立した近代世界の地平をいちはやく察知し、それを引き受けたからこそ、この地球規模の新たな世界の地平において「文明化」の理想を選択し、その理想に基づくさまざまな政治的提言を行った。しかしそのことは、彼らが自分たち自身の政治理想のどこまでも「歴史的」な条件と限界とに自覚的だったことをも意味しているだろう。だからこそ、ディドロはしばしば過去の歴史の敗者たちを呼び戻し、あらゆる政治的アクションの至高の審判たる「後世」の位置に据えようともしたのである（Cf. H80, t. II, p. 356）。グァラニ人、ペルー人、中国人、ホッテントット人、さらに数多くの他の人民が、幽霊のように回帰するこの歴史の敗者たちのあいだに自分の場所を要求することができる。とはいえ、問題は必ずしもこうして排除された非ヨーロッパ人たちの「解放」や復権にはない。むしろ、ほとんど完全にその内容を空無化され、「歴史なき」民がそこにとどまるべき空虚な余白としてのみ留保されたかのような、抹消符号を付されたユートピアの機能こそが重要なのだ。――歴史過程が展開する際に、それに分かちがたく張り付いた裏面が存在することを喚起し、それによって歴史過程の存立の根幹に抹消しがたい根本的な偶然性がとどまり続けることを黙示することこそ、その究極の機能である。この根本的な偶然性だけが、すでに現実化されたものとは異なる「他なる」歴史や「他なる」政治を、あるいは歴史と政治によって分節されるのとは異なる「他なる」世界を思考し、要求することを許すからだ。

啓蒙の世紀の暮れ方、レナルやディドロはたしかに、われわれがなおそのなかに生きている近代の世界、歴史と政治によって分節される世界を思考し始めていた。だが、彼らはその近代の世界のとば口にいたからこそ、その世界がいかなる条件の下で成立し、いかなる限界をそなえているかを明敏に察知することもできたのだ。自身の属する世界の条件と限界を問うその姿勢を、あらためて反復すること――私にはそれ以外に、「啓蒙」にも、「思想史研究」にも、「未来」があるとは思われない。その反復のためには、過去の証言に私たちの生きる世界の起源を認めて事足れりとすることのない、呵責のない読解と思考が求められるはずである。

付記

本稿は、Lise Andries et Marc-André Bernier（éd.）, *L'Avenir des Lumières*, Paris Hermann, 2019 に収録される Kenta Ohji, « L'utopie barrée : à propos des missions jésuites du Paraguay d'après l'*Histoire des deux Indes* » を日本語訳し加筆を施したものである。

本稿では、『両インド史』のパラグアイ布教区叙述については、特記しない限り一七八〇年第三版に参照を求めた。レナル・ディドロが参照している文献の詳細にかんしては、私が協力した以下の批評校訂版の注釈を御覧頂きたい。Guillaume-Thomas Raynal, *Histoire philosophique et politique des établissemens et du commerce des Européens dans les deux Indes*, A. Strugnell-G. Goggi-K. Ohji (dir.), Fernay-Voltaire, Centre international d'étude du XVIIIe siècle, 2018, t. II, liv. VIII, chap. 14-17. なお、本稿の文献考証をより精密に行ったものとして、王寺賢太「「文明化」の方向転換——『両インド史』におけるイエズス会パラグアイ布教区叙述をめぐって」、齋藤晃編『宣教と適応—グローバル・ミッションの近世』（名古屋大学出版会、二〇一九年刊行予定）がある。

参考文献および略号

Diderot, Denis［DPV］*Œuvres complètes*, dir. H. Dieckmann -J. Proust -J. Varloot, Paris Hermann, 1975–, 33 vol. prévus.

Diderot, Denis（1772）［FP］*Fragments politiques échappés d'un portefeuille du philosophe*, éd. G. Goggi, Paris, Hermann, 2011.

Imbruglia, Girolamo（1983）*L'invenzione del Paraguay. Studi sull'idea di comunità tra Seicento e Settecento*, Napoli, Bibliopolis（*The Jesuit Missions of Paraguay and a Cultural History of Utopia*（*1568–1789*）, Leiden/Boston, Brill, 2017 として再刊）.

Raynal, Guillaume-Thomas（1770）［H70］*Histoire philosophique et politique des établissemens et du commerce des Européens dans les deux Indes*, Amsterdam, 6 vol. in–8°.

Raynal, Guillaume-Thomas（1774）［H74］*id*., La Haye, Gosse fils, 7 vol. in–8°.

Raynal, Guillaume-Thomas（1780）［H80］*id*., Genève, J. -L. Pellet, 4 vol. in–4°.

第Ⅳ部　来るべき人文学のために

人文学は、すべての学問の基礎にある普遍的な知の総体である。哲学、文学、歴史学、宗教学、人類学などの人文学は、懐疑する思考能力、豊かな感受性、しなやかな表現力を涵養し、自然科学にとっての基礎でもあることは、日本の文部科学省のホームページにさえ書いてある。

ところが現在、世界各地で人文学の危機が叫ばれている。産業の発展に直接貢献しない人文学は、逼迫する財政からすればお荷物とされ、極端な場合は「不要論」までもが語られる。理由としては、思考、感受性、表現力などの精神活動の情報テクノロジー的処理の進歩、マスメディアによる人文学の急激な商品化、市場開拓と国威発揚にふさわしい学問への国庫支出の傾斜などが挙げられよう。

いうまでもなく、本書に収められた論文は、すべてこの風圧のなかで書かれた。もちろん、ある意味の排他性を持ったエリートの特権としての教養主義に回帰することは、現状にはそぐわないだろう。被害者意識が昂じて人文学の保身に凝り固まることも許されないだろう。実地に役立たないという人文学への批判についても、現実および対象との関係の弛緩した「人文学」が少なからず存在する以上、無視するわけにはもはやいかないだろう。

だが、それでも人文学は他では代替できない知の方法を有しており、そして、文理の乖離にも一定の責任を持つ以上、いまこそ諸科学の基礎としての人文学のあり方を問い直すことが必要であろう。そのためには、人文学の担い手は、学的営為のなかで少なくともつぎの三点を意識することが必要だろう。

第一に、基本的概念を根源的に問う人文学の可能性を探ること。たとえば、近代経済学は貨幣や市場、政治行動論は選挙や政党などの基本概念自体をあまり疑わないが、人文学はそれぞれの概念を一から批判的に考え抜くこと、それを歴史的に溯源して再考することも、みずからの重要な営みとしている。

第二に、自然科学と人文学のシームレスな知の実験。自然科学の営みのなかにも、人間的な要素は必ず混入してくる。それは研究組織の人間関係がまず筆頭に挙げられるだろう。また、金銭、国家間競争、外交、言語、学会の制度、褒賞制度なども自然科学の営為自体を変えるほどの強さを持っている。他方で、人文学の扱うテーマにも自然科学と共通の問題が含まれている。時間や空間という基本概念はもちろん、公害、核、情報などは双方にとって重要なテーマである。

そして第三に、人文学は人文学自身をも分析の対象とできる自己言及力を持つこと。自分の営みを絶えず点検し、更新していくことはなにも人文学だけの営みではないにせよ、人文学が欠かさず行なってきた習慣であることは否定できない。

ここに掲載されるのは、旧来の人文学の共通了解、これまでの諸科学の境界の自明性自体を疑う、人文学的な知の冒険の一端である。もちろんその成否は読者に委ねるしかないが、少なくとも根源的な懐疑に吸い寄せられていく人文学の「性癖」だけでも感じ取っていただければ幸いである。

（藤原辰史）

第十四章　モデルネ　新しいものの思考法

藤井俊之

モデルネという時代、あるいはそれに特徴的な時間意識について、以下、第一節ではまずその概念史を手掛かりに現在にとって決定的と思える一九世紀のボードレールまでの記述を振り返る。第二節では、この詩人の作品に彼を論じたドイツ人批評家ベンヤミンの議論を重ね合わせて、モデルネ的時間の危険性（時間の静止）について一瞥したあと、第三節では硬直化した時間から抜け出す方途を探るためにハンガリー出身の哲学者ルカーチの物象化論を参照する。最終第四節において、ベンヤミンとルカーチに共通して無時間性からの脱出路（「新しいもの」の思考法）と想定されていたものをショックの経験として同定したあと、アメリカの美学研究者ハル・フォスターの議論によって現状とそこからの展望を確認する。

一　モデルネの概念史

モダンの三つの意味

時間の流れが人類に意識された瞬間を、そもそもの歴史の始まる地点として想定してみるなら、おそらくは時間の把握という自己回帰的現象が人間という生命体の神経プロセスに生じ、またそこに現れた記憶（回帰的に把握された現在の集積）を伝承していくための言語が発明された太古の昔以来、現在という感覚は常に人間とともにあった。しかし、そこにおいて人々が自らの属する時間帯とみなしたであろう時代の幅は、過去との連続性のうちに思い描かれていたはずである。共同体成立にまつわる出来事を語り伝えるものとしての神話の役割は、こうした人間の時間意識の連続性を担保するものとして捉えることができるだろう。その場合、世界の端緒を語る行為は、そのまま時間の始まりについての理解をあらわすものであった。無からの生成としての起源神話、たとえば、「光あれ」の一言によって世界の開闢を告げる神が登場するキリスト教の聖書の物語は、そうしたものとして考えられる。

他方で、モデルネの元になっているモダン（modern）という言葉には、過去からの切断という非連続的な時間意識を見て取ることができる。しかし、過去との非連続性と一口に言ってみても、そこにはこの語の用い方に応じていくつかの意味の区切れを設けることができるだろう。ここで、ガンブレヒトの概念史的記述を手がかりにモダンの三つの用法を区別しておきたい。彼が一つ目に挙げているのは、「現在の gegenwärtig」というものである。これに対立するのは「かつての vorherig」だとされる。これは、一つの時代の中での前後（たとえば組織の長の交代）を意味するような使用法を指す。二つ目の意味として、「新しい neu」が挙げられるが、これには「古い alt」が対応する。この場合の使用法は、なんらかの連続性のもとで把握された一つの時代をそれ以前の時代から区別するものだ。そして、三つ目に数えられるのが、「一過性の vorübergehend」という意味であり、これに対立するのは「永遠の ewig」である。この場合、モダンという言葉は、単に過去との対照を示すだけでなく、この現在もまた来るべき未来にとっての過去にすぎない、そしてまた、過去もそれ自体として過ぎ去った現在であるという認識がすでにそこに含意されたものとして理解される。

ルネッサンスと啓蒙主義

ガンブレヒトがここで第三の意味として挙げているものが、いわば現代において強調されるべきものということになるだろう。「永遠」に対置される過ぎ去る現在という意味である。ただし、一二世紀にその初発の用例を見出すこの意味内容がその十全な展開を実現することになるのは、彼によればヨーロッパにおいては、ルネッサンスと啓蒙主義の時代を経た一九世紀以降のことだとされている。というのも、中世を経たルネッサンスの時代において理想とされたのは、古典古代の復古であり、だからこそこの時代はルネッサンス（再生）と呼ばれるわけだが、そこでは現在をそれ自体として独立の価値を持つものとして認識するには様々な障害があったからだ。そしてまた、啓蒙の時代において、初めて模範としての過去を必要としなくなった時代意識は（その最初の表明として一七世紀のフランスで、過去に対して現在の方が卓越していると主張するシャルル・ペローによって唱導された新旧論争が挙げられる）、確かに、現在を過去に結びつけていたそれまでの「円環的歴史像」から、過去に発して現在へと向かう上昇線を描く「歴史的進歩のモデル」への転換を印づけている。しかしこの時代にはたとえば、科学技術の進歩は古代に対する現代の優越を示すものとされた一方で、芸術の領域における進歩は単純に野蛮から洗練へ向かうものではなく、それぞれの時代にそれ独自の功績を認めることを可能にもした。つまり、歴史が進歩するという認識は、当然ながらその裏面に現在もまた過ぎ去るという、先に述べた第三の意味を持ち合わせていたのであり、事典の序文を書いたコゼレックが全ての項目の記述の焦点として「峠の時代 Sattelzeit」（Koselleck 1972, S. XV）と名付けた一七世紀から一八世紀にかけての時代は、現代へのとば口にあって様々に矛盾する意味内容がひしめきあう時代でもあったことが理解できる。

ロマン派からボードレールへ

啓蒙主義に続くロマン派の時代に、モダンの意味は第三のそれへと収斂していく。ガンブレヒトの記述を参照しながら、ケンパーが指摘するところによれば、シラーが「素朴文学と情感文学について」（一七九五～九六年）を著し、そこにおいて古代人のありようを自然そのままの素朴さに見出し、他方で現代の感性を自然によって喚起される素朴さの喪失とその再獲得への希望に見出したとき、過去に対して「新しい」というだけでなく、自らもまた過ぎ去っていくという足場のない近代の感覚が表明された。それはまた、フリードリヒ・シュレーゲルが『ギリシア文学研究論』（一七九五年）において、世界の調和を見失った現代（modern）の文学の特性を「無性格」であることに見出したのと同時期のことでもあったとされる。このように確認された場合、足場となる統一された世界の喪失とその再獲得への憧憬をおのれの特性とするロマン派において、その「現在」はしかし、積極的なものを何も手にしていないという否定的様相において描き出されたのだと言えよう。

再びガンブレヒトの記述に戻れば、こうしたロマン派の時代を概念史上の「移行期」として捉える彼の議論において、モダンの第三の意味を十全に満たすことになるのはその後の一九世紀ということになる。フランス革命によって自らの過去を根こそぎにしたヨーロッパの時代意識は、自らの同一性を手に入れるために絶えざる自己規定を必要とするようになり、そこに現れた常に新たな足場へと飛び移るかのような「加速の経験」はモデルネに自らを追い越すことを強いるようになったのである。三月革命前期と呼ばれる一八三〇年代を転機として指摘される過ぎ去る現在としてのモデルネの成立は、一八五九年に一人の詩人がその芸術的マニフェストにおいてモデルニテを定式化したところで、完全に自己自身に到達することになる。『悪の華』の作者として知られるボードレールが、執筆から数年後の一八六三年に発表した、画家コンスタンタン・ギースについての論考「現代生活の画家」がそれである。

二　ボードレールとベンヤミン

「現代生活の画家」

「一八五九年に、〔……〕ボードレールはその論文「現代生活の画家」で、この新たな時代感覚をモデルニテの美的理論へと変換したわけだが、これはいまだに二〇世紀の芸術的前衛の自己理解に適用できるものであり、その理論を我々はここにおいて、概念史の年代順の進み方に先んじて、根本諸特徴において描き出すこともできるだろう」、と記すガンブレヒトにとってボードレールの発想が現代としてのモデルネにとって決定的であったことは疑いない。ここまで述べてきたことを整理するなら次のようになるだろう。過去もまたそれぞれの現在を有していた、従って、美しさとはその時代においてそれぞれに現代（modern）のものと感じられていたという展望を持つと同時に、それが今なお美しいと感じられるのであれば、それは古典的な美になり得たと認識することがモデルネの基本態度であるということになる。そこから芸術家には、現在の一過性から永遠の美を引き出すという課題が生じてくるのであり、そこにおいてモダンの第三の意味における一過性と永遠の対立関係もまた認識されることになる。啓蒙主義における現代の新しさへの気づきから、ロマン派という過渡期を経て、一九世紀中盤のフランスにおいてモデルネは自らの自己意識に到達する。こうしたガンブレヒトの概念史的記述からはしかし、そこに現れたモデルネに関して一つの困難の存在することが透けて見えないだろうか。というのも、それが歴史の終点において達成される何らかの理想ではなく、現在において絶対の強度をもって現れてくるはずの瞬間の美を捉えようとするものである限りにおいて、この意識はもはや自らの新しさを進歩の頂点とみなす幸福に浸っていられるようなものではなくなっていた、ということがそこから帰結するからだ。この今はそれが生まれた瞬間にすでにその先に到来する未来への予感によって過去になることを宿命づけられている、というのがモデルネの時間意識だ。

実際、ボードレールは次のように述べている。「過去が興味の対象となるのは、その過去が彼らにとっての現在であった芸術家たちがそこから抽出することのできた美によってのみならず、過去としてのその歴史的価値のためにでもある。これと同じことが現在についても言える。我々が現在の再現から引き出す喜びは、単に現在が纏い得る美にだけでなく、それが現在として有する本質的な特質にも関わっている」(Baudelaire 1976, S. 684)。一つの時代が普遍的な興味の対象になり得るのは、そこに永遠の美が認められるからというだけではない。それに加えて各々の時代がその現在において有する「本質的な特質」が確認されてこそだ、というボードレールの主張は、現在にも過去と同等の価値を見出せると想定している点で、楽園への回帰というロマン派的展望、つまり失われた自然を再度獲得しようという身振りとは袂を別っている。しかし、現在に積極的な価値を見出すことができるという発想は、その裏面において現在もまた過去になる、という認識と切り離すことができない。すなわち、現在もまた滅びるという認識がその根底にはあることになる。言い換えれば、現在は歴史の連続性の終端に花開く精華としてではなく、すでに過去となった時代と同じように未来からの視点における過去として、過ぎ去りゆくものとして捉えられているのであり、過去からの遠さと等しいだけの未来からの遠さにおいて対象を眼差す非連続性の視点のもとにしか存在しえないものになっているのだと言える。この場合、未来とは来るべき楽園の回帰ではもはやない。

モデルネの天使

モデルネの意識を代表するボードレールという見方は、単に概念史的記述にのみ特有のものではない。よく知られているように、一九世紀モデルネの発掘という点で前世紀に最も興味深い仕事を残した思想家の一人であるヴァルター・ベンヤミンが、未完に終わった大作『パサージュ論』の執筆の途上で、個別の論考にまとめるべく取り掛かった人物もまた同じ詩人であった。ただし、一九世紀を自身の現在にまで続くモデルネの端緒として捉えるベンヤミンの思想がボードレールに見出したものは、現代の自己認識という中立的性格を備えた診断であるというよりは、とめどなく続く進歩の連続をその都度の破局の連続と同一視する極限的な思考であった。

モデルネと呼ばれる時代意識にとって歴史の非連続性が不可避であるということはここまでに確認した通りである。そこにはまた、破局の連続としての進歩というベンヤミン的認識が芽吹く余地もあった。なぜなら、自己の同一性を過去との切断を通じた回帰的な自己規定によってしか手に入れることができないという点で、モデルネの意識は破局をその双子の身分として持たざるをえないからだ。ベンヤミンの有名な天使の物語は、単に彼の終末論的傾向（つまりは絶望とペシミズムの別名）として解釈されるべきものではなく、この意味において現状に対する彼の精確な認識から生じたものだと理解されねばならない。そこでは以下のように語られていた。

クレーの絵に「新しい天使」と言われるものがある。そこに描かれた天使は、自分が見つめている何かから遠ざかりつつあるかのように見える。その目は大きく見開かれ、口はあんぐりと開き、翼はぴんと張っている。歴史の天使がいるとすれば、このような見かけをしているはずだ。それは顔を過去に向けている。様々な出来事が次々と我々の眼前に繰り広げられるときに、天使が見ているのはただ一つ、止むことなく瓦礫に瓦礫を重ね、それを自分の足元に投げつけてくる破局だけだ。ひょっとしたら天使はそこにとどまって、死者を目覚めさせ、散り散りに破壊されたものを組み立てようとしているのかもしれない。しかし楽園から吹き付けてその羽根にからみつく嵐があまりに強烈なために、天使はもはや羽根を閉じることができない。この嵐が天使を、それが背にしている未来の方へと絶えず吹き飛ばしている一方で、その間に天使の眼前に積み重なる瓦礫の山は天にも届かんばかりだ。この嵐こそ、我々が進歩の名で呼んでいるものだ。（Benjamin 1991b, S. 697f.）

モデルネは立ち止まることができない。それが自らの身分を確証しようと欲するなら、それは自分を過去と切り離すしかないからだ。遠ざかる過去の瓦礫に手を触れようとしても、それを改善しようとする意図そのものが進歩の嵐を招き寄せることになるだろう。これまでに何が為されてきたのか、何が取り逃がされてきたのかを確認する行為、歴史の進歩を自認するこうした良心的行為そのものが、過去を取り戻しがたいものにしてしまう。そしてまた、それはそうならざるをえないことでもある。

ポスト（〜以後）の時代

こう考えてみれば、二〇世紀以降の世界に時代のキャッチフレーズが横行する理由も明らかになる。ポスト歴史であれ、ポスト真理であれ、あるいはポストモダンであれ、ある時代の同一性を何らかの標語によって確立しようとするこれらの試みは、何かしらの喪失によって動機付けられているという意味において、全てモデルネの時間意識を動力源にしている。しかし、こうした悲観的なモデルネに対して、ボードレールが一線を画しているとすれば、それは「現代生活の画家」に見られる、現代をそれとして価値あるものとする視点ではないだろうか。シラーがその現在において失われているのを見た素朴さについての言説から、今日におけるポスト（〜以後）の氾濫に至るまで、現代を価値づける言葉は喪失と結びついている。それを悲嘆と結びつけるのか解放のサインと受け取るのかは問題ではない。その喪失の意識による自己規定がすでに、次の今によってさらなる評価の対象にされることが不可避であるところにモデルネの困難がある。モデルネの始まりにあって、またそれがモデルネの始まりと言ってよいものであることの理由として、ボードレールはこの困難を見据えていたのであり、それこそ彼に失われた自然への回帰を見て取ることができない理由でもあるだろう。彼にとって、原罪によって人類が楽園から追放されたと語る聖書の記述は、未来において取り戻されるべき過去の誤ちではなく、人工の美が真価を発揮するための条件であった（Baudelaire 1976, S. 715）。

反復される新しさ

しかし、自らを将来において回収されるべき負債ではなく、ここと今において価値あるものとする時代意識は、当然、その後にくるものによって滅ぼされねばならない。さもなければ、新しいものは永遠に到来しないことになってしまうだろう。また、そのようにして到来した新しいものが、今現在の新しさと同じように、その次に来るものによって過去へと均されてしまうものであるとすれば、新しいものの到来とはモデルネという時代を一貫して特徴づける構造上のメルクマールであるということになる。また、そう考えるのであれば、新しいものは真に新しいものであるというよりは、モデルネという時空間において生じる反復的出来事の必然的な構成要素であるということにならないだろうか。

つまり、その新しさが過去との切断によって生じる非連続的なものであるという限りにおいて、そしてまたそのように生み出されるべきものとして構造上の強制を受けているという限りにおいて、全ての新しさは等しく同じものであるという逆説がそこに成立してしまう。結果として、現代の「本質的な特質」とボードレールが名指したものは、その質的な特別さを失ってしまうだろう。残るのは、新しさとして回帰してくるモデルネの反復的作動の結果だけであり、その場合の新しさとは、結局のところ姿を変えた過去、つまりはかつての「今」にすぎないということになる。ベンヤミンが、「ボードレールの詩は、新しいものを常に回帰する同じものにおいて、常に回帰する同じものを新しいものにおいて提示する」（Benjamin 1991c, S. 673）、と述べるとき、彼もまたこれと同じことを想定していたように思われる。しかし、モデルネが新しいものを反復において生み出す自動機械であるとすれば、新しさとは一体何だろうか。全ての新奇な出来事が一過性のセンセーションとして消費されるにすぎず、そのような「今」がまさにその都度の出来後の背後に永遠の亡霊として回帰し続けているのだとすれば、ボードレールが見抜いたモデルネとしての現代の特性は事実として正鵠を射抜いていたことになるだろうが、ではその場合、何かが変化するということはどのような事態を意味するのだろうか。

原罪と自然

いずれにせよ明らかなのは、過去に安定した地盤を見出すことはできない、ということだ。歴史の進歩が常にその都度の現状の改善を目指して為されてきたものであるということを前提にすれば、伝統を直ちにかつてのように再興することは不可能であるというよりはむしろ望まれてはならないことであろうし、そのようにかつて失ったものを理想化する傾向と手を切ることとの必然性を認識するところからモデルネは開始された。先に述べたように、ボードレールが原罪に肯定的な評価を下すことで、無垢な楽園への憧憬と手を切るよう勧めたことの真意もここに求められる。人間がかつて過ちを犯さなかったためしがないのであれば、自然（つまりは理想化された過去）への回帰によって人間が救われると考えることほど無意味なことはないのであり、「美しいもの高貴なものはすべて、理性と計算の結果だ」（Baudelaire 1976, S. 715）とする考えは至極当然のものであるはずだ。ではその場合、さらに考えねばならないのは次のことではないだろうか。つまり、この理性と計算の結果として生じる流行（モード）のうつろいが、本当に救いをもたらすものなのかどうか、である。「モードとは、新しいものの永劫回帰である。――それにも拘らず、他ならぬこのモードのうちに、救済のモチーフが存在するのだろうか？」（Benjamin 1991c, S. 677）、ベンヤミンのこの問いは、ここまで述べてきたことの要約として最適である。

要するに、「新しいもの」と言われるとき、二つのことが区別されねばならない。モデルネの構造上の反復によって量的に加算されてゆく新しさと、そうした反復を逸脱する質的な新しさが区別される必要がある。これを言い換えれば、閉じた体系の内部においてそのシステムの合理性に従って対象のありようを見定める見方と、観察主体が属する体系そのものの変容を認識しようとする見方の区別ということができるだろう。そして、このことが流行という現象を通して問われているのであれば、そこで主たる標的とされているのが商品というカテゴリーであることも理解できるはずだ。つまり、伝統をすら現在からの偏差を剰余として備える商品として価値づける資本主義社会において、こうした流行として現れる差異の連続的提示が果たして質的に新しいものをもたらすことがあり得るのかが問われているのだと言える。

三　モデルネと物象化

「物象化とプロレタリアートの意識」

ゲオルク・ルカーチが「物象化とプロレタリアートの意識」（一九一九年）において提示する問題意識には、これと相通じる視点を求めることができる。等価交換の網の目によって、商品が社会の全体を覆うようになったとき、人は自らの労働力を商品として市場に投じることなしには、社会の中に居場所をもてなくなってしまう。交換の経路が世界をくまなく巡りはじめて、人々が真にグローバルな全体に組み込まれたとき、そこにおいて労働力の商品化、つまり自分の労働を客観的な物として売りに出す行為としての物象化は、例外なく万人に関わりのある事柄になった。こうした全体の出現（グローバリゼーション）は、労働時間の均一化、つまり質的な要素を失った時間が、各個人に均等に割り振られる空間的なものに変質していることを前提とする。全ての個人は、労働時間を前にひとしく平等になる。全ての時代にひとしくその価値を見出すというボードレール的モデルネの時間意識には、ここでルカーチによって物象化として指摘される時間の空間化（均質化）との並行性を指摘することができるだろう。

ベンヤミンがモードを議題にあげたのも、そこに均質化された時間という逆説と物象化の危険性を読み取ったからに他ならない。それを前提として、ここでのルカーチには、量へと還元された質を、ふたたび質的なものへと変容させるための可能性についての問いを差し向けてみよう。しかし、果たしてそのようなことは可能なのだろうか。このことを念頭にルカーチに目を向けてみれば、彼がこれを労働者の意識において成し遂げられるものと考えていたことがわかる。また、そのような事態はまさにヘーゲル以降の時代において主題化されるべきものなのだ。つまりは一八三〇年代以降のモデルネというのはここでも符号として通用する。というのもルカーチの整理するところによれば、物象化の認識論的基盤となっている観念論哲学においては、カントの物自体に見られるように認識の形式の精緻化は、認識対象の物としての特質を主観の側の図式に合わせて均質化するのであり、また物自体の認識についてはこれを明らかにはできないということを明言することによって、物象化の二元論的ありようを明らかにしているからだ。つまり、対象の真の姿は観念論の枠組みの中では、主観の認識能力の限界によってヴェールをかけられたままであり、それについては無限に近づくことだけが努力目標とされる。かくして、認識はその限界の枠内において自らの合理性を追求するのみであり、世界の全体を認識することの不可能性が宣言されることになる。これを乗り越えようとしたヘーゲル哲学において、確かに主観と客観の同一性というかたちで全体性は主張された。しかし、ルカーチはここにも一つの限界を指摘する。端的に、ヘーゲル的同一性が真に到達されるのは「理性の狡知」を通じた歴史の果ての出来事とされるのであり、個別の行為者は真に主体として行為しているのではなく、世界精神の手駒であるにすぎない。カントにおける主観・客観関係の二律背反の乗り越えとヘーゲルにおいて形式的に提起されたにすぎない主観でありかつ客観であるものを現実的に把握すること、ルカーチがその観念論批判を通じて提示しようとするのはこれであり、そして、先に述べたようにその実現を彼は労働者の意識に見出している。

部分による全体の認識

これを言い換えれば、自らの行為の主体でありながら、経済システムにおいて商品として客体化されている労働者において、彼ら自身の現在の直接的あらわれである商品形態は、それが実は媒介の網の目をへて形成された歴史的な生成物であることを見通されるのであり、その主観的自己認識（労働者＝主体）が同時に客観的な対象（労働者＝商品）の認識である限りにおいて、世界変革の起点になりうるというところに、労働者の位置の特異性が見出されるのである。このことについて、ルカーチは次のように述べている。

> 労働者の直接的存在は、先に示した通り、労働者を生産過程における純粋な単なる客体として位置付ける。この直接性が多様な媒介の結果であることが示され、この直接性が前提としているあらゆることが明白になりはじめることによって、商品構造の物神的形態は崩壊しはじめる。労働者は商品という形をとって自己自身を認識し、自分自身と資本との諸関係を認識する。労働者がいまだにこの客体の役割を実践的には克服できないでいる限りにおいて、その自己意識は商品の自己意識であり、別様に言うなら、商品生産と商品流通を基盤とする資本主義社会の自己認識であり、自己開示である。（Luckács, 1923 S. 185)

世界の全体性の認識を、カントのように主観と客観の二元論的関係において無限累進的に精度を高めることへと転化するのではなく、また、ヘーゲルのように歴史の終わりに主観の頭越しに成立する世界精神に仮託するのでもなく、自己反省において見出される物象化された己の対象性の認識をきっかけとして、それと同時的に実現するものと想定することによって、主体であり客体であるもの、つまり自己であり世界であるものの変容が惹起されるというルカーチの議論には、一旦は量的なものに還元された主観の質的なものへの再度の変容が描かれていて示唆に富む。とりわけ、全体の認識が、全体の部分である主観によって為されるという点は興味深い。合理的全体が、全体からすれば解消されるべき非合理とみなされうる部分的存在によって覆されるというルカーチの主張は、ではそのような決断をプロレタリアートの主体がいつ下すのかという点には、それが自動的な進歩の結果でない「主体的な」ものであるとされる限りにおいて実践的な不明瞭さが当然残らざるをえないのだとしても、それとして説得的なものである。

先に述べたように物象化とは、市場において労働者の労働力が均一な労働時間によって計量される商品として対象化される事態であり、その結果、労働者は自らの労働力の売り手として、自分自身の所有者にならざるをえない。だからこそ、プロレタリアートの意識とは「商品の自己意識」だ、と主張されるわけだが、これはつまり商品として客体の側に固定され「第二の自然」へと硬直化した社会関係が、作り手であると同時に商品でもある労働者の回帰的な自己規定において、実は流動的な過程、つまり変容可能性を秘めたものであることが認識される瞬間のことでもある。

存在すると同時に存在しないもの

ここでボードレールに立ち返るなら、彼は画家ギースのことを「観察者、遊歩者、哲学者」(Baudelaire 1976, S.

687）と呼んでいたが、その際、この呼称は単に社会の外側に視点を設定しようとする姿勢を意味していたのではなく、社会の内側からの観察を指すものであったという点に注意が必要である。全体の内部に位置する個別者の視点によって、全体からの差異が指摘される。詩人が画家に見出すのは、すでに存在する美の規範を模写する技法、ルカーチの言葉づかいに即して言えば、主観と客観の分離に基づく「模写説」に即した技法ではなく、その存在が過去とのずれにおいて認識されるいまだ名づけられずにいるもの、つまりは現代の美を描き出そうとする技法であった。「いずれにせよ、この芸術家の特徴を言いあらわすためには、この人物に、永遠の事柄や少しは長持ちするもの、英雄的あるいは宗教的な事柄を描く画家には適用できない呼び名を与えることになるだろう」（Baudelaire 1976, S. 687）、という詩人の言葉が裏側から照らし出そうとするモデルネの美は、主観（人間）と客観（世界）の同時的変容として理解される弁証法的過程において、歴史の主体でありそこから生み出される客体でもある人間は「存在すると同時に存在しない」（Luckács 1923, S. 207）、と述べるルカーチの認識に一つの対応を見出している。それは存在すると同時に存在しない、すべての要素を包括する全体としての歴史空間に内側から一つの非連続性が挿入されることによってしか認識されえない矛盾に満ちた一過性（passagèr）の美であり、これを詩人は「モデルニテ」（Baudelaire 1976, S. 724）と呼んでいた。

四　「今」を中断するものとしてのショック

静止するモデルネ

交換の網の目によって閉じられた世界と、模範としての過去と手を切り、単純な進歩思想からも離反することによって、全ての時代を等価に見渡せるようになった時間意識が、モデルネを構成する二つの要素として、一九世紀のボードレールを舞台にして姿を現している。ここにおいて、モデルネの根本的な矛盾とも言えるものを指摘できるだろう。一方で、モデルネの意識は非連続性によって成立する。それは過去との切断によって自己規定するよりほか自らの同一性を確証できない時間意識のことであった。他方で、そうして切り離された非連続的な今は、理論上無限に時間軸の上に、あるいは世界の平面の異なった地域に成立する。つまり、その今はすべて均質な時間として差異を失うのであり、言い換えれば、全ての時間は空虚な全体に包摂されることで空間化されてしまう。一言で言えば、あらゆる時代の等価な成立が構造的に決定されてしまう場として成立したモデルネにおいて、時間は静止する。これを逆から見れば、この静止した時間の上を、現在という時代は空虚に流れている。

モデルネの定言命法としてのモード

この困難に直面してルカーチとベンヤミンが試みたのは、一方は物象化を、他方はモードを起点として、モデルネの正体を無時間的な時間の経過という逆説だと見据えた上で、そこに「新しいもの」(Luckács 1923, S. 223)をいかに招来しうるのかを明らかにすることであったと言える。先にルカーチの物象化論を検討したところから、ここではベンヤミンがそこに救済の可能性を問いかけたモードに触れておけば、それは市民社会が商品という鏡にその自画像を映し出して興趣に耽る行為の産物だと考えられるのであり、その意味において物象化の補完物であると言える。

今が過去であってはならないというモデルネの定言命法に従う市民社会が、時間の進展を装うために生み出す差異の戯れこそモードなのだ。しかし他方で、物象化の裏面に成立するモードにもまた、覚醒の可能性は指摘できるだろう。この鏡に映し出される移ろいゆく姿は、結局のところ同一物の永劫回帰にすぎない。違うものとして現れる最新のイメージは全てこの「今」の反復、同じ場所にとどまる全体の回帰による量的変動に過ぎない。

「新しいもの」を求めてそこに目を向ける者の裏切られた期待には、その代償としてショックが与えられる。手に入れられる以前に失われたものの不在の記憶を刻印するものとしてのショックが。過去との切断を構成的原理とするモデルネの詩人についてベンヤミンが、「つまり、ボードレールはショック経験を彼の芸術活動の核心に据えたのだ」(Benjamin 1991a, S. 616) と述べているのはこのことを意味している。あらかじめ失われた起源としての過去ないし未来、モデルネの影にその当初からつきまとってきた喪失感の内実は、このように表現することができるのではないだろうか。

ベンヤミンとルカーチにおけるショック

モデルネはショックを必要としている。それが永遠に続く「今」の反復に終わるのでなければ、この今は中断されなければならない。モデルネによって達成された自律した時間領域としての現在は、そうであるがゆえにそれ自体が静止した今という空虚にとらわれる危険性に常に取り憑かれている。ベンヤミンがボードレールに読みとったショック経験は、モードにおいてまさに静止した「今」が無限に繰り返されていることを認識するところに生み出されるものであった。それは、モデルネが手を切ったものであるはずの進歩信仰に基づいてモードが満たそうとする「幸福の約束」が、決してこの永遠の今という逆説的な無時間性を超えていくものでないというところから生じてくる喪失感と表裏一体のものである。つまり、あゆみを止めたモデルネそのものに対する差異を析出することを可能にするものこそ、こうした喪失の意識であり、この喪失感はそのようなものとして、「新しいもの」に手を伸ばすための跳躍台になりうる。「ボードレールにおける「新しいもの」が進歩に対して何らの寄与も果たすものではない、というのは極めて重要なことである」(Benjamin 1991b, S. 687) というベンヤミンの言葉もまた、このことを意味していると理解される。

ルカーチの場合、こうしたショック経験は、物象化された社会関係のなかで、労働者の自己が商品としての自らを省みることによって得られるものだと考えることができる。つまり主観が、その客観的な対象性を自らの経験へと溶け合わせることで、自分自身が世界に対して有している構成的な役割を発見するところに、ベンヤミンの言うショックと同種のものを見ることができるように思われるのだ。この場合、物象化された自己が自らに気づくことができるためには、その自己が自分自身の同一性から逃れることが必要になるだろう。というのも、自己と社会を一対一の強固に反発しあう別個の力として認めるだけでは、主観の側から提示されるオルタナティブも既存の権力関係を再生産するだけに終わってしまうからだ。主観において矛盾として感じられる社会からの圧力を、商品ないし固定した役割として扱われる自分自身の内部において、一つの欠損として捉えることが必要になる。いわば、主観にとっての否定性として現れるものを、その実定性において固定してしまわないために、その否定性を真に否定的なものとして、つまりは主観的経験によって把握可能な欠如として認識することが求められている。満たされずにある空虚、そもそもこの「今」が続く限り満たされるはずのなかった空虚として社会との矛盾を捉えることによってのみ、当の社会によって構成された主観は、自らの内部、対立的に外部へと接続された内部に変容の可能性を見出すことができるのではないだろうか。また、そのようにしてこそ、すでに自己を構成するものとして、主観にとって単に外的に対立するだけでなく、心の底に至るまでその根を這わせている社会的諸関係に向けても、それを解きほぐす可能性を見出すことができるのだと言える。

ルカーチとベンヤミンはともにモデルネの無時間性に向き合い、その変容の可能性を社会によって構成された主体が自らの構成的な力に気づきうるプロセスに見ていたと言える。すなわち、両者はともに、作り手であると同時に商品でもある主体の自己反省に、主体を形成している社会そのものに至るまでの変化のきっかけを求めたのだと言えよう。そこで問題になる主観性が、単なる自律した内面性の空間として表象されるようなものでなかったことは言うまでもない。そのような閉鎖空間として現在においても夢想されている内面性という自律的領域は、社会から切断されることで自らの変容可能性を見失う物象化された主体において生じる。もちろん、それが過去との切断において自らを自律した空間として表象するモデルネの時間意識の双子の片割れであるというところに、モデルネの困難はあったわけだが、そこに見出される静止した「今」の永劫回帰から抜け出すことと、自律した個人の閉じられた内面性から抜け出すことが、同じことの裏表であるというのはここまでに論じてきたところから理解できるだろう。

メディア化と欠如の欠如

ただし、ここでさらに問うておくべきことがあるとすれば、彼らによってそのように期待をかけられていた個人の意識（ないし無意識）にさらなる変容をもたらす硬直化の過程がいまや始まっているのではないか、というものだ。この興味深い見解は、ハル・フォスターによって現代の芸術生産とその消費の領野に関して提起されている。アドルフ・ロースがユーゲント様式の過剰装飾を批判した『装飾と犯罪』に着想を得て「デザインと犯罪」と題された論考で彼が述べているのは、芸術作品と工芸品の区別を取り去ろうとした世紀転換期の芸術運動が、そうすることで主観の働きを許容する「遊戯空間 Spielraum」そのものを埋め立ててしまったのと同じ事態が、現在のデザインをめぐる状況に見出されるというものだ。現代資本主義社会の中では、全てのものがデザインの対象にされてしまう、という彼の現状認識は示唆的だ。それによると、広告媒体は、商品を表示するものではなく、それ自体が消費者の自己愛を満たす商品になっているとされる。つまりは商品からそのモノ性が剥奪され、全ては個人のナルシシズムが投影されるスクリーンとして、つまりはここに（だけ）はない何かを媒介＝伝達するメディアとして機能するようになっていく。何かを生み出すというよりは、モノをどのようなものとして表象するかをその主たる役割とするメディア産業を中心として、ますます歯止めの効かない自己イメージの循環経路が増設されていく過程として現代を捉えるフォスターは、このことを「経済の全般的な「メディア化 mediation」」(Foster 2002, S. 21) と呼んでいる。

もちろん、モデルネとは、社会の自己イメージの回帰的自己規定によって過去との切断を図る時間意識であったという意味において、フォスターの指摘する経済の「メディア化」は、ルカーチとベンヤミンが物象化ないしモードとして刺し止めたモデルネそのものの無時間的性格のもう一つのヴァリエーションであるということは可能だ。ただし、かつてのモデルネを巡る言説が、主観の自己反省によって永遠に反復される「今」に中断を挿入する可能性を見据えていたとすれば、フォスターの展望はそれとは別の角度を必要とするようにも思える。このことは次のように言い表されている。

デザインはすべて欲望に関わると言えるが、奇妙なことにこの欲望には今日ほとんど主体が欠けているように思える、あるいは少なくとも欠如が欠けているように思える。デザインが推進しているように思えるのは新種のナルシシズム、全てがイメージであって内面性をもたないナルシシズムである。(Foster 2002, S.25)

先に見たように、ルカーチとベンヤミンにおいて物象化とモードに関わる主体がショック経験によって世界の変革を目指すためには、自らの欠如を世界の否定性と重ね合わせる主観の意識が必要とされていた。しかし、全てがメディア化された現状において、欠けているのは「欠如」なのだ。個人のあらゆる欲望は、すべてメディア化された商品の中に吸い取られてしまう。全てが循環するイメージの継続的過程となったとき、ショックによって現在に歯止めをかけるきっかけすら、そうそう見つかるものではなくなってしまうだろう。言い換えれば、欠如に立ち止まらないように、それを次の中継地にまで先送りし続ける社会のメディア化が現れつつある現在において、「今」とは違う何かを望むためにかつて要とされた欠如の意識に気づくこと自体、ますます困難になっているということだ。モデルネは、メディアという仮想空間をかつてないほどに顕在化させた現在において、まさに全ての時間と空間を覆う全体性として可視化されようとしているのかもしれない。しかし、そこにおいても、全てが全てではないものとして永遠に循環する「今」の堂々めぐりである限りにおいて、意識は現状とは違う「新しいもの」を求めると言うことはできる。ただし、自律的に作動するシステムとしての意識というものが、その発生の当初から自らの同一性と自己保存を唯一の目標にしてきたという点に鑑みれば、フォスターの指摘する状況は望まれた結果だとも言える。現在の欠乏を過去であれ未来であれ不可視の時間の暗がりに投影されたファンタスマゴリーによって補完すること。しかし、全てが満たされているという幻想と手を切るところに現れたものがボードレール的なモデルネの意識であったとすれば、実はそれは意識や主体とは別の名で呼ばれるべきものだ。いまだ名をもたない何か、これまで意識や主体として人間の能動的力の源泉であり現れであると考えられてきたものとは別の何か、この名をもたない何かが自己を自己ならざるものとして名指すという逆説において成立するものこそ、モデルネが求めた非連続性の内実、つまりは「新しいもの」ということになるだろう。

参考文献

Baudelaire, Charles（1976）Le peintre de la vie moderne, In：*Œvres completes*, Bd. II, Paris：Gallimard, S. 683–724.
Benjamin, Walter（1991a）Über einige Motive bei Baudelaire, In：*Gesammelte Schriften*, Bd. 1-2., Frankfurt a. M：Suhrkamp, S. 605–653.
Benjamin, Walter（1991b）Über den Begriff der Geschichte. In：A. a. O., S. 691–704.

Benjamin, Walter（1991c）Zentralpark. In. A. a. O., S. 655–690.

Foster, Hal（2002）Design and Crime. In：*Design and Crime*, London/New York：Verso, S. 13–26.

Gumbrecht, Hans Ulrich（2004）Art. Modern, Modernität, Moderne, In：*Geschichtliche Grundbegriffe. Historisches Lexikon zur politisch-sozialen Sprache in Deutschland*, Bd. 4, Stuttgart：Klett-Cotta, S. 93–131.

Kemper, Dirk（1998）Ästhetische Moderne als Makroepoche. In：*Ästhetische Moderne in Europa. Grundzüge und Problemzusammenhänge seit der Romantik*：Wilhelm Fink, S. 97–126.

Koselleck, Reinhart（2004）Einleitung. In：*Geschichtliche Grundbegriffe. Historisches Lexikon zur politisch-sozialen Sprache in Deutschland*, Bd. 1：Klett-Cotta, S. XIII–XXVII.

Luckács, Georg（1923）*Geschichte und Klassenbewusstsein*, Berlin：Malik.

第十五章　生き物としての実験室と有機的な網目
世界を動員するネットワークを異化するために

石井美保

一　自然科学と人文・社会科学のあいだ

近年、大学をはじめとする学術研究の場において、「文理融合」が盛んに提唱されている。その一方で、「自然科学を偏重する現代社会の風潮に対して、人文・社会科学からの提言が必要だ」といった議論も少なくない。それぞれの主張において強調されるポイントは異なっているが、そのいずれにおいても理系と文系、または自然科学と人文・社会科学の根本的な対照性が前提とされていることに気がつく。「文理融合」というアイデア自体、両者の対照性を前提とした上で、それらの架橋と相互補完を目指すものなのである。

こうした議論において想定されている「理系」ないし自然科学と、「文系」ないし人文・社会科学の対照性とはどのようなものなのだろうか。一般論として考えられるのは、（a）客観的で再現可能な方法を用いた研究対象の精査と分析によって科学的事実を発見し、その応用を通して成果を社会に還元するという自然科学のモデルと、それに対して（b）自然科学における研究成果の応用と普及に伴う社会変化の分析や批判を含めて、広く人間社会の考察と人間性の探究を行う人文・社会科学といったモデルであるだろう。それは一般的な通念であるというだけでなく、たとえば人文・社会科学系の研究者が「理系的研究」とそれを偏重する政策などの問題について語るときには、しばしばこうした対照的なモデルが想定されているように思われる。

確かに、自然科学と人文・社会科学の間に差異があることは間違いない。しかし、先にみたような自然科学と人文・社会科学のくっきりとした対照性は、社会との関係性という点から研究者たちの営為を見直してみるとき、それほど自明なものではなくなる。また近年、学術研究の成果を広く普及させ、多様な研究を結びつけるためのツールとして、インターネット上における研究成果の集積と公開、共有と流通を一元的に担うようなシステムが発達しており、文理を問わず、研究者の多くがその中に組み込まれつつある。

本章ではまず、科学者たちの実践をメタ的に研究する科学技術論の成果を参照しながら、科学的事実や知識が社会において受容され、実在化されていく基本的なプロセス（「実在化のプロセス」）を検討する。それは先にみたような、「科学＝自然的真理の発見」という前提を部分的に揺るがすものであるが、自然科学のみならず人文・社会科学の諸分野においても、ある理論やアイデアが社会的影響力を獲得していく際には同様のプロセスがみられる。このプロセスにおいてすでに、科学的事実や知識の実在化にとって重要であるのは、それを既存のネットワークに関連づけながら広範に流通させ、より強いネットワークを形成していくことであることが示される。

次に、研究成果の集積と公開、共有と流通を一元的に担うシステムの発達によって、文理を問わず、「実在化のプロセス」にみられたような研究のネットワーク化が急速に進展していることを示す。そこではそれぞれの研究が提示する科学的事実や知識、理論といった内容にもまして、その研究が関連づけられているネットワークの密度と強度が重要な情報として可視化され、そのことが研究のあり方をも方向づけているという可能性を提起する。

それでは、このように急速に発展し、伸張していく研究のネットワークに対して、それを異化するとともに、一時的にせよそこから距離をとる方法はあるのだろうか。この問いについて本章では、過密化する研究ネットワークへの参与を通して科学的事実の流通と実在化を目指すのではなく、むしろ非‐人間（nonhumans）からなるエコロジカルなネットワークに没入することで、研究対象をめぐる「不思議」の探究を試みた科学者たちに着眼しつつ、その可能性を探る。本章でみるように、雪氷学者であった中谷宇吉郎や粘菌研究に取り組んだ南方熊楠は、研究の対象を操作し、人間社会における実在化のプロセスの中に取り込むことを第一の目的としていたのでは必ずしもなかった。むしろ彼らは、社会的なそれとは異なる非‐人間のネットワークに没入することで、それぞれの対象と出逢うための技を身につけていったのではないか。現代社会における生命科学研究の現場や人類学的調査における対象との関わりとも相通ずるこうした態度に着眼することで、今日の研究者たちが巻き込まれている一元的なネットワーク化の傾向を相対化する視座を探りたい。

二　実在化のプロセス――科学技術論からの問題提起

科学人類学者であるブルーノ・ラトゥールは、「科学的事実」とされるものがどのように作りだされ、実在化していくのかを多様な事例を用いて検討している。彼は、アマゾンの森林土壌のサンプリングをはじめとする科学的な研究プロジェクトの検討を通して、科学者、研究対象、実験器具、データ、制度といったさまざまなアクターが結びつき、ネットワークを形成していくことを通して科学的知識が生みだされる過程を描きだした。なかでも本章との関連において興味深いのは、マリー・キュリーの娘婿であるフレデリック・ジョリオによ

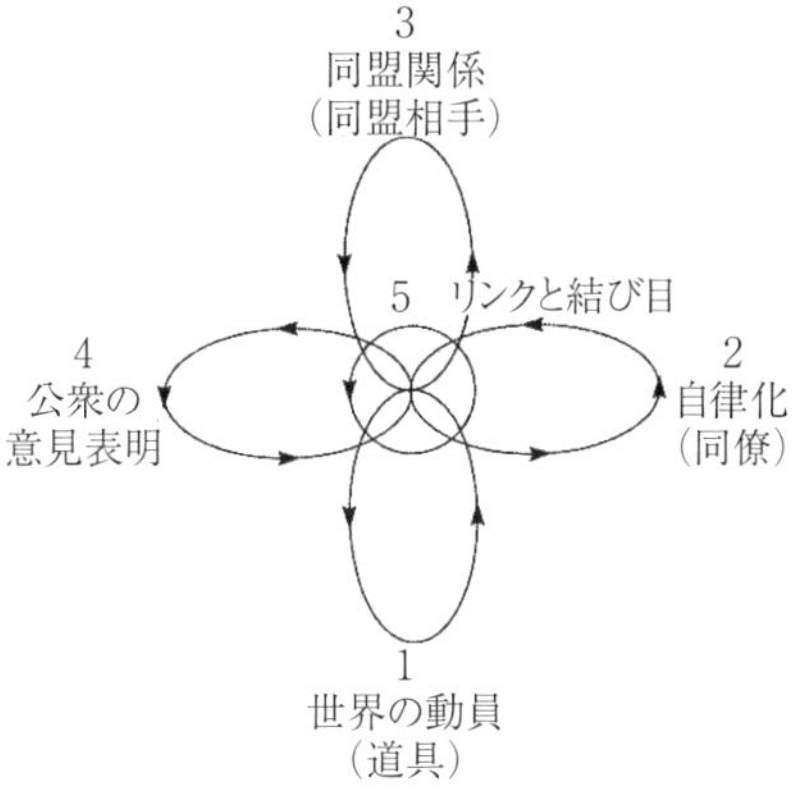

図1　科学的事実の循環系モデル（ラトゥール 二〇〇七、一二五頁）

る核分裂連鎖反応実験を主な事例としつつ、ラトゥールが「科学的事実の循環系」として図式化した五つのタイプの活動とそれらの連関である。彼によれば、ある科学の分野が何によって成り立っているかを科学論が現実的に理解するためには、次のような諸活動を考慮しなくてはならない。それらは、道具を作ること、同僚を集めること、同盟相手を集めること、公衆の支持を集めること、そして「リンク」または「結び目」と彼が呼ぶものを作ることである。これらの諸活動はそれぞれ、①世界の動員、②自律化、③同盟関係、④公衆の意見表明、⑤リンクと結び目、と言い換えられる（ラトゥール 二〇〇七、一二四―一三六頁、図1参照）。

ここではそれぞれの活動の具体的内容について、筆者が専門とする文化人類学を例にとって考えてみたい。まず、人類学的研究において「世界の動員」とは、調査地における資料の収集と記録を意味する。たとえば、調査地に住む人々へのインタビュー、戸別訪問調査と地図の作成、歴史資料や伝承の収集、日常的な労働や儀礼などの参与観察と記録、こうした活動のすべてがラトゥールのいう「世界の動員」に含まれる。つぎに、人類学的研究における「自律化」とは、自分の所属する研究室や学会での発表、学術誌への論文投稿などを通した研究成果の発信と評価の獲得を意味する。ここで、先に動員された諸々のアクターは、データから成果物へと変換される。ラトゥールはこれについて、「循環する指示〔circulating reference〕はデータのところで停止したりしない。より遠くまで流れ、他の研究者を納得させることも必要なのである」（ラトゥール 二〇〇七、一二九頁）と述べている。第三に、「同盟関係」とは、当該の研究と関連する他分

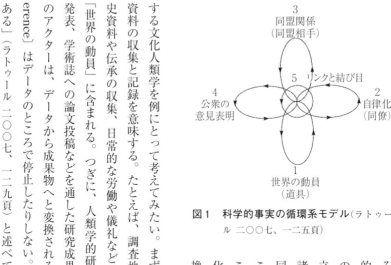

野との連携や外部資金の獲得、成果の応用による影響力の増大などを意味する。たとえば、途上国における災害と復興について調査研究している人類学者が、地震研究を専門とする科学者のチームと連携して共同研究を組織し、競争的研究資金を獲得するといったケースである。第四に、「公衆の意見表明」とは、研究成果の公開と出版、講演活動、メディア報道などの社会的発信を通したパブリシティの増大とフィードバックの受容を意味する。最後の「リンクと結び目」は、他の四つのループを中心において結びつけていると同時に、それらの活動の成功によって意味を与えられる理論的・概念的なコアである。ラトゥールは、「概念が科学的になるのは、それが保持している他のものから遠く隔たっているからではなく、より豊かなリソースのレパートリーとより強く結び付いているからである」と述べている（ラトゥール 二〇〇七、一三五頁）。人類学の場合、たとえば「マルチスピーシーズ（multispecies）」や「人新世」のように、多くの研究者の関心を呼び、多様な研究群を結びつけうるような新たな理論や概念がそれに相当するだろう。

先に述べたようにラトゥールは、一九三〇年代末から一九四〇年代にかけての核開発競争を主な事例としてこれらの諸活動とその連関を論じているのだが、実はこれらはみな、現代日本で活動する研究者の多くが意識せざるをえない事柄でもある。ラトゥールの描いたような科学的事実の循環と実在化に不可欠な五つの活動の内容は、たとえば現在、ある研究者が日本学術振興会の公募する科学研究費（科研費）助成事業に申請しようとする際、その申請書類に書き込むべき事項――「研究の背景、目的と方法」、「メンバーの役割分担」「国内外の研究動向と本研究の位置付け」、「研究諸費とその必要性」等々――の中に予見的に含みこまれている。

ラトゥールの描きだした科学的事実の循環系は、科学を実在論的に表現する際に考慮に入れるべき基本的なモデルであるというにとどまらず、実際にはこのように既に実践的に用いられ、稼働しているシステムであり、研究者の多くがその中に巻き込まれている。それはまた、学術成果の集積と公開、共有と流通を一元的に担うインターネット上のシステムの開発と普及を通してますます強化されている。この点について、以下にみていきたい。

三　研究ネットワークの密度と強度

現在、文理を問わず、研究者の業績評価における一般的な指標として重視される傾向にあるのは、査読つきの学術誌に掲載された論文の本数、なかでも国際共著論文の数と、それがインパクトファクター（impact factor：ＩＦ）の高い雑誌に掲載されたかどうか、という点である。なぜ、研究者が単独で執筆した論文よりも、国際共著論文に価値がおかれるのだろうか。先にみたラトゥールのモデルからみると、こうした価値付けの背景にあるロジックが理解される。すなわち、共著論文は単著論文よりも、さらに国際共著論文は国内の共著論文よりも、当の論文をめぐってより多くの結びつきと広範なネットワークが作られていることを意味する。それは、①「世界の動員」から論文の執筆・投稿・掲載に至る過程で複数の多様な研究者が関わっているという点で、②「自律化」の活動において成功しており、③「同盟関係」の形成においても成功している。このように、ある論文ないしプロジェクトによって形成された、あるいはそれが接続しているネットワークの長さや密度や強度といったものが、研究成果を比較・評価する際の指標として用いられているのである。

かたや、インパクトファクターはどうだろうか。一般に「引用影響度」と和訳されるＩＦは、引用文献データベースであるWeb of Science Core Collectionに収録されたデータに基づき、特定の一年間に、ある学術誌が一本の論文につき平均何回引用されているかを算出した数字である。しばしば指摘されるように、ＩＦの算出過程では、それぞれの論文がどのような文脈において引用されたのかという点は考慮されない。また、ＩＦはある学術誌に掲載された論文の平均的な被引用数を示しているにすぎず、高いＩＦをもつ雑誌に掲載されたことは、その論文が高い学術的価値をもつことを必ずしも意味しない。それにもかかわらず、高いＩＦをもつ学術誌への投稿が研究機関等によって奨励されるとともに、論文の価値や研究者の業績を測る指標のひとつとして、ＩＦが参照されるという状況が生じている。

この点について、学術誌を取り巻くネットワークという点から考えてみたい。ある雑誌が高いＩＦを有していることは、多くの研究者がその雑誌に関心をもち、掲載論文を参照し、その一部を引用することで更に流通させていること、つまりそこに多くのネットワークが集中していることを示している。したがって、高いＩＦをもつ学術誌に論文が掲載されることは、その著者が高い密度と強度、流通力をもつネットワークに参入しうることを意味する。多くの研究者が高いＩＦをもつ雑誌を選んで投稿することで、そのネットワークはますます強化され、拡張されていく。研究者の業績評価において、彼／彼女の論文が掲載された学術誌のＩＦが判断材料となりうることの背景には、学術誌を取り巻く研究ネットワークの重要性の増大がある。ここでも多様な研究を比較し、価値づけるための「客観的な」指標として、ＩＦによって示されるようなネットワークの密度と強度、流通力に大きな意味が付与されているのである。

以上の点と関連して、ResearchGate（ＲＧ）やAcademia. eduをはじめとする研究者向けのソーシャル・ネットワーキング・サービス（ＳＮＳ）は興味深い特徴をもっている。たとえばＲＧは、研究者個々人が出版元の権利を侵害しない範囲で、自分の論文や報告書などをウェブ上で公開できるシステムである。ＲＧの研究者ページにアップロードされた論文や資料は、基本的に誰でも閲覧することが可能である。フェイスブックなどの一般的なソーシャルメディアと同様に、閲覧者は関心のある研究者のページを「フォロー」することができ、フォロー先のページが更新された際には自動メールでお知らせを受け取ることができる。ＲＧに登録している研究者の個人ページには、当該の研究者の専門や所属等の情報に加えて、「共著者（Co-authors)」「フォロワー（Followers)」「フォロー中（Following）」「引用（Cited）」「被引用（Cited by）」といった「ネットワーク」が明示されている。研究者の名前と顔写真の横には、アップロードされた論文の閲覧数や被引用数、RGの活用頻度などに応じて、彼／彼女の「RGスコア」が示される。

こうしたウェブサイトのデザインでは、個々の研究者がどのようなネットワークの中にあり、そこにおいてどれほどの影響力をもっているかが数値的・図的に可視化され、それが第一に目に入る情報として提示されている。ラトゥールの用語を用いるならば、②「自律化」における研究者の位置と、③「同盟関係」が可視化されているといえる。また、それらの情報がウェブ上で公開され、アップロードされた論文の閲覧数や被引用数、フォロー先やフォロワー数、質問と回答の送受信などの更新情報が随時ウェブページの内容に反映されていくことで、ウェブ上でのリンクの形成とネットワークの拡張が促進されている。この場合も、共著論文は重要な意味をもつ。なぜなら、たとえば研究者Aが②「自律化」や③「同盟関係」の形成においてすでに成功を収めており、RG上で多数のフォロワーを有していた場合、Aとの共著論文を自分のRGページに掲載することで、研究者BのRGスコアも上昇することが見込まれるからである。

日本国内において有力なインターネット上の業績公開・共有サイトのひとつは、科学技術振興機構が国立情報学研究所からのソフトウェア提供を受けて運営しているresearchmap（RM）である。平成三一年度公募分以降、科学研究費助成事業に応募した研究プロジェクトの審査に際して、このウェブサイトが申請者の業績に関する参照先として利用されることになった。つまり、審査員はこれまでのように申請書類に記載された業績リストを見るのではなく、必要に応じてRMのウェブサイトにアクセスし、申請者の業績を確認するのである。ここで興味深い点は、RMには研究者の所属等の基本情報と業績リスト以外に、「おとなりの研究者」と称して彼／彼女と「類似度が高い」とされる研究者の一覧が掲載されていることである。この「おとなりの研究者」は、当該ページの研究者本人が選択して掲載するわけではなく、登録された研究者の情報に基づいて自動的に掲載される。RGの場合と同様に、ここでもやはり個々の研究者を取り巻くネットワークが、その研究業績と並ぶ可視化された情報として提示されているのだが、それが何のために掲載されており、科研費をはじめとする競争的研究資金の審査等においてどのような潜在的な効果をもつことになるのか、十分な議論が尽くされているとはいいがたい。

以上のように近年、あらゆる分野の研究業績の集積と公開、共有と流通を担うインターネット上のシステムの発達と普及に伴い、アカデミアにおける研究者の相対的な位置や影響力を測る可視化された指標として、それぞれの研究（者）がリンクしているネットワークの密度と強度、伸張度がますます重視されている。同時に個々の研究者には、自分の研究と他の研究との結びつきをより多く作りだすとともに、広範な影響力をもつ「強い」ネットワークに参与し、その中で新しい成果や情報を発信しつづけることが要請されている。それはいわば、研究成果公開システムの「フェイスブック化」であるといえる。

こうしたシステムは、より一般的なSNSであるフェイスブックやツイッターなどと同様に、ある意味ではフラットで公平、便利なシステムでもある。つまり、既存の学会や学閥などに所属していなくても、基本的にほとんど誰でも参入可能であり、個々の研究者がウェブサイトを通してつながりあうことが可能であり、かつ互いの関係が可視的である。誰かに紹介を頼まずとも、たとえば日本の大学院生がドイツの研究者にRGを通してメッセージを送り、入手しづらい彼／彼女の論文のアップロードを依頼することも可能だ。

その一方で、こうしたシステムが広範に普及し、研究者の業績を評価する際のツールとなることで、個々人の研究の方向性が誘導されていくという可能性も否定できない。つまり、個々の研究者はアカデミックなネットワークにおいてより多くのリンクを獲得するとともに、広範な影響力を有する「強い」ネットワークに参与し、その中で成果や情報を発信しつづけることによって、自分の研究への注目を集めようとするだろう。RGの場合であれば、自分のウェブページに掲載された論文の閲覧数と被引用数が増加し、フォロワーの数が増え、ＲＧスコアがますます高くなるように、最新の研究群と強い連関をもちつつ一層の新しさをもち、皆の関心を引くような研究成果を、強いネットワークの中でつぎつぎと発信しつづけねばならない。研究者の業績とネットワーク、そして影響力を数値的・図的に一挙に可視化する技術の発達は、おそらくは多くの、特に若手の研究者に焦燥感とつながりへの渇望を生み、それを原動力として論文の量産が促進されているのではないか。ネットワークに接続し、つぎつぎとリンクを増殖させ、それによってシステムを活性化していく研究者の能動的な活動は、絶えず増殖し、拡張し、強化されていくネットワークとそれを可視化するシステムによって動かされているのである。

四　別の可能性はあるのか？――生き物としての実験室と粘菌の網目

ここまでみてきたように、現在のアカデミアでは文理を問わず、①「世界の動員」から⑤「リンクと結び目」の強化に到る実在化のプロセスはますます包括的なものになっており、そこから抜け出す道は研究者であろうとする限り皆無であるようにみえる。だが、それぞれの研究者は「研究する」という行為において、ラトゥールがその基本型を描き、インターネットの普及とともに急速に発展してきたような研究ネットワークにのみ関わりあっているわけではない。研究の成果を実在化し、安定的に普及させていくための学術的かつ社会－政治的なネットワークに参入しつつも、研究者はまず「世界の動員」において、非－人間的存在を含む多様なアクターと密接な関係を取り結んでいたのではなかったか。

ラトゥール自身はこれについて、「非・人間が人間の言説の中に漸進的に荷積みされていくあらゆる手段」（ラトゥール 二〇〇七、一二六頁）を意味すると述べており、そこではすでに、この活動が科学的事実の実在化という目的のための手段であることが前提とされている。だが、研究者が非－人間を含む多様なアクターと取り結ぶ関係性について改めて考えてみることで、先にみてきたような科学的事実の実在化のプロセスと研究ネットワークの強化に還元されないような、別なネットワークの可能性を考えることができるのではないだろうか。

そのために本節では、科学的なテーマと対象を扱っていながらも、科学的事実や知識の実在化と影響力の増大を第一の目的とするのではなく、研究対象のもつ「不思議」に魅了され、現象そのものに誘われるようにして研究に没頭した科学者たちに着眼したい。そのひとりは、雪氷学者の中谷宇吉郎である。北海道大学の教授であった中谷は、雪の結晶を観察するために十勝山麓の山小屋にこもり、雪と大気をはじめとする森羅万象について考察をめぐらせた。その中谷が師と仰いだ寺田寅彦は、傑出した物理学者でありながら怪異や化物について考究し、「不思議」なるものが科学にとってもつ意味を説いている。二人はともに、「不思議」の発現の仕方とその原理を科学的に解明しようとしたが、それは研究対象を含む世界を支配し、人間の言説の中に「動員」することを目指すものでは必ずしもなかった。その根底にあったのは、みずからを取り巻く世界の変幻自在な現れへの驚嘆と、それを可能にする自然への憧憬であったと思われる（寺田 二〇一二、三四頁；中谷 二〇一三、一二六頁）。

また、生涯にわたる研究を通して中谷が密接な関係を取り結んだ非－人間的存在は、雪氷をはじめとする自然現象だけではなかった。「実験室の記憶」と題された随筆の中で、彼は「実験（室）という生き物」について書いている。中谷によれば、実験室はまるで生き物のごとく、研究の特質に応じて醸成された実践的な知識を記憶していくのだという。

実験室の中へはいり込んで、働くことによって、身体で憶えこまなければ分からないような種類の知識は、実験室内の人と物、即ち実験室がもっているのである。そういう種類の知識は、実験室が活きて動いていれ

ば、いつの間にかその実験室に蓄積されてくる。そしてそれが実験室の記憶となるのである。（中谷 二〇一三、一〇四頁）

実験は生き物である。〔……〕ある器械をその精度の極限のところで使う場合には、魚刺で魚をつくような気持でやらねばならないのである。ちょっと向うがこちらの気に負けて静止した時を逸せず狙わなければ逃げてしまう。この感じは、実は研究全体についてもいえるのである。（中谷 二〇一三、一一〇—一一一頁）

これらの言葉からは、研究者と研究対象、環境を構成する大気や自然、そして実験器具や実験室までもがその一部をなすような有機的なネットワークのあり方が浮かび上がってくる。こうしたネットワークに没入する研究者の活動は、科学的事実の実在化に向けた「世界の動員」としてのデータの収集や変換とは異なり、多様な事物が織りなす関係性の網目に分け入り、その一部となることで対象を内側から理解するような営為であるといえる。

こうした中谷の姿勢とどこか共鳴しているように思われるのは、南方熊楠の仕事である。南方は独自に粘菌の研究を進めるとともに、さまざまな「不思議」や縁の働きについても考察している。真言宗の高僧であった土宜法龍に宛てた書簡の中で彼は、なかば偶然的であり、なかば熟練の技による対象との出逢いや行為の成功について、タクト（tact）という言葉を用いて論じている。

発見というは、数理を応用して、またはtactにうまく行きあたりて、天地間にあるものを、あるながら、あると知るに外ならず。（南方 一九七一、三六八頁）

南方はまた、自身がタクトを発揮しえた例として、夢に導かれて稀少な粘菌を発見した経験を綴っている。

今度は本月五日の夜クラテレルスという菌〔……〕、那智の向山をさがせば必ずあるべしと夢みる。翌日、右の例もあるから、おかしきことに思いながら、向山をさがすになし。それから夕になり、帰途はなはだ艱苦、あるいは谷に堕つるの思いあるから、遠き路をまわり、花山天皇の綾という処をこゆるとき、この菌を多く見出だす。これは予が見しこともなきもの、〔……〕しからば、右ごときは tact というの外なし。（南方一九七一、三六九―三七〇頁）

ここで注意すべきことは、南方は「夢のおかげで粘菌を発見した」と主張しているわけではないという点である。夢は彼にとって、粘菌を探しに出かけるきっかけを与えてくれたものに過ぎず、粘菌との出逢いを可能にしたものは、那智の山々を歩きまわる中で培われていた彼自身のタクトであった。南方と粘菌のこのような関係性は、アマゾンの森林土壌のサンプリングを例としてラトゥールが描きだしたような、科学者によるデータ収集のあり方とは異なっている。研究者チームによる土壌のサンプル収集が、科学的事実の実在化に到る道筋を念頭に、その目的を達成するための手段として着実かつ効率的に遂行されていたのに対して、南方と粘菌との遭遇の可能性は、粘菌がその一部をなす森の動的で偶有的なネットワークのあり方に委ねられていたようにみえる。言い換えれば、南方は「人間の言説の中に漸進的に荷積み」されるべき試料のひとつとして粘菌を採取したのではなかった。むしろ、彼自身が森という有機的なネットワークの中に分け入り、中谷の言葉を借りれば、そこに培われていた「記憶」を身につけることで相手としての粘菌と出逢っていたといえる。那智の山々に粘菌を探しつづけてきた南方のタクトの働きは、森を歩きまわり、息を凝らして待ち、見えない駆け引きを通してついに獲物と出逢う狩人の技にも似たものであったのではないか。

その意味で、南方が科学的な因果性とは異なる「縁」について考察していることは興味深い。南方と粘菌との出逢いは、目的志向的に遂行される「世界の動員」とは異なり、人と人、人と事物とを結びつける偶然的な縁と彼自身のタクトの働きとが交叉するところに生じた出来事であった（南方 一九七一、三九一頁）。ラトゥールの描きだした科学的事実の実在化のプロセスが、非‐人間を動員しながらも結局は人間主体のものであったのに対して、南方の描いたさまざまな事理と不思議のネットワーク（いわゆる「南方曼荼羅」［鶴見 一九九八］）では、そもそも人間の関知しうる領域は限られている（南方 一九七一、三六四―三六六頁、図2参照）。

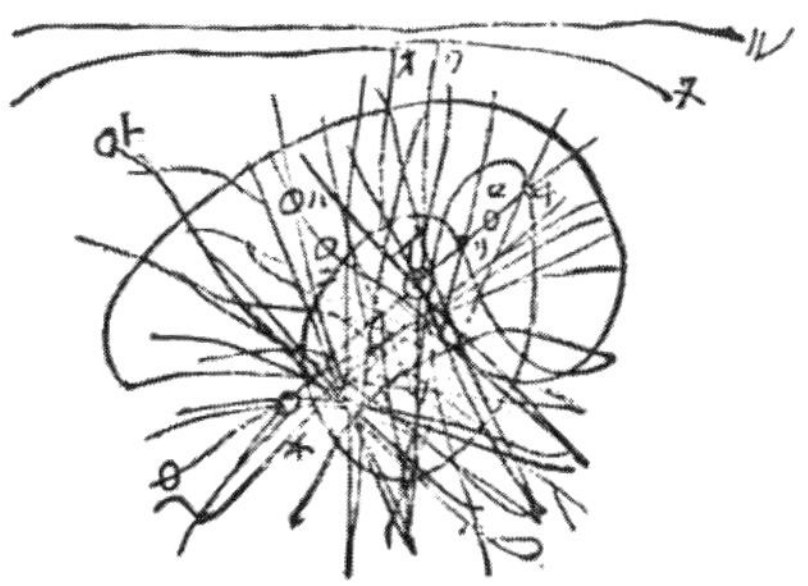

図2　「南方曼荼羅」（南方 一九七一、三六五頁）

中谷や南方のように、研究対象がその一部をなす自然界の有機的なネットワークに接近し、その内部に分け入ろうとする研究者たちは、それぞれの対象を人間の言説の中に回収しようとするのではなく、その有機的な網目の作りだす運動に同期しようとする姿勢を共有していたようにみえる。相手の動きに合わせてみずからも動き、相手と出逢うために自身の感覚を研ぎ澄ませていくようなタクトの体得と発揮を通して、彼らはそれぞれの研究対象を追究するのみならず、動的でエコロジカルなネットワークそのものへの理解を深めていったのではないだろうか。

このことは、筆者の専門とする文化人類学において、なぜ今なお一年以上にも及ぶ長期のフィールドワークが必要とされつづけているのか、ということを考える際にも示唆的である。本章の二節において筆者は、ラトゥールが提示した「科学的事実の循環系」モデルを説明するために人類学的な調査研究を取り上げ、「世界の動員」

の具体例として、村落での調査において想定される基本的な調査項目を列挙してみた。しかしながら実際には、ほとんどのフィールドワークは事前に設定した調査項目を着実に調べていくというよりも、いつの間にか思いもよらない対象を懸命に追いかけているような、先行きの読めない営みである。それはさまざまな偶然に左右され、ひとつひとつの事項の調査に長い時間を要するものであり、「世界の動員」と呼ぶにはあまりに多くの不確定要素を孕んでいる。

その一方で、人類学者たちも研究者の例に漏れず、研究成果を迅速に発信し、研究ネットワークを強化・拡張する必要に迫られている。より速く、より多く、より強い研究ネットワークの構築という点からみれば、一年にもわたって現地に住み込み、アカデミアを留守にすることは明らかに不利である。インターネットがほぼ全地球的に普及した現在、その気になればスカイプを用いたインタビューや、インターネットによる資料収集も不可能ではないだろう。そんな風にピンポイントに照準を定め、短期間に収集した情報をすばやく論文に変換し、電子媒体を用いて発表し、インターネット上の研究ネットワークを強化していくという方法の方がよほど効率的にみえる。それでもなお、なぜ、この身体をもって長いあいだ調査地に暮らすということに価値がおかれつづけているのだろうか。

それはおそらく、言語化されがたいタクトの体得ということと無関係ではないだろう。南方にとって那智の山々を歩きまわり、粘菌と出逢うためのタクトを身につけることは、山野の動的なネットワークに分け入り、その運動と同期するための勘と感性を身につけることであった。それは、雪を相手にした手探りの研究の中で、「魚刺で魚をつくような気持で」対象に向かっていくという中谷の言葉とも響き合っている。おそらく、こうしたタクトの体得と発揮なくしては、それ自体が生き物のような網目の中にある研究対象の「不思議」を探究し、理解することはできないのである。その探究はひょっとすると、将来的に大きな影響力をもちうる科学的知見に結実するかもしれないが、しかしそれは既存の「強い」研究ネットワークへの参入とそこでの成功をあらかじめ目的としたものではない。

同様に文化人類学においても、過密化する研究ネットワークとは異なる生活世界において生起している諸現象の網目の中に、自分自身の身体感覚をもって没入することによってしか、フィールドにおけるさまざまな「不思議」の探究はなされえない。研究の対象と出逢い、その不思議を追究するためのタクトを身につけることは、対象がその一部をなす有機的なネットワークのありように応じて自己を変化させていくことであり、それは自分が属する世界の言説に相手を取り込むための「世界の動員」とは逆の実践であるといえる。

このように書くと、それは那智の山に隠棲した南方や僻村を調査地とする人類学者のように、近代的空間から遠く隔たった場所においてのみ可能な実践であるかのように思われるかもしれない。だが、実は科学研究の現場においても、タクトの体得を通した研究対象との出逢いと、自己の変容をともなう「不思議」の探究ともいえるような実践がみられる。たとえば科学人類学者のナターシャ・マイヤーズは、タンパク質の分子構造を解析する専門家にとって、三次元の複雑な分子構造を解明し、共有するためには体感的な理解と身体感覚の活用が不可欠であることを報告している（Myers 2008）。鈴木和歌奈もまた、iＰＳ細胞の作成と応用に携わる研究者や技官たちが、細胞のもつ予測不可能性に翻弄されながらも、細胞をケアするという実践を通して対象との間に情動的（affective）な関係を形成していると指摘している（Suzuki 2015）。

こうした研究の現場でみられるように、非－人間からなる動的な関係性の網目に分け入り、いわばその内部から対象の「不思議」を探究するような研究のあり方は、あらゆる非－人間的存在を道具として動員しつつ、研究（者）同士のつながりの強化と拡張を促進していくような研究ネットワークの増大に対して、どのような意味と可能性をもつのだろうか。

四　フラットな研究ネットワークを内破する

すでにみたように、自然界に隠された不変の真理を発見するという旧来の科学観に対して、ラトゥールをはじめとする科学技術論の論者たちは、多様なアクターを結ぶネットワークの形成を通して科学的事実や知識が実在化されていく過程を描きだした。現在のアカデミアでは、研究成果の集積と公開、共有と流通を担うSNSの急速な発達と普及にみられるように、学術研究の成果はその内容だけではなく、それを取り巻くネットワークの密度と強度によって測られるようになりつつある。こうした状況において、ラトゥールがその基本型を示したような科学的事実の実在化のプロセスはますます加速し、そのネットワークはさらに包括的になっているようにみえる。

こうした実在化のプロセスを完遂するためにそれぞれの研究者は、①世界の動員、②自律化、③同盟関係、④公衆の意見表明、⑤リンクと結び目の形成　といった諸活動のすべてを成功させなくてはならない。このとき研究者によって動員される非－人間を含むアクターは、ラトゥールのモデルに基づくならば、人間の言説の中に組み込まれるべき対象であり、成果物を作成するための道具として扱われる。より速く、より多く、より強いネットワークを形成し、更新しつづけるためには、研究対象がおのずから現れるのを待っている余裕はない。研究者は新たな成果を作りだすために対象を支配し、操作し、変換しながら、加速するシステムとネットワークの拡張に追いつこうともがいているともいえる。

他方で、中谷宇吉郎や南方熊楠の研究における対象との向き合い方が示していたのは、研究の対象に魅入られ、それによって動かされつつ、相手との独特な関係性を築いていくような態度である。研究対象がその一部をなす、不断に変動する有機的なネットワークに分け入り、予測できない変化の中で相手と出逢うためのタクトを身につけること。そうした過程は、人類学者が長期のフィールドワークを通して、非‐人間との関係性をも含めた現地社会の流儀と論理に馴染んでいくプロセスにも共通している。職人が職業的な技と勘を身につけていくときにも似て、その過程は研究者自身の変容を伴うがゆえに時間がかかり、新しいタクトをつぎつぎと身につけなおすことは困難である。ゆえにそれは、多彩な研究業績をスピーディに量産することを促す現在のシステムからみれば非効率的にみえる。いわんや南方のように、夢に導かれて山中を彷徨した挙げ句、稀少な粘菌を発見するなどといったことは突拍子もないことのように思われる。だが、おそらくはそうした世界との手探りの接触と驚きに満ちた遭遇においてこそ、フラットな情報の連結に変換された研究ネットワークのあり方を異化し、別様の世界の可能性を体現するような思考が生まれてくるのではないだろうか。それはまた、自然科学と人文・社会科学という従来のカテゴリー化を超えて、「不思議」の網目に分け入る創造的かつ実践的な知の生成でもあるだろう。

ただし現実的には、現代社会においてアカデミアに属する研究者であろうとするかぎり、非‐人間からなるネットワークへの参入によって体得した感覚や発見を、再度アカデミックな様式に変換して既存の研究ネットワークに接続するという作業を避けて通ることはできない。それはある意味で、詩や舞踏を理論に翻訳していくような作業であるかもしれない。だが、はじめから既存の「強い」研究ネットワークへの参入を目指して「世界の動員」に専心するのではなく、人間と非‐人間からなる関係性の網目への没入と自己の変容という迂回路を経由することで、フラットにグリッド化された研究のネットワークを小規模なりとも内破する可能性が拓けてくるに違いない。たとえそれが、自由であるかにみえてさまざまな網の中に囚われた、研究者としての人生を懸けた賭けのような試みであったとしても。

参照文献

Myers, Natasha（2008）'Molecular Embodiments and the Body-work of Modeling in Protein Crystallography,' *Social Studies of Science*, 38（2）: 163–199.

Suzuki, Wakana（2015）'The Care of the Cell: Onomatopoeia and Embodiment in a Stem Cell Laboratory,' *NatureCulture*, 3.

鶴見和子（一九九八）『鶴見和子曼荼羅Ⅴ　水の巻――南方熊楠のコスモロジー』藤原書店。

寺田寅彦（二〇一二）『怪異考／化物の進化――寺田寅彦随筆選集』千葉俊二・細川光洋編、中公文庫。

中谷宇吉郎（二〇一三）『科学以前の心』福岡伸一編、河出文庫。

南方熊楠（一九七一）『南方熊楠全集　七』平凡社。

ラトゥール、ブルーノ（二〇〇七）『科学論の実在――パンドラの希望』川崎勝・平川秀幸訳、産業図書。

第十六章　ボロとクズの人文学

「どん底」の総合的考察

藤原辰史

一　捨てても残るもの

ゴミの誕生

零《こぼ》れる、剥がれる、落ちる、溜まる。

地球の表面に落とされたものが有機物であるならば、土壌や湖水や海水に棲む無数の微生物の食べものになる。植物から剥離した根や葉や花も、動物から剥離した鱗や皮膚や毛も、それらすべてが微生物の底なしの食欲の餌食となった。しかし、もしも微生物たちの好みに合わなければ、捨てられたものは地球の表面にその最後の形態を晒して残り続け、生活の場を圧迫していく。地球に生命が誕生したとき、そういった事態は当然地球の原システムに組み込まれていなかった。

しかしながら、これら微細な生命体が何千年もかけても食べることのできないものが、わずか一〇〇年のうちにこの惑星で等比級数的に増え、惑星の居住者の生存を脅かしている。木材を主な材料に使っていた頃は、微細な生命体はそれらを食い尽くすことができた。だが、陶器、鉄、プラスチックはほとんどそれができなくなった。有機水銀、六価クロム、カドミウム、そしてウラン鉱山の残滓や原子力発電所の使用済み核燃料などの放射性物質、すなわち「核のゴミ」はなおのこと消えることはなく、むしろ、地球上の生命体をサステイナブルに痛めつける役割さえ果たすようになった。零れ、剥がれ、落ち、溜まったものが、地球の住人の前で残り、蓄積されてくるようになったのである。

ライプツィヒやトロントのスキー場や、ケネディ空港や羽田空港は広範な廃棄物の堆積の上に建設された。東京湾や横浜港の埋立地の少なからぬものもそうだった。関東大震災が神奈川県から東京府にかけて破壊した建物の瓦礫は日本の陸地面積を少しだけ増やした。大小無数の使用済みの物も未使用の物も捨てられた。人間たちは、その堆積物を「ゴミ」と呼んで、驚くべきことに、それを高エネルギーを投じて無理やり燃やしたり、海に投じて埋め立てたり、山を削って投入したりして、もう生活を始めてしまっている。ただ、各自治体の制度としては前進しつつもある。いずれにせよ、これらの問題に対し、人文学的に、つまり、精神の営みや社会の構想のあり方として取り組んだ形跡はあまりみられない。まるで、人間の循環器が身体中の細胞に酸素を運ぶ動脈だけでなりたっているかのように。身体中の細胞の老廃物を運ぶ静脈が存在しないかのように。

静脈の人文学

ここで考えてみたいのは、いわば「静脈の人文学」の可能性である。微生物の口にあわず、残存しつづける廃棄物を前に人びとはどう行動し、どう考えたのかを統合的に把握する理論的枠組みの構築とその方法である。これまでの人文学は、優れたパイオニアをのぞき、どこかで、作成、生産、蓄積、構築を、解体、分解、腐敗、死滅よりも積極的に論じる傾向があったことは否めない。しかし、静脈の環境は世界の半分以上を覆っている。その事実と対峙したときに、どのような表現がありえるのか。「静脈」を汚物運搬の管として蔑視するのではなく、活性化させる社会をどう構想しうるのか。こうした問いに耐えうる人文学の再設定は、これほどまでにゴミにあふれる世界では逃れられぬことだろう。

そして、これは人間の口から微生物の口までを覆う広義の「食」の問題にほかならない。食えないものを捨てる、捨てられたものをまた食うという生物群集の反復と連鎖でしか、地球上の動植物は生命を維持できない。人類もその循環が止まった瞬間に死滅に向かわざるをえない。しかし、原子力発電所と廃棄された核兵器から止まることなく生み出される「核のゴミ」のように、あるいは、海洋生物とその捕食者の内臓を溜まっていく微細なプラスチックのように、廃棄物が何者にも食われずに、食われても消化されぬままの姿で残存し、積み上がっていく「現代」という時代は、どんなに理論をこねくりまわしても、明るい未来が待っているという結論には到達できない。隣の惑星に捨てる、あるいは移住するという人もいるが、そのための財政コストと倫理の議論に地球は耐えられないだろう。そもそもすでに地球の縁《へり》の宇宙空間は人工衛星のゴミであふれ始めている。

黄昏時、さらに暗くなる未来に向けて進む列車のなかで、せめていまどこを走っているのか車窓の風景を確認するためには、列車の速度がまだ遅く、まだ日光に照らされていた時代の記録にすがるしかない。そんな時代を眺めてみると、地球がゴミに埋もれて窒息する未来に向かう列車に、意図の有無にかかわらず、ブレーキをかけていた人間たちに出会うだろう。慈善や倫理という視線を一切無視して論理に即していえば、その人間たちは後世を生きる人間にとっての命の恩人であり、地球の寿命を伸ばした医師であり、地球を窒息死から救った英雄であり、最大の賛辞に値するのだが、よりにもよってその人間たちとその人間たちが生きる世界を蔑み貶め続けてきたのが、人類史の常道であり、それがさらに激しさを増したのが、奴隷が廃止され、基本的人権という法律用語が生まれ、市民が政治の主体となったはずの時代であった。

二　「どん底」の生態

ロシアの「どん底」、一九〇二年

では、地球上に零《こぼ》れ、剥がれ、落ち、溜まった物質を扱う人間たちの世界とは、果たしてどんな世界なのだろうか。そこには現実と対峙し、あわよくば現実とは異なる何かを構想する萌芽のようなものは存在するのだろうか。

生態世界の分解能力を上回る生産と消費の力が荒ぶり、地球から離陸し、地球の居住者を悩まし始めたことをゴミ問題の誕生と呼ぶのであれば、それは産業革命の歴史の裏面と言えるかもしれない。いや、ゴミ問題の誕生の裏面が産業革命なのかもしれない。大規模化した産業と、その製品を購入して生活する家庭は、生化学分解できない大量のものを外に捨て始めた。そのために「外」を作る必要があった。「外」は生産・消費過程の外である。「外」は都市の中の日当たりの良くない場所に作られた。そこはスラムと呼ばれたり、貧民窟と呼ばれたりした。また、廃棄物を海や川に流す下水道は、無人の「外」と言えるだろう。

ここでは、このような世界を描くために、まずゴーリキー（一八六八〜一九三六年）の代表的戯曲のタイトルを拝借したい。

『どん底』（一九〇二年）は、ある木賃宿に住む落ちぶれた元役者、盗人、アル中、元貴族、職人たちの恋、裏切り、死、夢、笑いの渦のなかにやってきた巡礼者ルカが、嘘実ないまぜの話を各々にしながら、住人たちの生命にほのかな火を灯し、あるいは反発を招いて去っていく短い劇である。物語る、つまり「ものを騙る」ことの原初的な湧出と、どん底から生まれる、軽妙でありながら人間存在の根源に触れる言葉の掛け合いが読者や観劇者を魅了してきたし、それは黒澤明がゴーリキーの作品を江戸時代に置き換えて制作した映画『どん底』（一九五七年）での左卜全演じるお遍路の嘉平やラスト直前の乱痴気囃子の響きにも遺憾なく発揮されているが、ここではしばらくゴーリキーの『どん底』の生態の考察に徹したい。ゴーリキーは、岩波文庫版の訳者中村白葉によれば、「まだ十歳にもならないうちから、家計を助けるために町のくず拾いとなり、間もなく家をはなれて靴屋の小僧を振りだしに、製図屋の徒弟、ヴォルガがよいの船のコック見習い、聖像絵師の下職、パン工場の職人、荷揚げ人足、番人、放浪者等々」「どん底」で生きてきた人物だった。

それゆえに、第一幕の書割にはいろんなものが零れ、剥がれ、落ちそうになっていたり、実際にそうなっていたりする。「ほら穴のような地下室。天井は——漆喰のはげおちた、煤けた、重苦しげな石づくりの円天井」。帽子屋のブブノーフ「の周囲には——眉庇《まびさし》を作るために裂きとった帽子箱のボール紙、油布、ぼろきれなどが散らかっている」。第三幕も「ぼろくず散らばり、雑草生い茂った屋敷裏の「空き地」」が舞台。黒澤版『どん底』はもっと強烈だ。ゴミが高い位置から廃墟のような長屋に向けて投げ捨てられる印象的なシーンから始まるし、長屋の中もまた、膨大なボロやクズで埋め尽くされている。

木賃宿に住む人びともまるでそういったボロと同じように自分たちの様を描き出してみせる。錠前屋の娘のナースシャは、「お前さんたちみんな……〔監獄に〕送られちまうといいんだわ……そうよ、みんな、ごみのように……どこかの穴の中へ掃き捨てちゃうといいんだわ！」と捨て台詞を吐く。

あえて強調されることは少ないのだが、どん底は捨てられたもので溢れている。「もの」とは物質であると同時に人間でもある。生活過程から捨てられたボロやクズと同様に、捨て子は家族共同体から、失業者や身体・精神障碍者は労働市場からこぼれ落ち、そのうち不運な人間はどん底にやってくる。マルクスとエンゲルスは『共産党宣言』（一八四八年）のなかでこうした人たちを「ルンペンプロレタリアート」、すなわちボロクズのプロレタリアートと呼び、「旧社会の最下層の、この受動的な腐敗物」と喩え、『ルイ・ボナパルトのブリュメールの一八日』（一八五二年）でマルクスは、前科者、屑屋、手回しオルガン弾き、島抜けなどの「あらゆる、不明確な、混乱した、右往左往する群衆」（『マルクス・コレクションⅢ』横張誠訳）と言い捨てた。ルンペンたちは革命にも加わるが、すぐに反動に魂を売り渡すような迷惑な輩だったからだ。ただ、本章は革命のなかでルンペンがどの位置にいたのかには興味がない。社会から落ちこぼれた人びとが集まるところには、社会から落ち、こぼれた物も集まる。「ルンペン」はボロやクズという物質だけでなくそれを扱う人間を指す言葉であった事実を、まずは確認するにとどめたい。

イギリスの「どん底」、一九〇二年

ちょうどゴーリキーの『どん底』が出版された一九〇二年、一人のアメリカ人がロンドンの貧民街であるイースト・エンドの古着屋で、履き古しているが丈夫なズボンと、ボタンが一つしかない火夫用の服、そして木靴のように硬い革靴、汚い布製の帽子、うすい革のベルトを購入した。貧民窟に潜入取材するためである。その人とは、『野生の叫び声』や『白い牙』などで有名な動物小説作家のジャック・ロンドン（一八七六〜一九一六年）である。彼は、イースト・エンドの貧民窟を「どん底 Abyss」と表現した。

ジャック・ロンドンもまた、彼より八歳年上のゴーゴリと同様に底辺世界を体験した作家であった。貧困の家庭に生まれ、少年時代は、新聞配達、ボーリング場のピン立て、缶詰工場、肉体労働や放浪に明け暮れた。

ジャック・ロンドンがみたロンドンの貧民窟もボロやクズにあふれていた。「スパイク」と呼ばれる救貧院で食事にありつこうと長い列に並んで待っているときに出会った「ホップ摘み」の老人とその妻は、彼に「食器」を無料で得るためにゴミ漁りを勧める。「いいか、若いの。朝のうちに駆けずりまわってよ、ごみ箱の中を探すんだ。煮炊きできるブリキ缶がうんとみつかるぜ。すばらしいブリキ缶、すごくいいのもある。わしとばあさんも、そんなふうにして道具を手に入れたんだ」（ロンドン　一九八五、九五頁）。

また、ジャック・ロンドンがスパイクの浮浪者収容施設に並べてある長さが約一八〇センチ、幅が六〇センチの帆の上で眠り、強烈な悪臭、走り回る動物、「ブツブツ言う声やうめき声やいびきやら」に悩まされつつ、朝を迎えると、付属診療所の掃除をさせられる。そのあと診療所の地下室で非常に大きな皿に盛られた朝食を食べるのだが、これもまた捨てられたものである。

パンの切れはし、脂肪の厚切れや豚のあぶら身、ロースト輪切り肉の外側の焦げた皮、骨といったもので、つまり、あらゆる種類の病気をわずらっている病人の指や口が食べ残したものばかりだった。このごたまぜの中に、彼らは手を突っこみ、掘ったり、乱暴にかきまわしたり、ひっくり返したり、調べてみたり、はねのけたり、奪いあったりした。それは、みっともないことであった。豚でさえ、こんなにひどくはないだろう。しかし、このみじめな連中は腹がすいており、がつがつと残飯を食べた。そして、もう食べられないとなると、残ったものをハンカチに丸めこみ、シャツの内側へ押しこんだのだった。（ロンドン　一九八五、九五頁）

イースト・エンドの貧民たちはコーヒー店に入り「前の客が残していったくずの中でものを食べ、自らも食べ残しを身のまわりや床の上にこぼす。こういう場所での混雑時には、私も床にいっぱい散らかっている汚物やらごみの間をずんずん進んでいって、何とか食べることができた」（ロンドン　一九八五、二〇六頁）。つまり、食べるものも、それを調理するものも、廃棄物の再利用であることが活写されている。

不衛生で、不穏で、無秩序な世界。いうまでもなく、残飯を食べるしかない世界では、人間の最低限の守るべき「尊厳」ある暮らしは営まれていない。捨てられるべき残飯が再び利用できることはしかし、食べものを大切にしていると美化・称揚されるべきことでもない。ここで確認しておきたいのはそのような道徳論ではなく、単に、市場から剥がれ落ちた物が、市場から剥がれ落ちた人間たちによって食べられていること、しかもそのことによって、イースト・エンドの有機物の廃棄物が削減されている、もっといえば、ロンドンのゴミは、それらがそのまま捨てられるよりも、彼らの行為のおかげで量が少なくなっていることである。この厳然たる機能にだけ、ここでは着目しておきたい。

ただし、急いで付け加えておかなければならないのは、一八世紀までは廃棄物を再利用するシステムがもっと巧みに機能しており、一九世紀ほど廃棄物が多くなかったことである。リー・ジャクソンの『不潔な古きロンドン』（＝邦訳『不潔都市ロンドン』）によれば、一八世紀の街の廃棄物の収集システムは以下のようであったという。

一八世紀には、このような廃棄物はさほど問題とされていなかった。し尿は家庭の汚物だめに入れられ、ときどき「夜間汲み取り人」が来ては空にして、肥料として農家に売った。街路の汚泥は、教区ごとに塵芥処理請負業者が掃き取って集め、これまた肥料として売った。灰と燃え殻はごみ収集人が集めてレンガ製造業者に売り、レンガ製造業者は灰を原料に混ぜ、燃え殻を燃料として使った。しかし、長年実施されてきたこのリサイクルのシステムは、拡大を続ける一九世紀の首都には適さなかった。（ジャクソン 二〇一六、九頁）

ジャック・ロンドンが臭気漂うイースト・エンドを歩いた時代、もはやこの処理能力をはるかに上回るボロやクズが「どん底」に流れていた。ボロとクズに彼らがまみれて暮らしていたのは、彼らの生活の困窮だけでなく、都市の物質循環の破綻を意味している。

ジャック・ロンドンが用いた言葉「どん底 Abyss」は、もともと「底がない」という意味のギリシャ語から派生したものである。定冠詞をつければ奈落や地獄という意味になる。けれども、古代の宇宙観からすれば天地創造以前の混沌という意味でも用いられることにはやはり注目しておきたい。日本語では「底」の強調系である「どん底」は、英語では、この世の行き詰まりであるとともに、この世が別の世になるかもしれない「混沌」でもある。混沌であることについて論じるまえに、日本の例もみてみよう。

日本の「どん底」、一九〇二年

日本でゴーリキーの『どん底』が翻訳されたのは、『脚本　どん底』というタイトルで一九一〇年、昇曙夢《のぼりしょうむ》によってである。それ以降、数々の出版社で訳されてきたが、文字通り、「どん底」という言葉をタイトルで用いて日本の「どん底」を描いた初めての人物は、東京市社会局嘱託職員の草間八十雄《やそお》（一八七五〜一九四六年）の『どん底の人達』（一九三六年）である。草間は、ほかにも東京の貧民に関わる膨大な社会調査記録を残している。ジャック・ロンドンの一歳年上にあたり、同世代である、というのも興味深い。

ただすでにこれ以前に、日本の貧民窟を描いた作品は存在している。松原岩五郎の『最暗黒之東京』（一八九六年）や横山源之助『日本の下層社会』（一八九八年）はあまりにも有名であろう。また、比較的知られていないが、ちょうどゴーリキーの『どん底』が刊行されジャック・ロンドンがイースト・エンドに潜入したと同じ一九〇二年に早稲田大学の学生である佐藤千纏《ちてん》が東京の貧民窟を視察し、その状態を赤裸々に描いた『社会新策』が一九〇三年に刊行されている。「細民地域」の四ッ谷鮫ヶ橋、下谷万年町、芝新網町の視察をしたものだ。草間はどれも「どん底」を描いた先駆的描写として引用している。

とりわけ、草間は、佐藤の引用によって「どん底の人達」もまたボロやクズに囲まれて暮らしていることを明らかにしている。たとえば、鮫ヶ橋についてこう記す。「第二の路次に入れば堆《うずたか》く積み上げたるものあり。熟視するに之れ日常貧民の市中にて拾い集めたる紙屑切衣襤褸屑其他塵芥なりき」。（佐藤　一九〇三、三八頁、なお、引用にさいして適宜句読点を補った。以下同様）。紙屑や襤褸は自然に集まったのではなく、売るために集められている。所有物であり商品だ。佐藤は屑売りにも言及している。「屑買を業としても仲々其利益を以て生活することは困難である為めに体が弱い者か婦女か老人にあらざれば之の職に従事するものなし。壮健なる身体を有し充分に労働に報することを得るものには斯る利では甘ずる事を得ざるなり。朝は七時頃よりクズヤクズヤと呼び午後五時頃迄声をからして買い集めても十銭内外の利益より大いなることなし」（佐藤　一九〇三、六六頁）。

さらに、ジャック・ロンドンと同様に、『社会新策』には貧民の食事としての残飯屋についての言及もある。松原岩五郎『最暗黒之東京』の残飯屋の描写はあまりにも頻繁に引用されるので、ここでは佐藤の言及箇所をみてみたい。

飲食物の売買に就て最も注意すべきは残飯売買の事なりとす。残飯とは如何なるものを云うや。残飯の如きを売る者ありや。是れ諸兄姉の先づ疑はるる所なり。大厨房の食い残り物にして、学校又は兵営の如き所にありては決して少なからざるなり。是彼等の仲間には最も経済的のものとして珍重せらる。噫奥室にある諸兄姉よ。他人の食い残りを以て生活する同胞あるを卿等は想像し能わざる処なるべし。〔……〕残飯は彼等の社会には頗る親密の干係を有し常に鎮台飯、兵隊飯と云いて重用せらるるものなり。飯時になれば老若男女手毎に「ざる」桶、丼、飯櫃等を携え相集り相群りて残飯の台八車は今か今かと待ち居る程なく、店先の人込の中を掛声勇ましく牽き来るや、互いに先を争いて一銭下さい三銭おくれと。〔……〕飯は衡に掛けて売り、麺麭屑は目分量にて売渡し菜類は適宜に取りて与う。（佐藤　一九〇三、四三〜四五頁）

ここはあきらかに『最暗黒之東京』の表現を真似ているが、軍隊の残飯を利用して残飯屋が発展してきたことを読者に生きいきと伝えている。なお、一九三〇年七月に東京市役所が刊行した『残飯物需給に関する調査』によると、明治二五（一八九二）年頃から四谷の「今井某」が軍隊の残飯を利用した残飯屋を開始したという。軍隊、劇場、百貨店、官庁食堂、病院学校などの残飯が利用され、養豚、養鶏用にも残飯が集められたという。

飲食が大量の相手の商売になるか、大量の学生や患者の給食として利用されるときに生じるものであり、そのどちらも時とともに増加する以上、残飯とはいまにいたるまでずっと現代社会の鍵となる物である。人間社会では、捨てられたものを食べることは不衛生であり、胸をムカムカさせる行為としてみられる。けれども、自然社会ではこの「賑わい」は当たり前のことであり、よく考えてみれば、人間社会の食べものだってそもそもは、自然の生命の循環から「零れ、剥がれ、落ち、溜ま」ったものにすぎないのである。

三　ジャン・ヴァルジャンとリービッヒ

どん底を総合的に描く

ロシア、イギリス、日本の「どん底」を描いた以上の作品の核にあるのは、このどん底の歴史ではない。どうなれば「どん底」が消えてなくなるのか、という指針ではほとんどない。あるいは、そこに住む人々を憐れみこそすれ、救い出すための手段もあまりこれらの作品から知ることは難しい。そうではなく、「どん底」の状態である。しかも、状態は雑然としている。人間と動物、所有物と非所有物、商品と非商品、食べものと非食べもの、生きているものと死んでいるもの、それらが渾然一体となって存在する混沌とした状態である。この混沌は、数学、化学、物理などの自然科学の記号や数式ではどうしても描きにくい。生態学の用語は生物の多様性と連鎖は描けるが、人間の多様性と連鎖にまではなかなか届かない。社会科学の概念を用いて描いても、どん底の活力、賑わいまでは表現することができない。おそらく、どん底の性質を分野横断的にかつダイナミックに描き切るためには文学や歴史学の「叙述の力」が何よりも試されるのである。ジャック・ロンドンがどん底の住人たちを不必要に貶めず、また称揚せずに、ちょうど動物の世界を描くように、どん底の物質と匂いの混雑をそのまま活写したように。

悪臭、病原菌、ガス、汚泥、麻薬がはびこるどん底の世界は、他方で、警察の権力の範囲でもある。屑、襤褸、残飯だけでなく、子捨て、自己を捨てる行為としての自殺、他人を捨てる行為である他殺、他人の所有権を強制的に捨てる行為である盗みなどあらゆる「犯罪」が生まれ、それゆえに治安維持に有効な「情報」も集積する。生きることが「犯罪」と隣り合わせの世界である。生活から落ちこぼれた物、社会から落ちこぼれた者が集積する場所は、一九世紀パリのどん底を統計的かつ文学的に論じた『労働階級と危険な階級』の著者ルイ・シュヴァリエによれば、まさに「危険な階級」であった。

だから、東京資源回収事業協同組合編『東資協二〇年史』では、場合によっては江戸時代から資源回収をしてきた自分たちの資源回収の歴史を「屈辱」とともにこうふりかえざるをえなかったのである。「われわれは、戦前史のなかに、数えきれないほどの官憲による過酷な取締りの実例をみた。警視庁令による都心からの強制退去。倉庫の随時立入り検査、買出人、収集人の荷車の、随時随所の点検、公共建築物との距離制限等、その実例は枚挙にいとまがないのである」（五六頁）。

　それゆえに、底辺社会は、浄化、つまり、殺菌、滅菌、消毒されるべき社会とみなされた。公衆衛生の誕生と警察権力の拡張は、他方で、多くの感染症と犯罪から人びとと、その人びとが産めなかったかもしれない未来の子どもたちを救った。ただし、その流れのなかで、地球の原システムの維持にとって致命的なものをゆっくりと失っていく。それこそが、零れ、剥がれ、落ち、溜まったものをゴミにせず、ボロやクズとして地球に戻すのだ。「どん底」の浄化によって人類が得たものと失ったもの。これはどちらが重かったか。答えは簡単に出てくるものではないし、それらを天秤に量ることがここでの課題ではない。ここではむしろ、その肯定的な側面があまりにも強調されてきた以上、あえて否定的な側面に着目するにすぎない。

ボロと箒

　これを最も総合的に、かつ感性的に描いた作品のひとつは『レ・ミゼラブル』（一八六二年）であろう。ヴィクトール・ユゴー（一八〇二〜八五年）のこの大作が、英語訳から日本語への「超訳」というかたちで『噫無情《ああむじょう》』というタイトルで翻訳されたのは、西永良成『「レ・ミゼラブル」の世界』（二〇一七年）によれば、一九〇二年から〇三年にかけてであった。訳者は黒岩涙香である。ゴーリキーの『どん底』の刊行年とジャック・ロンドンがイースト・エンドに潜入した年が一九〇二年、佐藤千纏が『社会新策』を上梓したのが一九〇三年だから、だいたいこのあたりである。『レ・ミゼラブル』もまた、一九世紀前半のパリの「どん底」を扱ったもので、一九年の徒刑に処せられたジャン・ヴァルジャンはもちろん、テナルディエ夫妻の安料理屋に預けた娘を養うために髪も前歯も売り、娼婦に堕ちたフランチーヌ、その娘で安料理屋の掃除をしているコゼットはみなどん底で生きていたし、最初は安料理屋を営み、最後は廃屋に住むことになるいかさま師のテナルディエ夫妻も、一八三二年六月にバリケードで死ぬ娘のエポニーヌと息子のガヴローシュもみな、ボロやクズとともに暮らしていた、あるいはそういう時期が多かった。

第二部では、コゼットの外見がこのように書かれている。「服といっては、ぼろ一枚しかなく、夏でも可哀そうなのに、冬は、実にみじめだった。身につけているのは、穴だらけの綿布だけで、毛のものは何もなかった」（佐藤朔訳、以下同様）。

第三部では、テナルディエ一家の住む部屋をマリユスが覗くシーンでは、こんな描写になっている。「その部屋には、いたんではいるものの、どうにか煉瓦が敷いてあった。だがその部屋には、床石も敷いていなければ、床板も張っていなかった。黒く踏みよごされた古い漆喰の上を、じかに歩くようになっていた。埃がしみついたように積ったでこぼこの床は、およそ箒をあてたこともなく、そこらじゅうに古びた上靴や、古靴や、汚いぼろが散らかっていた。それで間代が年に四十フランだったのだ。その暖炉の中にはコンロ、鍋、こわれた板、釘にかあったぼろ、鳥籠、灰と、それに少しばかり火もあった」。

第四部では、「陰気で、病気がちで、くずれかけ、酔っぱらいの御者たちがいつもよごしていく、腐りかけた柵に囲まれていた」、「虫に食われ、世間から忘れられ、疣や、黴や、腫物に覆われ、よろめき、蝕まれ、見捨てられて」いた像の建造物の中の「埃をかぶった横隔膜のような」ところで二人の兄弟を匿うガヴローシュ、「ゴミ溜だってしけたもんで。もう何一つ捨てない。みんな食べちゃうんで」という屑拾いの女も登場する。

巨獣のはらわた

ただ、『レ・ミゼラブル』が描く廃棄物は、こういった類のものばかりではない。第五部で、ジャン・ヴァルジャンが瀕死のマリユスをかついで、下水道の汚泥に足をとられながら逃げる有名なシーンがある。ここでユゴーは、その脱出劇だけではなく、下水道についての「蘊蓄」も滔々と語る。「巨獣のはらわた」という章は、

「下水道論」になっているのだが、ここは自然科学と文学との類いまれな融合を成功させている。

ユゴーはこう述べる。「パリは年に二千五百万フランの金を水に捨てている」。つまり、「黄金の肥料」を、下水道を通じて海に捨てていることを批判しているのだ。下水道によってどんどん糞尿を捨てていると、土地が痩せ、飢えが発生する。そのために、都市の肥沃な水を農村に送り返すシステムを提案している。そうすれば「土地の産物は十倍にもなり、貧困の問題はいちじるしく緩和される」はずだと予想する。もちろん、収穫逓減の法則があるので、一〇倍の生産物を生み出すことは無理だとはいえ、この下水の「黄金の肥料」を捨てずに使用すれば、「海ツバメやペンギンの糞」を採集しに、南極までいかなくてよいと述べている。この背景には、ペルー沿岸の無人島にあるグアノやチリの硝石などの鉱物性肥料をヨーロッパ列強が蒸気船を派遣して採取し、農村に散布していた技術革新があった。その肥料購入費を貧困対策にまわせば貧困問題は解決される、というユゴーの提案は、化学肥料依存型農業がなおも主流である現代社会でこそ、傾聴に値するものだ。

しかも、ユゴーの提案には、自然科学的な裏付けもある。当時を代表する化学者であるユストゥス・フォン・リービッヒ（一八〇三〜七三年）を引用しているからだ。リービッヒは、「有機化学の農業および生理学への応用」という一八四〇年の論文で、これまでの腐食栄養説を打破し、無機栄養説を唱えることで、その後の農業の近代化に大きな貢献を果たした。家畜の糞尿を組み込まなくても、肥料の要素さえあれば、植物の必要な栄養が保たれることが実証されたのである。ただ、リービッヒの議論は単にその後の化学肥料の推進に影響を与えただけではなかった。物質史観なので、植物にとって有用な物質が多分に含まれているもの、たとえば、糞尿や下水の価値を化学的に認めようともしたのである。その後に膨大な補論を書き足した版のなかで（吉田武彦訳、二〇〇七年）、リービッヒは、江戸時代の日本の糞尿の農業での使用を高く評価するとともに、イギリスの下水道についてこう批判している。「イギリスの大都市における水洗便所（Water-colset）の導入が、三五〇万人の人間の食糧を再生産できる諸条件を毎年一方的に失う結果をもたらした」。「イギリスが毎年輸入する莫大な量の肥料は、大部分が河川の流れにのって再び海へと流れ去り、肥料の生み出す生産物は人口の増加分を養うに至らないのである」。「大陸の大都市では、耕地の肥沃性を維持し、回復させる諸条件を、農業者の手から引き離すために、官庁が毎年巨額の資金を無駄使いしている」（リービッヒ 二〇〇七、八一頁）。

ユゴーは、リービッヒのこの説によりつつ、ローマの畑がローマの下水道のために荒廃したことを批判している。しかし、それればかりではない。リービッヒが化学の概念でやろうとしたことを、ユゴーはユゴーなりに表現の力で試みようとする。つまり、人間が汚くて臭くて触りたくないものの価値転換を、彼は言葉の力で必死に果たそうとしているのである。それは、つぎの一節に凝縮されている。

車よけの石の隅に積まれたごみの山、夜の通りを揺れて行く泥の車、ごみ捨場の汚い樽、敷石に隠れた地下の汚い泥の流れ、それがなんであるかご存じだろうか？　それは花咲く牧場であり、緑の草であり、イブキジャコウソウ、タチジャコウソウ、サルビヤであり、獲物であり、家畜であり、夕方満足そうな鳴き声をあげる大きな牛であり、香り高い秣であり、黄金色の麦であり、食卓のパンであり、血管の暖かい血であり、健康であり、喜びであり、生命である。地上での変形であり、天上での変容である神秘な創造が、そうであることを望むのだ。／それを大きな坩堝に入れよ。そこから富が出てくるだろう。野を肥やすことは、人間を養うことになる。（佐藤朔訳）

ジャック・ロンドンの用いた「どん底」という言葉には混沌という意味もあることはすでに述べた。どん底から再び何かを別のかたちにして創造し直す逆転の契機を、ユゴーはほとんど、当時は存在しなかった生態学に近い感覚から人間精神の世界まで、一気に言葉によって駆けぬけようとしている。それは、愛するコゼットを奪う存在としてのマリユスに憎しみさえ抱いていたジャン・ヴァルジャンが、心の整理がつかぬままマリユスを救い出す姿と重なる。下水道は、善悪に揺れる逃亡者の心も、汚穢にも宝にもなりうる物質も、未確定のまま滞留させることができる場所だ。映画『第三の男』（一九四九年）でウィーンの「栄華と腐敗と闇と死」（岡田 二〇一二、二二三頁）を描くのに下水道が果たした役割もまた、『レ・ミゼラブル』の系譜に位置すると言えるだろう。

そして重要なのは、周知のようにユゴーの同時代人マルクスもリービッヒを読み、「物質代謝」の視点から資本主義的農業の土壌収奪的要素を確認していたことだ。ただユゴーの場合、読者の身体に根ざすような価値の転換にまで贅沢なほど言葉を注ぐ。ユゴーの目からすれば、人間もパリもその「はらわた」は排出物の進む管であると同時に、肥料を生み出す管である。

四　知的分解の技術――おわりにかえて

「黄金の肥料」に限らず、「どん底」は、実は資源の宝庫であったし、いまも基本的にそうだ。金屑、糸屑、紙屑、鉄屑、布屑、皮革屑、紡績屑、木屑、大鋸屑、カンナ屑、硝子屑、陶器屑、ガラス屑、残飯、屑米、パン屑、野菜屑。「ゴミ」ではなく「クズ」と呼ばれた物たちが転がる世界であった。「ゴミ」とは、大量生産、大量消費、大量廃棄社会にしか登場しない物質の名前である。「ゴミ」という言葉で失われた「ボロ」と「クズ」は、そのまま人を貶める言葉として頻用されている。しかし、ボロやクズもまた、その逆転の契機を待っている存在であり、その逆転にこそ、言葉の力が遺憾なく発揮できるのは、ゴーリキー、黒澤明、ジャック・ロンドンの表現からも理解したとおりである。

さらにパイオニアを求めるとすれば、第一次世界大戦後にドイツで活躍した芸術家クルト・シュヴィッタースの作品には、「メルツ Merz」という造語がもつ世界観があらわされている。シュヴィッタースは、大戦後の破滅のなかで、路上に転がる「破片」に可能性をみた。「すべては崩壊し、その破片の中から新しいものが生まれてこなければならなかった」という切迫した感性は大戦による人間と物質の徹底的な破砕がなければ生まれなかったであろう。さまざまなボロとクズが合わさって再びかたちになろうとする瞬間のざわめきをすくい取る作品は、人を不安にさせる一方で、遊び心をくすぐる。ほかにも、ピカソは、ゴミの山のなかにあった自転車の錆びたハンドルと古いサドルを組み合わせて雄牛の頭を作った。それがつながったのを「稲妻」だと表現した。

シュヴィッタースやピカソの試みは、現在に至るまで受け継がれている。たとえば、中国の蔡国強は、廃材となったさまざまな部品を組み合わせてロボットを作る農民たちを「農民ダヴィンチ」と呼んで芸術活動を共にしている。わたしもその作品を京都の展覧会で間近で観る機会があったが、ゴミ捨て場からそのまま出てきたようないびつなかたちをしたロボットたちの不自然で予想がつかない動きには、目が奪われた。

シュヴィッタースやピカソ、あるいはマックス・エルンストなどの、ボロやクズを芸術へと変換する試みは、カトリーヌ・ド・シルギーの『中世から現代までの説き語りごみ物語』(一九八九年、邦訳＝『人間とごみ』久松健一編訳、ルソー麻衣子訳、一九九九年)という研究書から学んだ。彼女は最終章の「ごみ――歓喜・芸術・祭り」で、こういった芸術家たちは「現代社会から落ちこぼれた人たちの汚名をそそぐかのようにごみと接し、その零落を減免する役をはたしている。ごみに命を吹きこみ、これを奇抜な手法で絵画や構造物のなかに登場させ、さまざまな遊戯へと駆りたてていく」(シルギー　一九九九、二〇七頁)と述べている。また、新品の画材よりもゴミであれば、表現者も失敗を恐れずのびのびと創作活動に打ち込める、とも述べている。

ごみの汚名を返上することがそれを扱う人間の汚名を返上するばかりでなく、現代社会が持つ恒常的暴力性に対する逆転の契機になりうる——こういうふうにシルギーの考え方を噛み砕くこともできるだろう。「ごみに生命を吹きこ」めば、どん底を生きる人びとに生命を吹き込むことができる、というわけだ。

とするならば、言葉の力をほとんど唯一の頼りとする人文学もまた、現代社会で長期にわたって心肺停止状態にあるボロやクズに「生命を吹きこむ」ことができるかもしれない。ユゴーが社会科学的な冷めた描写をメロドラマ的な熱を帯びた場面に挿入したように、あるいはまた、ただただ貧しく救いのない木賃宿の人びとに乱痴気囃子を与えたゴーリキーや黒澤のように、それはできるはずだ。だとすれば、それはどんな手法によってか？

知的営為は、梅棹忠夫が端的に示して見せたように「知的生産」としてとらえられる傾向にある。知的生産物は「情報」であると梅棹は述べた。情報は消費される、とも書いている。けれども、一度できあがった知的生産物はどのように解体され、再利用されるか、という生態学でいえば分解にあたる機能についてはこれまでも述べられてきていない。いや実は梅棹は、京都大学人文科学研究所の桑原武夫が率いる「百科全書」の共同研究のやり方にヒントを得て「カード方式」を発明した。カードにアイディアや気になった事実を記し、それを並び替えるという方法である。バラバラのものが衝突し新しいものを生み出すためには、偶然性を温存し、バラバラになった知の断片が再び何かの知の創造へと向かうという逆回転への契機を梅棹はカード方式に嗅ぎ取っていたことは間違いなさそうだ。

しかしながら、それは、文学を言語行為から剥ぎ取るものであった。梅棹はこう述べていた。「近代日本語が、文章を書道から解放することに成功したのは、大進歩であった。文章は、造形芸術から独立して、独自のものとなりはじめたのだ。わたしは、これをさらに一歩すすめて、文章を、文学から解放しなければいけないといっているのである。文章を、言語芸術から独立した、純粋なコミュニケーション手段として発達させなければならないというのである」（梅棹　一九六九、二三二頁）。梅棹の希望は、現代のコンピューターとインターネットの発展によって達成された。しかし、その先にある文学から解放された「コミュニケーション手段」に人文学もまた与するかどうかは、別の問題である。少なくとも、どん底の状態に注がれた珠玉の言葉には、「想定外」という言葉でしか偶然性の出会いを表現できない言葉の貧困とは、おそらく異なる力が宿っていたし、文学から切り離された言葉が「情報ゴミ」としてサイバー空間にうずたかく積み上げられる現在、この力の練磨はむしろいまこそ最も必要とされているのかもしれない。

ただ、時代の流れは苛烈である。文学、哲学、歴史学を包含する人文学が、これだけ情報技術が発展しサイバー空間という領域を作ったあともなお存在しうるかどうかはわからない。ただ、もしも生き残る可能性があるとすれば、それはどん底の世界のダイナミックな価値転換をできるほどの強靭な言葉を獲得したときでしかない。

参考文献

梅棹忠夫（一九六九）『知的生産の技術』岩波新書。

岡田暁生（二〇一二）『楽都ウィーンの光と陰――比類なきオーケストラのたどった道』小学館。

ゴーリキイ、マクシム（一九三六）『どん底』中村白葉訳、岩波文庫。

佐藤千纏（一九〇三）『社会新策』東海堂。

シルギー、カトリーヌ・ド（一九九九）『人間とごみ――ごみをめぐる歴史と文化、ヨーロッパの経験に学ぶ』久松健一編訳、ルソー麻衣子訳、新評論。

ジャクソン、リー（二〇一六）『不潔都市ロンドン――ヴィクトリア朝の都市浄化作戦』寺西のぶ子訳、河出書房新社。

シュヴァリエ、ルイ（一九九三）『労働階級と危険な階級』喜安朗・木下賢一・相楽匡俊訳、みすず書房。

東京資源回収事業協同組合編（一九七〇）『東資協二〇年史』。

東京市役所編（一九三〇）『残飯物需給に関する調査』。

西永良成（二〇一七）『『レ・ミゼラブル』の世界』岩波新書。

松原岩五郎（一九八八）『最暗黒の東京』岩波文庫。

マルクス、カール（一九五四）『ルイ・ボナパルトのブリュメール一八日』伊藤新一・北条元一訳、岩波文庫。

ユゴー、ヴィクトール（一九六七）『レ・ミゼラブル　1～5』佐藤朔訳、新潮文庫。

横山源之助（一九四九）『日本の下層社会』岩波文庫。

ロンドン、ジャック（一九八五）『どん底の人びと』辻井栄滋訳、現代教養文庫。

おわりに代えて

編者

「科学としての人文学」——客観主義と未来予測という欺瞞

今日、日本のみならず世界的のいたるところで、人文学が危機的状況に置かれていることは間違いない。人文学は何の役にも立たず、何の儲けにもならず、不経済であり、徒に時間がかかるうえ、「成果」が不明瞭であり、文理融合の名のもとで科学に協力することを求められつつも、一向にそれに応えていない、というわけだ。「哲学は少数の批評者に満足して、大衆を故意にさけるから、大衆からは憎まれいかがわしいものと思われている。したがって、もし誰かが哲学一般を罵しろうと思えば、必ず俗衆の支持をうることができる」とはヘーゲルによって引用されるキケロであるが（ヘーゲル 一九五一、五〇頁）、われわれが生きているのはまさにそういう時代、つまりヘーゲル的な「浅薄な悟性（科学）vs 深遠な理性（人文学）」という対立図式でもって無条件に人文学を擁護することは出来ない時代である。

こうした人文学の危機状況のルーツを探るうえで避けて通れないのが、「科学になろう」とする人文学の欲望とその挫折、そして結果として生じたところの「人々に未来を見せる」という人文学の役割の社会科学と自然科学による簒奪、である。とりわけマルクス主義は脱主観的な科学を標榜し、科学であるがゆえに未来を客観的に予測できると主張した。エンゲルスが打ち出した「空想から科学へ」の図式を通じて、マルクス主義はいわゆる「空想的社会主義」と自らとを差異化したのである。マルクス主義が何ゆえにあのように広い人々の共感を呼んだかと言えば、それが「人類の明日を見せる」という、いわば宗教者の「お告げ＝啓示」にも譬えられるような人類史の根幹に触れる役割を社会によって期待されたからにほかならない。また、諸芸術の中では一九世紀においてとりわけ音楽が（例えばベートーヴェンやワーグナー）が、この役割を果たしてきた。

マルクス主義は「客観性」と「未来予測」という、ある意味で互いに矛盾する自然科学の二つの建前を真似ようと欲望した。人文学の今日の没落のそもそもの躓きの石はここにあった。なぜなら、第一に、トーマス・クーンがいみじくも喝破したよう、自然科学のパラダイム転換は決して、因果関係とエビデンスに基づく演算の結果として「客観的に」演繹されるものではなく、それどころかむしろ一種の想像ないし空想ないし幻視とも言うべき発想の切断と飛躍によって生み出されてきたからである。第二に、約束してきた未来の夢を、必ずしも自然科学は常に確実に実現してきたわけでもないからである。それは地震の予測や飢餓・貧困の撲滅などの「夢」に端的に表れている。つまり、マルクス主義をはじめとする人文学は、ドン・キホーテよろしく、客観性と未来予測（実現）性という自然科学の二つの建前を、あまりに額面通りに真に受けて墓穴を掘ったとも見えるのである。

人文学＝人間性の危機はいつ始まった？

しからば「近年の」「今日の」人文学と言ったとき、その分水嶺またはルーツはどこにあったのだろうか？人文学＝人間性＝Humanities の終焉の始まり——その起点を、ポストモダンが喧伝されるようになる一九七〇年代から冷戦終結の一九九〇年前後の時代（ホブズボームが「地すべり」と呼んで、「短い二〇世紀」の最後のエポックと考えた時代）に見ることについて、今やほとんどの人に異論はないはずである。啓蒙と革命の一八世紀から一九世紀を経て二〇世紀前半に至るヨーロッパ近代市民の時代が、人文学の黄金期（フーコー的に考えれば、大きな歴史の中でひときわもりあがる台座、すなわちエピステーメー）であったとすると、文字通りそれが「地すべり」を起こし始めたのが、二〇世紀後半であった。

愚直にすぎた人文学が決定的にそのメンツを失うことになったのは、わけても冷戦の終結（そのルーツは既に一九六八年革命からポストモダンの時代にあったはずだが）によってであっただろう。とりわけ「明日を語る」はずだったマルクス主義的な人文学は、それによって回復不能のダメージを受けた。予測は大外れしたのだから。対するに「勝ち組」はアメリカの社会科学（統計学、情報学、経営学、ゲーム理論など）であり、これらはマーケット予測のように資本主義的実益に資する「未来予想の学」として地歩を固め、近年の人文学（とりわけカルチュラルスタディーズなど）にとっても一つのモデルとなっている。ただし、資本主義体制の分析と超克を同時に目指した（しかし着々と説得力を失っていった）マルクス経済学を主要な例外として、社会科学はあくまで既成の枠組み（例えば新自由主義的市場など）の中での予測の精緻化を目指すものであり、パラダイム転換といった根底的に異なる枠組みを提示しはしない。

ここで考えるべきなのが「芸術の危機」である。そもそも芸術と人文学と自然科学は、前近代において宗教が担ってきた真理啓示の機能が近代において世俗化合理化された三つの形式だったわけであるが、このうち人文学と芸術はともに、少なくとも近代欧米世界において、一九世紀に全盛期を迎え、二〇世紀前半においても──多くは暗黒未来の預言として──相応のプレゼンスをまだ保っていたものの、近年にあって自然科学を前に急速にそのアイデンティティーを見失い始めた。その意味で大文字の芸術の危機と人文学の危機は明らかに並行関係にあり、いずれも「人間性の危機」の表現として見られるべきなのである。

科学主義の果てに未来語りの挫折が待っていたという点で、例えば二〇世紀後半の前衛音楽がたどった道は、人文学の没落ととてもよく似ている。つまり、第二次世界大戦以後のセリー音楽は、自ら科学となることを目指そうとしたと言え、またポスト・アウシュヴィッツ／ポスト・ヒロシマ時代の世界像を示そうとするものもあったが、やがて偶然音楽に代表される非合理主義に呑み込まれ、そして恐らく一九七〇年代のミニマル・ミュージック以後、もはや「前衛」という名のユートピア思想（あるべき未来を語る芸術）は姿を消し、癒し系音楽や環境音楽に代表されるような現状肯定のミーイズムに解体されて、商業主義に組み込まれていったのである。

もちろん、マルクス主義とは一線を画す人文学が厳然と存在する以上、人文学の没落とマルクス主義の挫折とを同一視できるわけではない。とはいえ、少なくとも日本に関する限り、人文学におけるマルクス主義の影響力が甚大であったことは確認しておく必要があるだろう。非マルクス主義的な人文学にとって、マルクス主義への対案の提示は避けて通れない課題だったのであり、マルクス主義の発展段階論への対抗からロストウ流の「テイク・オフ」をキーワードとする別の発展段階論（近代化論）が打ち出されたことが端的な例となるように、そこでは科学志向と予言志向は広く共有されていた。

「価値づけ」を放棄し「未来」を「語る」ことをやめた人文学？

マルクス主義の挫折が明確になって以降の人文学に特徴的なのは、不確定なもの、すなわち、価値づけや意味づけについて語ることへの自主規制ないし萎縮である。マルクス主義が「予測を外した」ことに懲りたと言うべきか。「語る」こと自体を原理的に放棄し、事実についてのエビデンス収集（データベース構築）に特化しようとする傾向も、この流れの中で理解できるだろう。価値づけによる取捨選択を排除し、あらゆる対象を等価なものと扱うのである。こうした相対主義は既に社会史において見られたものであるが（「もうひとつの〇×史」の流行）、それがカルチュラルスタディーズや構築主義によってさらに加速されたことは言うまでもない。

価値ヒエラルキーはイデオロギーによって仮構されたものにすぎないという考え方に従えば、例えば「古典」や「重要人物」といった価値は当然ながら無効化される。このことは従来の直線的な歴史観を見直すうえで一定の役割は果たしたとはいえ、「何を扱っても研究になる」という無秩序状態を惹起し、「その対象を取り上げる根拠」についての価値づけ的な問いが棚上げされた結果、研究の有効無効はただ経済的政治的社会的な有用性によってのみ判断されるという事態を招いたことは否定できない。さらには、あらゆる資料の平準化や文化相対主義や構築主義は、今日のポスト真実の時代を密かに用意していたとすら言える。歴史学の分野で「記憶」ということばが多用されるようになったのも、相対主義への逃避の一つのかたちだろう。歴史学だけが過去にかかわる「真実」を独占しているわけではない、と肝に銘じておくことも歴史学にとって必要な自省だが、しかし、「記憶」ということばが喚起する「手垢のついていない過去像」のイメージにいくら頼ってみても、過去により直接的に触れる回路が開かれるわけでも、「真実」に近づきうるわけでもない。

さらに、価値づけに対する萎縮は「語る」ことに対する忌避感とも密接に結びついている。「語る」とはすなわち何らかの価値に基づく取捨選択であり、その意味で主観的であって、それを放棄した歴史学は必然的に単なる資料集積とならざるをえず（それさえ取捨選択から自由ではないが）、まして思想はそもそも存立することすら出来ない。仮に自然科学や社会科学の基本表現形式が「提示」（対象の構造などの図示や表や写真や数式化）であるとすれば、それらは規格が統一されたポスターやパワーポイントによる「プレゼンテーション」と本質的に親和性をもっている。それに対して人文学がその伝達手段として頼むのは「語り」である。それは科学的同一性に単純に還元できない多様性を時間の中で次々眺め渡しながら、それらの差異を差異として置いたまま、最終的にそれらを遠近法よろしく「語り部の主観」という視点から総合しようとする。疑似科学的な価値ニュートラルを標榜して「語る主体」を放棄するとき、実は人文学の存立は既に脅かされている。そしてまさにこの自滅への道こそを、科学モデルに幻惑された人文学は辿ってきたとすら言うことが出来るだろう。

以上の反省に立ち、それでもなお二一世紀において人文学がまだ何らかの意味を持ちうると考えるなら、端的に言ってその前提は「未来を示唆することを恐れない」「価値づけ＝意味づけを恐れない」「物語形式こそ人文学の生命線だと認識する」の三点に尽きるであろう。

別世界の像を見せる——科学から再び空想へ？

まず、「未来」について言えば、人文学から科学へと「未来予測」の機能が移行する分水嶺の一つが、以下の人文学の側からの科学礼賛の流れであろう。つまり一九六二年にそれまで英文学者だったマクルーハンが『グーテンベルクの銀河系』を上梓してメディア学を提唱、次いで一九七〇年にトフラーが『未来の衝撃』をあらわして未来学を提唱し、奇しくも同じ年に日本では大阪万博が開催されて無条件の科学礼賛の祭典となり、そして一九八〇年には同じくトフラーの『第三の波』が出版されるのである。

例えば、トフラーのような自然科学による未来予想／実現の夢のルーツは、第一次世界大戦後にアメリカで急速に進歩した、確率論を取り入れた未来シミュレーション技術にあったと思われる。それはまず大統領選挙予測の手法で成果を挙げて注目され（それまでの無作為抽出による予測から、投票行動のシミュレーションを作り、いろいろな条件の有権者がどのように行動するか統計学から予測するようになった）、一九三六年の大統領選挙でローズヴェルトの当選を言い当てた。以後これこそ「科学」だということになり、アメリカでは社会心理学と経営学が発展する。二〇世紀（とりわけ後半）以後の疑似科学的／アンチ人文学的な未来学が、マーケット予想や軍事戦略や生命火災損害保険と密接に結びついていたことは言うまでもない。端的に言ってこれらすべてはゲーム理論、つまり現行のルールによる「勝つための方程式」の確立であって、その意味で現状肯定的、すなわち本質的な変革を嫌う体制側の論理であると言える。

このような社会科学的な未来予測は、対象とする世界の既成システムの枠（たとえば市場経済）を自明の前提としたうえで、それを厳密に数値化して行われる。対して、人文学や芸術だけが語り得る「未来」があるとすれば、それは今とは根底的に違う世界についての「像」である。例えばドゥルーズが『千のプラトー』で、あるいはタルコフスキーが『惑星ソラリス』で見せたような、そしてメフィストフェレスがファウスト博士に見せたような「別世界」だと言ってもいい。事実一八世紀においてカントやルソーは、あるいは一九世紀においてベートーヴェンやヘーゲルは、そして二〇世紀に入ってすらカフカやベケットは、同時代人にとってはまったく別世界としか思えぬ世界像を提示してみせていたのだ。疑似客観科学はそれを「空想」と呼ぶかもしれない。だが、空想を構想力、あるいは想像力、あるいは幻視と言い換えるなら、自然科学自体のパラダイム転換もまさにこの空想力によって生み出されてきたと言えないか。その意味で今日の人文学は必要に応じて「科学から再び空想へ」戻ることを要請されているとさえ考えられるだろう。

経済学史研究の泰斗、小林昇はマルクス主義も「空想的社会主義」にほかならないと看破したが、小林が「空想」の力を積極的に捉えていたことは一九七〇年刊のエッセイに雄弁に示されている。「わたくしは、東京の都心をつらぬくハイウェイを自転車だけが通行するような日の来ることを空想する。そういう時代には、都心の空も青く澄み、都市の景観もいちじるしくいまとは変わっているであろう。そうして、こういう空想が結局空想のままで終わってしまうならば、人類の健康と気品とは、わたくしの残生の続くあいだにでも、すでにことごとく失われるであろう」（小林　一九八四、一一頁）。

今を相対化して明日への脱出口を示唆する

「別世界の像を見せる」という点に人文学（芸術や文学も含む）の大きな役割があったとすれば、それが拓くのは未来の像だけではないはずである。時代が五〇年違うだけで「この」世界がまったくの別世界に変わってしまうことを、歴史は証明してきた。今日の自明が明日も自明である保証はない。まさにこの文脈で重要となってくるのが、「過去」である。つまり「過去の世界を見る」ことによって、人は今日の自明の非自明性に気づき、ひいては未来における別世界の可能性に思いを馳せる想像力を獲得するのだ。「別世界」への想像力なくしては、自然科学すらパラダイム転換を欠いた演算作業に終始するほかあるまい。既成のパラダイム内での演算はＡＩで代用できる。しかし、パラダイムの組み換えは人間の想像力にしか出来ない。デカルトやライプニッツが科学者であると同時に哲学者であり、またアインシュタインがヴァイオリンの名手でもあったことは偶然ではない。ある意味で科学的パラダイムの転換は、人文学的知があって初めて可能だとすら言えるのである。

また、二一世紀から振り返るならば、マルクス主義の大きな弱点の一つはまさに「魅力的な未来像を示すことができなかった」という点にあったと分かる。そこではプロレタリア革命が「歴史の発展法則」に従って「起きる」ことになっているが、そのときの未来像とは、たとえば若きマルクスの描いたイメージ、「共産主義社会では、各人は排他的な活動領域というものをもたず、任意の諸部門で自分を磨くことができる。〔……〕朝は狩をし、午後は漁をし、夕方には家畜を追い、そして食後には批判をする――猟師、漁夫、牧人あるいは批判家になることなく」（マルクス／エンゲルス 二〇〇二、六六―六七頁）といったものになりがちであった。有名な『ゴータ綱領批判』が提示した図式（社会主義では「能力に応じて労働し、労働に応じて受け取る」、共産主義では「能力に応じて労働し、必要に応じて受け取る」）も同様である。たしかにこうした像は資本主義とは異なる世界を思い描くうえで欠かせぬ論点ではあったが、「ユートピア社会主義」を見下し、自らを「科学的」と誇ったマルクス主義が、実際には「ユートピア的」と言うべき未来像しか描けなかったことは否めない。もちろん、この事実は単にマルクス主義の限界を示すだけでなく、二一世紀の人文学の担い手に対する課題を示している。

歴史学の使命の一つとは恐らく、今日から見れば一見些末あるいは無意味とも思えるような過去の事実のパーツを過去という名のおもちゃ箱から探し出し、それを元に新たな未来像を間接的に指し示し、あるいは構成し直すことにあるはずである。別の言い方をするなら、歴史学はややもすると無自覚なまま「今」を見すぎているうち、オチがすべからく「今」につながっていくような単調なストーリー（「〇×の歴史的起源」といった）に終始してしまい、「次の時間へと今を開いていく」という意味での物語性を失ってしまったのかもしれない。

人文学の固有性を意識する

今日の「文系／理系」という学問区分に、今や相当ガタが来ていることは言うまでもない。またそもそもこの二分法自体が一九世紀ドイツの大学制度において確立されたもの、つまりは歴史的なものにすぎず、むしろ人間の歴史においては「文系」と「理系」という知の営みは宗教によって統合されていた時代の方がはるかに長かったことを忘れてはならない。文理融合が必ずしも大きな成果を上げたとは言えず、むしろ人文学と科学の埋めがたい溝を露呈させることが少なくなかったことを踏まえるなら、そして、テクノロジーの暴走を制御することが今日の人文学にとって最もアクチュアルな課題の一つであると考えるなら、文理融合より前に、まず、自然科学はもちろん社会科学ともはっきり区別されたディシプリンとしての人文学を意識することが欠かせないように思われる。根本的な違いを意識することこそ、来るべき融合の最初のステップとなるはずだ。そして、過去＝近代における人文学の欲望と挫折を敢えて直視し、それを通して新たな人文学の存立根拠を探るための戦略を練る——これは新しい時代における「人間性」の探求にほかならない。

そもそも人文学が語る／見せる（べき）未来の像とは、決して科学的な予想ではなく、むしろ一種の思考実験モデルである（例えばローマクラブが一九七二年に発表した『成長の限界』は、かなり広範な影響を与えはしたものの、今日から見ればそれはただの「予測」であって、未来像の提示ではなかった）。仮に今から半世紀後、三〇〇〇万円で自分のクローン（ＤＮＡのコピーミスを含まない）を三世代先まで保証する技術が生まれるとする。そのとき生殖としての性はもちろん、愛や恋や家族、あるいは先祖といった概念はすべて無に帰すであろう。快楽としての性はヴァーチャルリアリティの技術がリアルを不要にしてくれるだろう。こうした仮定の提示によって、性や愛や家族といった自明性を問い直すのが、人文学的な未来像の役割であろう。つまり人文学にとっては「現在を相対化する」ことが非常に重要な使命の一つなのであって、その意味で「過去」や「異文化」や「フィクション世界」や「芸術」もまた、こうした思考実験のモデルたりうるのだ。絶対と見える「今」を相対化し、「今」が生きるべき唯一の現実ではないことを確認したうえで、今の反復を超えて明日へ向けた脱出口を示唆することこそ、人文学に求められる「啓示」である。

意味を求める彷徨は終わらない

自然科学には決して答えることの出来ない問いがある。それは「what＝それは何であるか」という存在論的問題である。科学は「How（to）」を教えてくれる。「それはどう出来ているか」、「そのためにどうすればいいか」は分かる。だが、科学は「それは一体何なのか」という「意味」（価値と言ってもいい）に対しては無力である。人の営為のあらゆる局面が徹底的に数値化データ化されている現代世界にあって（例えば婚活サイトでパートナーを切望する独身男女は、「年齢」「職業」「年収」などの点から徹底的に数値化され、商品とされる）、人々がかくも息苦しく不幸に生きているとすれば、その根源には価値ニュートラルな科学＝数によって世界が無意味化されているということがあるはずである。

かつては神が世界に意味を与えていた。しかし、科学が神にとって代わり、芸術や人文学も無力化した現在、世界は無意味となった。だがそれでも人は「意味」のない世界で生きることに耐えられない。一九八〇年代のバブル時代の日本では、当時既にアニメやゲームの世界で大流行し始めていた「未来シミュレーション」に飽き足らない、吉本ばななの幽霊小説程度では満足できない若者たち（多くの科学者の卵）が、まず、オウム真理教へ走った。またイギリスのギデンズが主唱者となったいわゆる「第三の道」は、折衷的で中庸な政治路線の提示を通じて、いわば「健康で合理的な（＝社会的に無害な）」意味、つまり「生き甲斐」を各人に与えようとした。精神療法（行動療法）をベースとして「あなたのアイデンティティ物語」を若者に持たせようとしたわけである。しかしこの程度の人畜無害な意味づけによって人が満たされるはずもなく、かくして先進国の少なからぬ若者たちが、さらなる超越的意味を告げるイスラム国へと渡っていった。

かつて人文学／文学／芸術は、世界や人生や社会や歴史の「意味」について、たとえ間接的な形であろうとも、必ず応えてくれると考えられていた。だからこそあれだけ多くの人が岩波文庫やレクラムや芸術家の伝記を手に取った。「それは何であるか」「それが今そこにいるあなたにとって何の意味があるか」という問いを回避しては二一世紀の人文学の存立はあり得ない。換言すれば、人文学は「二一世紀のリベラルアーツ」としてのみ復活が可能なのである。

分解する科学vs語り綜合する人文学

科学の本質が対象を分解し、多様性を捨象してイコールで結び、同一性に還元することだとすれば、人文学は（手続きとして当然ながら科学と同じ分解を経るにしろ）分解されたものを最終的には再び総合しようとする。

前者が結果を「これ」と提示するのに対して、後者は「こうなって、ああなって、しかしこうで……」と「語ろう」とするのは、この理由による。つまり人文学は本質的に「時間」がかかるものであり、まだるっこしく見える理由もここにある。また科学の夢がコピー＝再生産であり、ひいては合理化であるとすれば、人文学はそれとみずからとをイコールで結ぶことをためらう。対象を「取り換え不能のオンリーワン」と見ようとする。この点で人文学は本質的に「時間」であり、事実「時間がかかる」。しかし時間の中での統語論的な思考法を、人文学は手放してはならない。手っ取り早くマニュアルだけを「結果」として「提示」するという合理化の誘惑に屈してはならない。

「語る」学としての人文学にとって、マルクス主義的な「大きな物語」の破綻は確かにダメージだった。その意味で、二一世紀における人文学の存続は、これまでに見たことのないような「語りの形式」の創出にかかっていると言ってよい。まさにこの点で芸術（とりわけ音楽をはじめとする時間芸術）／文学は、人文学にとって語りの可能性の宝庫であるだろう。自らの究極的なフィクション＝物語性を、つまり自らが芸術や文学に極めて近い存在であることをはっきり意識すること――この自覚こそが逆説的に人文学の有用性を担保してくれるはずである。

残念ながら「大きな物語」への忌避感は、二〇世紀終わりの約四半世紀より二一世紀の今日に至るまで、人文学の諸領域を暗黙の裡に強く規定してきた心性の一つである。それどころか、大きな物語を語らない／語れないというプロットこそが、この半世紀弱の人文学の諸領域にとっての「普遍的な物語」だったとさえ言える。他方で芸術創作においても、文化産業が相変わらず感動物語を大量生産する一方で、ポストモダンが喧伝されるようになる一九七〇年代以後、大文字の「芸術」への懐疑、ユートピア（反ユートピア）を希求する前衛芸術の挫折、社会への異議申し立てより身近なコミュニケーションへの傾斜など、同種の傾向が際立つようになる。「癒し」

や「コミュニケーション」の流行は、近代芸術が標榜してきた「大きな物語の啓示」からの離反を示唆するものであろう。

これらはすべて、近代が目指した「世界を統合的に語る主体」の危機として同根であり、極力「語る主体」を消すことを通し辛うじて、人文学の場合は「学的客観性」を、芸術創作の場合は「社会的有用性」を、それぞれ担保しようとしてきた。しかし合理主義的な脱主体化モデル（科学ないし経済モデル）への過剰な接近により、「語る主体の力」を完全に消してしまえば、もはや人文学はデータの収集提示ないし「語りの主観性（恣意性）」を批判する語り（相対主義）」に、そして芸術は単なる文化的装飾品になるよりほかあるまい。そして、これこそが今日の人文学ならびに芸術の危機を招いたとすら言えるであろう。人文学における様々な相対主義の台頭、統合的な物語の回避、細かな事実収集によるデータベース形成の流行、芸術における「アート」や「コミュニケーション」の流行、いわゆるメインストリームの消滅、「古典」の価値崩壊、サブカルチャーと従来の公式文化との相対化などはすべて、近代の人文学ならびに芸術が信奉してきた「世界を統合的に語る力」の失調状態のあらわれなのである。

グルディとアーミテイジによると、新自由主義的な成果主義の蔓延が招来した「近視眼症候群」により、実利と距離をとる人文学が敬遠される傾向が広がり始めた。例えば歴史学では研究対象とする時代が短縮化し、禁欲的態度によって大きな議論が回避されるようになる（Guldi & Armitage 2014）。その結果として生じた空隙をついて、非専門家による歴史の濫用が顕在化し、フラットに過去を理解する極度の経済決定論ならびに環境決定論的思考が跋扈し始めた。人文学が再び長期的な視点から現状分析をし、さらには問題解決への処方箋を提供する必要性を、彼らは強く訴えている。「主体の語り」への懐疑の時代を経て、人文学や芸術は再度モダンな「主体」や「物語」や「意味」に回帰するべきなのか？　それが非合理に陥らないためには何が担保されなくてはならないのか？　安直な近代の弁証法的な物語は廃棄されるべきだとすれば、人文学ならびに芸術はどのような戦略を引き出すべきなのか？
本書が、人文学＝人間性についての根源的な問い直しをする小さなきっかけとなることを強く祈願しつつ。

参考文献

Guldi, Jo & David Armitage（2014）*The History Manifesto*, Cambridge University Press.（グルディ＆アーミテイジ『これが歴史だ！――二一世紀の歴史学宣言』平田雅博・細川道久訳、刀水書房、二〇一七年）
小林昇（一九八四）『帰還兵の散歩』未來社。
ヘーゲル（一九五一）『小論理学』松村一人訳、岩波文庫。
マルクス／エンゲルス（二〇〇二）『ドイツ・イデオロギー』廣松渉編訳、小林昌人補訳、岩波文庫。

本書出版に際しては平成三〇年度後期京都大学研究連携基盤次世代研究者支援により出版助成を受けた。

◎執筆者紹介（執筆順、＊は編者）

＊山室信一（やまむろ　しんいち）
一九五一年生まれ。東京大学法学部卒業。京都大学名誉教授。思想連鎖史。『アジアの思想史脈――空間思想学の試み』『アジアびとの風姿――環地方学の試み』（ともに人文書院、二〇一七年）、『人文学宣言』（編著、ナカニシヤ出版、二〇一九年）、「モダン語の地平から」（『図書』岩波書店、二〇一九年一月号より連載）、ほか。

佐藤淳二（さとう　じゅんじ）
一九五八年生まれ。東京大学大学院人文社会系研究科博士課程修了。京都大学人文科学研究所／大学院地球環境学堂教授。思想史。「〈68年〉から人間の終わりを考える」（王寺・立木編『〈68年5月〉と私たち「現代思想と政治」の系譜学』読書人、二〇一九年所収）、ほか。

田辺明生（たなべ　あきお）
一九六四年生まれ。東京大学大学院総合文化研究科博士課程中退。東京大学大学院総合文化研究科教授。人類学・南アジア地域研究。『カーストと平等性――インド社会の歴史人類学』（東京大学出版会、二〇一〇年）、『現代インド1　多様性社会の挑戦』（共編、東京大学出版会、二〇一五年）、ほか。

上田和彦（うえだ　かずひこ）
一九六四年生まれ。東京大学大学院人文社会系研究科博士課程修了。関西学院大学法学部教授。フランス思想。『レヴィナスとブランショ――他者を揺るがす中性的なもの』（水声社、二〇〇五年）、『啓蒙の運命』（分担執筆、名古屋大学出版会、二〇一一年）、『現代思想と政治――資本主義・精神分析・哲学』（分担執筆、平凡社、二〇一六年）。

立木康介（ついき　こうすけ）
一九六八年生まれ。パリ第八大学精神分析学科博士課程修了。京都大学人文科学研究所准教授。精神分析。『狂気の愛、狂女への愛、狂気のなかの愛』（水声社、二〇一六年）、『露出せよ、と現代文明は言う』（河出書房新社、二〇一三年）、ほか。

＊岡田暁生（おかだ　あけお）
一九六〇年京都生まれ。大阪大学文学部博士課程修了。京都大学人文科学研究所教授。近代西洋音楽史。『オペラの運命』（中公新書、二〇〇一年）、『西洋音楽史』（中公新書、二〇〇五年）、ほか。

中野耕太郎（なかの　こうたろう）
一九六七年生まれ。京都大学大学院文学研究科博士後期課程中途退学。博士（文学）。大阪大学大学院文学研究科教授。アメリカ現代史。『20世紀アメリカ国民秩序の形成』（名古屋大学出版会、二〇一五年）、『戦争のるつぼ――第一次世界大戦とアメリカニズム』（人文書院、二〇一三年）、ほか。

＊小関　隆（こせき　たかし）
一九六〇年生まれ。一橋大学大学院社会学研究科博士課程単位取得退学。京都大学人文科学研究所教授。イギリス・アイルランド近現代史。『プリムローズ・リーグの時代――世紀転換期イギリスの保守主義』（岩波書店、二〇〇六年）、『徴兵制と良心的兵役拒否――イギリスの第一次世界大戦経験』（人文書院、二〇一〇年）、『アイルランド革命　1913-1923――第一次世界大戦と二つの国家の誕生』（岩波書店、二〇一八年）、ほか。

坂本優一郎（さかもと　ゆういちろう）
一九七〇年生まれ。大阪大学大学院文学研究科博士後期課程中退。関西学院大学文学部教授。西洋史学。『投資社会の勃興』（名古屋大学出版会、二〇一五年）、『現代の起点　第一次世界大戦　2　総力戦』（分担執筆、岩波書店、二〇一四年）、ほか。

橋本伸也（はしもと　のぶや）
一九五九年生まれ。京都大学大学院教育学研究科博士後期課程学修認定退学。博士（教育学）。関西学院大学文学部教授。ロシア・東欧史、バルト地域研究。『帝国・身分・学校――帝制期ロシアにおける教育の社会文化史』（名古屋大学出版会、二〇一〇年）、『記憶の政治――ヨーロッパの歴史認識紛争』（岩波書店、二〇一六年）、『紛争化させられる過去――アジアとヨーロッパにおける歴史の政治化』（編著、岩波書店、二〇一八年）、ほか。

小野寺史郎（おのでら　しろう）
一九七七年生まれ。東京大学大学院総合文化研究科博士課程修了。埼玉大学大学院人文社会科学研究科准教授。中国近現代史。『国旗・国歌・国慶――ナショナリズムとシンボルの中国近代史』（東京大学出版会、二〇一一年）、『中国ナショナリズム――民族と愛国の近現代史』（中央公論新社、二〇一七年）、ほか。

小野容照（おの　やすてる）
一九八二年生まれ。京都大学大学院文学研究科博士課程修了。九州大学大学院人文科学研究院准教授。朝鮮近代史。『朝鮮独立運動と東アジア　1910-1925』（思文閣出版、二〇一三年）、『帝国日本と朝鮮野球――憧憬とナショナリズムの隘路』（中央公論新社、二〇一七年）、ほか。

王寺賢太（おうじ　けんた）
一九七〇年生まれ。パリ西大学博士。京都大学人文科学研究所准教授。社会思想史／フランス文学・思想。*Éprouver l'universel : Essai de géophilosophie*（M. Xifaras と共著、Kimé、一九九九年）、『現代思想と政治――資本主義・精神分析・哲学』（市田良彦と共編、平凡社、二〇一六年）、ほか。

藤井俊之（ふじい　としゆき）
一九七九年生まれ。京都大学大学院人間・環境学研究科博士後期課程修了。京都大学人文科学研究所助教。文学・思想史。『啓蒙と神話――アドルノにおける人間性の形象』（航思社、二〇一七年）、「名前、この名づけえぬもの――ベンヤミンの初期言語論」（『思想』第一一三一号、二〇一八年）、『アドルノ音楽論集　幻想曲風に』（岡田暁生との共訳、法政大学出版局、二〇一八年）、ほか。

石井美保（いしい　みほ）
一九七三年生まれ。京都大学大学院人間・環境学研究科博士後期課程修了。京都大学人文科学研究所准教授。文化人類学。『精霊たちのフロンティア』（世界思想社、二〇〇七年）、『環世界の人類学』（京都大学学術出版会、二〇一七年）、ほか。

＊藤原辰史（ふじはら　たつし）
一九七六年生まれ。京都大学大学院人間・環境学研究科博士後期課程中退。京都大学人文科学研究所准教授。農業史。『決定版　ナチスのキッチン』（共和国、二〇一六年）、『トラクターの世界史』（中公新書、二〇一七年）、『給食の歴史』（岩波新書、二〇一八年）、ほか。

われわれはどんな「世界」を生きているのか
来るべき人文学のために

2019年 3月30日　初版第1刷発行　（定価はカヴァーに表示してあります）

編　者　山室信一　岡田暁生
　　　　小関　隆　藤原辰史
発行者　中西　良
発行所　株式会社ナカニシヤ出版
〒606-8161　京都市左京区一乗寺木ノ本町15番地
TEL 075-723-0111　FAX 075-723-0095
http://www.nakanishiya.co.jp/

装幀＝宗利淳一デザイン
印刷・製本＝亜細亜印刷

ISBN978-4-7795-1392-3　C3010